영남대학교 인문학 육성총서 9

# 문화연구와 나

저자 소개

**주형일**

서울대학교 신문학과(언론정보학과)를 졸업하고 프랑스 파리 5대학교에서 사회학 박사, 파리 1대학교에서 미학 DEA학위를 받았다. 현재 영남대학교 언론정보학과 교수로 재직 중이다. 주요 저서로는 『이미지를 어떻게 볼 것인가?』, 『사진: 매체의 윤리학, 기호의 미학』, 『영상매체와 사회』, 『내가 아는 영상기호분석』, 『랑시에르의 무지한 스승 읽기』, 『미디어학교』 등이 있고 『문화의 세계화』, 『소리 없는 프로파간다』, 『중간예술』, 『섬광세계』, 『일상생활의 혁명』, 『미학 안의 불편함』, 『합의의 시대를 평론하다』, 『가장 숭고한 히스테리환자』 등을 번역했다.

# 문화연구와 나

**초판 발행** 2014년 7월 25일

**지은이** 주형일
**펴낸곳** 영남대학교출판부
**펴낸이** 노석균

**출판등록** 1975년 9월 5일 경산 제16-1호

**주소** 경북 경산시 대학로 280
**전화** 053) 810-1801~3 | FAX 053) 810-4722
**홈페이지** book.yu.ac.kr

**ISBN** 978-89-7581-483-9 93330

이 도서의 국립중앙도서관 출판예정도서목록(CIP)은
서지정보유통지원시스템 홈페이지(http://seoji.nl.go.kr)와
국가자료공동목록시스템(http://www.nl.go.kr/kolisnet)에서
이용하실 수 있습니다. (CIP제어번호 : CIP2014018588)

영남대학교 인문학 육성총서 9

# 문화연구와 나

주형일 지음

영남대학교출판부

# 서 문

사회과학자로서 '나'의 이야기를 하는 것은 무척 힘든 일이다. 사회과학자는 '나'의 이야기가 아니라 남의 이야기를 하는 사람이라고 교육을 받기 때문이다. 사회와 문화에 대해 생각을 하고 이야기를 하면서 사회과학자는 마치 그 사회와 문화 속에 자신은 들어가 있지 않은 것처럼 행동한다. 사회과학자가 보는 것은 항상 남의 행동이고 남의 생각이며 남이 만들어 놓은 것들이다. 사회과학 방법이란 것은 사회과학자를 그 남들로부터 가능한 안전하고 철저하게 격리시키기 위한 다양한 장치들을 모아 놓은 것이다. 그렇게 교육받고 훈련된 사회과학자는 남들이 행동하는 이유와 만드는 것들의 의미를 자신은 알 수 있다고 생각하며 남들도 자신을 그런 능력을 가진 사람으로 인정할 것이라고 믿는다. 그렇게 사회과학자는 남들에게 그들의 행동과 생산물이 가진 이유와 의미를 가르쳐 주는 역할을 자청해 맡는다. 그는 자신이 남들이 모르는 지식을 가진 사람이고 남들이 보지 못하는 것을 보는 사람이라고 믿으며 남들도 그렇게 인정해 주는 것이 당연하다고 생각한다. 이렇게 해서 그는 대중들과 거리를 두고 그들을 바라보는 지식인이 된다.

나도 처음에는 이런 사회과학자로서의 자의식을 갖고 있었다. 내가 대학을 졸업한 후에도 계속 공부를 해서 사회과학자가 되고자 했을 때 나는 부모님을 설득하면서 이렇게 말했다. “인간으로 태어나 한번 살고 가는데 이 세상과 사회에 대해 더 잘 알고 싶어요. 그래서 공부를 계속하고자 합니다.” 나는 남들보다 더 많이 아는 사람이 되고 싶었다. 공부를 하는 동안 비슷한 공부를 하는 동료들과 어울리고 많은 토론들을 하면서 내 스스로를 지식인이라고 규정했다. 지식인의 임무, 지식인과 대중 사이의 관계 등에 대한 이야기들이 토론의 흔한 주제들이었다. 나는 빛을 보는 사람이 되고자 했고 빛을 보지 못하는 사람들에게 빛을 보여주는 사람이 되고자 했다. 사람들을 계몽하고 싶었던 것이다.

하지만 공부를 할수록 내가 볼 수 있는 빛에 대한 회의가 들었다. 내가 과연 누구에게나 똑같은 밝기로 빛나는 무색의 빛을 볼 수 있을까? 내가 아는 것이 누구나 수용해야 하는 객관적 진리일 수 있을까? 나는 이 질문들에 긍정적으로 답변할 자신이 없었다. 내가 아는 것이 객관적 진리가 아니라면 나는 남들이 보지 못하는 빛을 보는 사람이 아니며 따라서 남들에게 빛을 보여주겠다는 것은 터무니없는 오만일 뿐이지 않겠는가? 내가 객관적 진리를 알고 있지 않다면 나는 대중과 격리된 공간에서 그들의 생각과 행동을 평가하는 우월한 지식인이 아니다. 나는 대중 속에 존재하는 한 명의 지식인일 뿐이다.

나는 지식인을 대중보다 우월한 위치에 있는 것으로 보는 생각을 서서히 버렸다. 객관적 진리의 존재를 의심하고 사회현실은 현실 참여자들에 의해 구성되는 것이란 생각을 받아들이면서 지식인도 일반 대중과 동등한 현실의 구성자일 뿐이라는 결론에 도달했다. 생각이 여기에 이르자 별도로 떨어져 존재하는 대상을 연구하는 사회과학자의 모습에도 의문이 생겼다. 왜 사회과학자는 연구대상을 멀리서 바라보는 연구자여야만 하는가? 사회과학자 자신이 연구대상이 될 수도 있지 않는가? 사회과학자가 사회현실의 참여자라면 당연히 사회과학자도 연구대상이 돼야 한다. 모든 것을 다 아는 관찰자로서 자신의 모습을 드러내지 않은 채 남들은 잘 알 수 없는 숫자와 단어들로 연구대상의 진정한 모습을 밝혀내는 존엄한 사회과학자가 아니라 연구대상인 대중의 한 사람이자 욕망과 편견을 가진 사회인으로서 자신의 모습을 드러내는 일상적 생활인으로서의 연구자, 나는 그런 연구자가 되고 싶었다.

헤르만 헤세는 『데미안』에서 "우연이란 없다"고 했다. 내가 우연히 발견하는 것은 사실은 내가 그동안 찾고 있었던 것이다. 내가 그것을 찾고 있지 않았다면 그것은 결코 내 눈에 띄지 않았을 것이기 때문에 결국 나는 필연적으로 내가 찾던 것을 발견한다. 사회과학자로서의 역할과 연구에 대해 고민하면서 새로운 출구를 찾던 나는 '우연히' 내 입맛에 맞는 연구방법론을 발견한다. 그것이 바로 '자기민속지학(autoethnography)'이다. 이 낯선 방법론은 내가 그동안 고민해 오던 것을 이미 고민해 왔고 그것을 해결하기 위해 여러 모색들을 해 온 사람들이 있다는 것을 내게 알려줬다. 나는 이제 막 걸음마를 시작한 어린 아이처럼 비틀거리면서 '우연히' 발견한 낯선 방법론을 이용해 어색한 글들을 써서 발표했다.

이 책은 일종의 자서전이다. 그동안 내가 비틀거리며 걸어온 흔적이다. 일반적 자서전과 다른 점이 있다면 내 삶의 기억들이 몇 가지 학문적 주제들과 만나면서 변형되고 재구성된다는 점이다. 내가 쓴 여러 편의 논문들(주형일, 2007; 2008a; 2008b; 2010; 2011a; 2011b)이 내용을 구성하는 좋은 재료가 됐다. 독자들은 여기에서 내 어린 시절에서부터 현재의 모습까지가 내 학문적 탐구와 맞물리면서 느슨하고 파편적인 모습으로 펼쳐지는 것을 볼 것이다. 이 책의 목적은 물론 내가 어떻게 살아왔는지를 보여주고자 하는 것이 아니다. 40년이 조금 넘는 기간 동안 살아 온 한 남자의 생각이 동시대의 사회문화적 현상과 어떻게 맞물리면서 형성되고 또 그 현상을 어떻게 이해하고 있는지를 보여주는 것이 이 책의 목적이다. 나와 비슷한 사회문화적 환경에서 동시대를 살아 온 독자들은 아마도 이 이야기를 읽으며 공감하는 하는 부분들을 찾을 수 있을 것이고 다른 환경에서 산 사람들은 같은 시대와 사회를 다르게 산 사람의 이야기를 통해 사회와 문화에 대한 더 넓은 이해를 할 수 있을 것이다.

내가 사회과학을 공부한 것도 벌써 20년이 넘었다. 그동안 나는 나를 둘러싼 세상을 보다 잘 이해하기 위해 여러 연구방법들을 사용했고 좌충우돌하며 여러 글들을 썼다. 다양한 학술적 경험을 쌓으며 내 생각과 지식은 조금씩 변해왔다. 이 책은 아마도 지금 여기에서 돌아 본 나의 모습에 대한 충실한 기록이 될 수 있을 것이다.

나는 어렸을 때 예술가가 되고 싶었다. 시인이 되고 싶기도 했고 잠깐 소설을 쓰다가 중단하기도 했다. 화가가 되고 싶기도 했고 한동안은 사진을 찍기도 했다. 음악에는 재능이 없다고 생각하지만 멋진 곡을 작곡하고 싶은 꿈은 지금도 꾸고 있다. 나는 항상 뭔가를 창작하고 싶어 했고 지금도 그렇다. 그래서인지는 몰라도 내가 보기에는 사실 사회과학자도 일종의 예술가이다. 통계를 사용하는 사회과학자는 덜 하겠지만 질적 방법을 이용해 글을 쓰는 사회과학자는 늘 창작의 고통으로 괴로워하고 아름다운 작품을 만들고자 하는 욕망을 갖고 있다고 생각하기 때문이다. 시인, 소설가나 화가, 작곡가와는 조금은 다른 방식이긴 하지만 사회과학자도 현실에 대한 자신의 생각을 표현해 다른 사람들과 나누기를 원한다. 자신의 작품을 대중과 공유할 수 없는 예술가는 너무나 슬픈 존재이다. 나눔과 공유를 통해 함께 어우러지는 것, 그것은 모든 인간 활동의 궁극적 목적일 것이다.

## 차 례

제3장

## 나는 어떻게 글을 쓰는가?



제4장

## 왜 나는 스파이더맨을 좋아하는가?



제5장

## 우리는 한복 입은 여성인가?

제1장

# 나의 사회학은 가능한가?

1. 문제의 시작

2. 직관

3. 현상학과 현상학적 사회학

4. 직관의 사회학

제1장

# 나의 사회학은 가능한가?

## 1. 문제의 시작

그것은 역시 우연한 발견에서부터 시작됐다. 프랑스 유학시절 나는 거의 매일 파리 남쪽 외곽에 있는 대학기숙사촌, 씨테 유니베르시테 도서관에 가서 공부를 했다. 작지만 조용한 도서관이었고 같은 건물 내에 대학식당이 있어서 식사를 해결하기 편했기 때문이다. 전공 관련 책들을 읽으며 학교 공부도 했었지만 전공 공부가 따분할 때는 도서관에 비치된 과학관련 잡지들을 읽으며 시간을 보내곤 했다. 그러던 어느 날 한 잡지에서 나는 우연히 미국의 한 인디언의 삶에 대한 기사를 접했다. 미국의 백인 문명과 접하지 않고 살다 간 마지막 인디언에 대한 이야기였다.

1911년 캘리포니아의 한 마을에 굶주림과 외로움으로 고통 받던 한 초라한 몰골의 인디언이 나타난다. 곧 캘리포니아 대학의 인류학 교수들의 보살핌을 받으며 참여관찰의 대상이 된 그는 인디언 부족 야히(Yahi)의 마지막 생존자로 여겨졌다. 백인들의 학살을 피해 가족과 함께 산 속으로 도망친 그는 가족이 모두 죽고 혼자 남게 되자 백인마을로 내려온 것이다. 발견 당시 그는 백인문화와 접촉하지 않고 살아남은 마지막 인디언으로 큰 인류학적 가치를 가진 것으로 평가됐다. 자신의 이름을 직접 말하는 것을 금기시했던 야히의 문화 때문에 그는 자신의 이름을 백인들에게 말하지 않았고 백인들은 그에게 남자(man)란 뜻을 가진 야히 단어인 이시(Ishi)라는 이름을 붙여주었다. 이시의 모든 말과 행동, 만드는 도구는 야히의 그것을 대표하는 것이었다. 그 혼자 야히의 모든 사회적, 문화적 기억을 간직하고 있었던 셈이다. 그의 죽음과 함께 한 부족의 모든 역사와 기억이 사라졌다.

〈그림 1〉 이시

이 극단적 사례를 접한 나는 충격을 받았다. 한 사회의 모든 기억을 고스란히 홀로 떠맡을 수밖에 없는 한 사람이라니. 더구나 그는 부족의 문화에 충실했기 때문에 그의 이름과 조상들에 대해 말하지 않았다. 당시 미국의 인류학자들은 이시와 대화를 나누고 행동을 관찰하면서 이시가 속한 부족의 문화를 이해하려 노력했지만 이시가 알고 있던 것을 모두 알아낼 수는 없었다. 그가 만들었던 화살촉 등을 연구한 인류학자들은 한참 후에야 이시가 순수한 야히라기보다는 다른 부족과의 혼혈이었을 가능성이 있다고 발표했다[1]. 이시는 자신에 대해 말하지 않았는데 그것은 결국 자신의 부족에 대해 말하지 않은 셈이었다. 그에게 이시라는 이름이 주어졌듯이 그에 대한 모든 지식과 평가는 결국 백인 인류학자들에 의해 만들어진 것이다. 참여관찰이라는 민속지학적 방법에 의해 만들어진 이시의 표상은 이시라 명명된 남자의 진정한 모습에 얼마나 근접한 것이었을까? 이시 스스로 본인의 이야기를 할 수 있었다면 어떠했을까? 이시가 자기 자신에 대한 사회학을 할 수 있었다면 우리는 그의 사회와 문화에 대한 보다 깊이 있는 이해에 도달할 수 있지 않았을까?

당시 나는 어떤 사물이나 현상이 사람들의 이야기를 통해 어떤 의미를 갖게 되는가 하는 사회적 재현(représentation sociale)의 문제에 대해 생각하고 있는 참이었기에 이시의 이야기는 연구자와 대상과의 관계, 사회의 기억으로서의 개인의 기억에 대한 내 고민에 불을 지폈다. 이시는 한 명의 개인이었지만 그 혼자 한 부족의 모든 사회문화적 기억을 갖고 있었다. 그렇다면 만약 내가 현존하는 유일한 한국인이라면 어떨까? 나의 언어와 기억과 생각만이 한국의 문화를 알 수 있는 유일한 통로가 될 것이다. 그렇다면 굳이 남의 행동과 생각을 연구하지 않더라도 나 자신의 행동과 생각을 연구하는 것 자체도 사회학적 의미가 있는 것이 아닌가? 이런 생각은 이후로 내가 나 자신을 연구자이자 연구대상으로 하는 사회과학에 대해 고민하게 만드는 동력이 됐다.

1) http://www.berkeley.edu/news/media/releases/96legacy/releases.96/14310.html

그런데 사회과학에서는 '나'를 연구대상으로 하기는커녕 '나'를 전면에 내세우며 글을 쓰는 것 자체도 쉽지 않다. 전통적인 사회과학에서는 '나'를 숨기며 글을 쓰라고 교육하기 때문이다. 전통적 사회과학 논문에서 '나'를 발견하기는 어렵다. 연구자의 개인적 모습이 드러나지 않는 것은 물론이거니와 1인칭 주어 '나'를 사용하는 것조차도 거의 금기시돼 왔다. 실제로 내가 학술지에 발표하는 논문들에서 '나'라는 1인칭 주어를 사용했을 때 여러 심사자들이 '나'라는 주어를 사용하는 것을 비판했다. 이처럼 '나'라는 주어 쓰기는 사회과학계에서 아직까지는 현실적으로 금기시되는 경우가 많다.

사회과학에서 '나'라는 주어의 사용을 금기시하는 이유는 무엇보다도 그것의 사용이 논문의 내용을 '주관적'인 것으로 보이게 만들기 때문이다. 사람들은 이것이 객관성을 지향해야 하는 사회과학논문의 속성에 위배된다고 생각한다. 그들은 사회과학연구란 연구자와 연구대상 사이의 엄격한 분리를 바탕으로 연구자가 연구대상을 객관적으로 관찰하고 분석하고 처리해서 대상에 보편적으로 적용될 수 있는 이론을 수립하는 것이라 믿기 때문이다. 하지만 만약 연구자와 연구대상이 엄격히 구분되지 않는다면, 혹은 엄격히 구분된다는 것이 허구의 신화라면 어떻게 할 것인가? 나는 이런 의문에서 출발했다. 그리고 연구자와 연구대상이 결코 구분될 수 없는 경우, 즉 연구자가 연구대상인 경우에 사회과학은 어떻게 가능할 것인가란 질문에 도달했다.

이 질문에 답하기 위해 나는 연구자가 자기 자신을 연구대상으로 안다는 것이 어떻게 가능할까에 대해 생각했다. 나는 내 자신을 어떻게 아는가? 이 질문에 대한 가장 즉각적인 답변은 아마도 "그냥 안다"일 것이다. 나는 내 자신을 그냥 안다. 왜냐하면 나는 나이기 때문이다. 나를 보는 나와 내게 보이는 나는 결국은 동일한 나이다.

따라서 나에게 나를 어떻게 아느냐고 묻는 것은 조금은 황당한 질문이다. 내가 나를 모를 수 없기 때문이다.

나는 다른 무엇을 통하지 않고서 그냥 나를 안다. 나는 이런 방식의 앎이 직관의 앎이라고 생각한다. 내게 있어서 직관과 관련된 고민은 내 전공학문에서 비롯됐다. 내 전공은 커뮤니케이션이다. 우리나라 대학에서는 흔히 언론학, 언론정보학이라고 불리는 것이다. 대학을 다닐 때 커뮤니케이션은 행위자, 메시지, 매체라는 세 가지 구성요소로 이뤄져 있다고 철저히 교육 받은 내게 있어서 무매개의 직접적 앎을 의미하는 직관이라는 개념은 받아들이기 힘든 것이었다. 그래서 나는 퍼스(Peirce, 1991)의 글을 읽으며 다음과 같은 구절을 발견했을 때 전적으로 동의할 수 있었다.

"1. 우리는 어떠한 내적 성찰의 능력도 가지고 있지 않다. 그리고 우리는 외부 사실에 대한 우리의 지식을 통해서 가설적으로 추론함으로써만 내부 세계를 알 수 있게 된다.

2. 우리는 어떠한 직관 능력도 가지고 있지 않다. 그리고 우리가 가지고 있는 각각의 지식은 이전 지식들에 의해 논리적으로 결정된다.

3. 우리는 기호 없이 생각할 수 있는 어떠한 능력도 가지고 있지 않다.

4. 우리는 절대적으로 알 수 없는 것에 대한 어떠한 개념도 가지고 있지 않다"(Peirce, 1991, 56-57).

퍼스의 이런 생각은 데카르트로부터 비롯된 유럽의 합리주의적 인식론에 대한 비판으로부터 나온 것이다. 데카르트는 자명한 진리에 이르기 위한 가장 주요한 방법으로 궁극적 회의를 제시했다. 내 주변에 있는 모든 것을 완벽히 다 의심했을 때 마지막으로 남는 의심할 수 없는 것은 무엇인가? 바로 '나'라는 자의식이다. 이 자의식은 모든 것이 의심된 상황에서 어떤 매개체도 없이 직접적으로 얻어진 자명한 것이다. 따라서 이것은 순수한 정신의 산물이고 명확한 지식이다. 이 자명한 지식이 바로 직관이다. 따라서 데카르트가 보기에 직관은 이성의 작용으로 탄생한 순수한 개념이다. 흔히 지성적 직관이라 부르는 것이다.

하지만 논리학자이자 기호학자였던 퍼스의 생각은 달랐다. 퍼스에 따르면 우리는 궁극적 회의로부터 출발할 수 없다. 오히려 우리는 우리가 가진 모든 편견과 선입견들에서부터 생각을 시작해야 한다. 왜냐하면 우리가 생각을 하기 위해서는 우리가 세계와 맺고 있는 관계들을 통해 형성된 기호들을 갖고 있어야 하기 때문이다. 궁극적 회의를 하기 위해서도 이 기호들이 필요하다. 그리고 이 기호들은 타인들이 사용하는 것이고 내가 살면서 배우고 익힌 것이다. 따라서 데카르트의 코기토는 직관적 의식이 아니라 기호를 통한 성찰의 결과물이 된다. 데카르트가 생각하듯이 외부 세계, 타인들, 언어, 기호, 내 몸 등을 의심하고 제거한 끝에 '나'라는 자의식에 도달하는 것이 아니라 오히려 타인들, 그들이 하는 말, 내 몸이 외부 세계와 맺는 관계들 그리고 언어가 실체로서의 나를 형성시키기 때문에 자의식에 도달할 수 있는 것이다.

이런 퍼스의 생각에 동의하면서 나는 직관이란 것이 외부세계와의 모든 형태의 관계와 기호를 배제한 상태에서의 즉각적인 지식이라면 그것을 직접적으로 아는 것은 불가능하다고 생각했다. 왜냐하면 그 지식에 접근하기 위해선 필수적으로 기호의 매개가 필요하기 때문이다. 이렇게 해서 직관은 내게 있어서 별로 흥미롭지 않은 개념으로 치부됐다.

그런데 내가 다시 직관에 주목하게 된 이유는 무엇인가? 그것은 내가 기호로 점철된 길을 돌고 돌아 다시 '나'라는 존재에 대해 관심을 갖기 시작했기 때문이다. 내가 나를 아는 문제, 더 정확히 말하자면 내가 삶 속에서 얻게 되는 지식, 태도, 생각에 어떻게 접근할 수 있는가하는 문제에 대해 고민을 하기 시작했기 때문이다. 특히 감정이나 욕망, 혹은 말로 설명할 수는 없지만 알고 있는 것에 대해 어떻게 접근할 수 있는가에 대해 생각하다보니 직관이란 개념이 다시 주요한 고려 대상이 되기 시작했다.

인식의 수단으로서의 직관에 대한 고려는 자연스럽게 현상학으로 나를 이끌었다. 현상학의 몇몇 개념들을 바탕으로 나는 “직관의 사회학”이라고 부를 수 있는 것이 가능할 것인지 고민했다. 이 글에서 나는 직관을 중심으로 한 나의 지적인 여정을 서술하면서 내가 생각하는 사회과학과 직관 사이의 관계에 대해 정리해 보고자 한다.

## 2. 직관

우선 직관이란 말의 의미에 대해 생각해 보도록 하자. 직관의 사전적 의미는 “판단, 추리 등의 사유 작용을 거치지 않고 대상을 직접적으로 파악하는 작용”이다(엣센스 국어사전). 영어나 프랑스어 등의 유럽 언어에서 직관은 intuition이라고 한다. 이 단어는 라틴어 단어인 intueri에서 왔다. intueri는 “안을 본다”는 뜻이다. 한국어인 직관은 直觀이라고 쓰는 한자어이다. “직접 본다”라는 뜻을 가진 한자어이니 intueri와 큰 차이는 없다.

사전적인 정의에 잘 드러나 있듯이 직관은 사물 또는 대상에 대한 직접적 지식을 의미한다. 직접적 지식이란 말은 논증, 증명, 추론, 판단 등의 어떤 의식적 활동도 없이 갖게 되는 지식이다. 뭔가를 알게 됐는데 그것을 어떻게 알았는지를 설명할 수 없을 때 우리는 보통 직관을 통해 알았다고 한다. 이런 직관은 찰나의 순간에 얻어지고 그 과정을 설명할 수 없다는 특징을 갖는다. 또한 동시에 그렇게 얻게 된 지식이 너무나 분명하고 확실하게 여겨져 이의를 제기할 수 없는 것처럼 보인다는 특성이 있다. 아무런 근거도 없고 이유도 설명할 수 없지만 그럴 것이라는 확신이 드는 지식, 그것이 바로 직관이 제공하는 앎이다.

직관의 특징은 바로 직(直)이란 말에서 온다. 直은 여러 의미를 갖고 있지만 직관의 경우는 무매개(immediate)의 뜻으로 이해돼야 할 것이다. 무매개(immediate)는 중개(mediate)되지 않는다는 뜻이다. 중간에 어떤 매개체도 존재하지 않은 상태로 바로 보게(알게)되는 것이 바로 직관이다. 직관으로 얻은 지식이란 것이 설명할 수는 없지만 너무나 분명하게 여겨지는 이유는 바로 아무런 매개 없이 얻게 된 지식이기 때문이다. 바로 이런 이유로 데카르트는 직관을 순수하고 명증한 지식의 출발점을 얻기 위한 수단으로 생각한 것이고 같은 이유로 퍼스는 직관적 앎의 가능성을 부정한 것이다.

유럽의 철학자들은 직관을 꽤나 중요한 인식론적 개념으로 사용했다. 데카르트는 물론이고 칸트, 베르그송, 후설 등은 특히 직관을 내적, 외적 세계를 파악하는 과정에서 매우 중요한 기능을 담당하는 것으로 이해했다. 주로 철학 분야에서 이야기되던 직관은 점차 심리학, 교육학 등의 분야에서도 거론되기 시작했다. 직관에 대한 논의가 진전되면서 직관의 종류도 세분화돼 정리되기 시작했다.

직관을 인식론의 주요한 개념으로 사용했던 칸트(Kant)의 예를 들어보자. 잘 알려져 있듯이 칸트는 대상에 대한 인식을 가능하게 만드는 기본 형식으로서 시간과 공간을 이해했다. 문장수(1999)가 정리한 바에 따르면, 칸트가 보기에 시간과 공간은 직관적 대상이며 순수 시간과 순수 공간은 감성의 선천적 직관의 형식이다. 이처럼 시간과 공간이 감성적 직관의 선천적 형식이기 때문에 시간과 공간의 속성을 연구하는 학문들의 보편성과 필연성이 보증된다. 또한 칸트는 인식을 가능하게 하는 능력을 감성과 오성으로 구분했다. 감성은 외적 자극들에 대한 감각을 수용하는 능력이고 오성은 수용된 자료들을 종합하는 지성적 능력이다. 감성이 작용하는 방식이 바로 직관이라고 칸트는 본다. 그런데 감성이란 것이 수용적 능력이란 점에서 직관은 주어진 것을 수용하는 수동적 성격을 갖는다.

인간의 인식능력으로서의 직관을 다룬 칸트는 데카르트 등이 제시한 순수 자아나 신, 영혼과 같은 대상을 직접적으로 인식할 수 있는 능력, 즉 순수한 합리적, 지성적 직관은 인간이 갖고 있지 않다고 본다. 인간이 갖고 있는 직관은 감각적 경험으로부터 오는 경험적 직관뿐이다. 그런데 이 감각적 경험을 바탕으로 하는 직관도 선천적 직관과 후천적 직관으로 구분될 수 있다. 예를 들어 우리가 대상의 색이나 맛, 소리 등과 같은 성질을 인식하는 것은 오성에 의한 종합적 판단 없이 즉각적으로 얻어지는 것이라는 점에서 경험적 직관의 능력에 속한다고 할 수 있다.

그런데 이런 맛, 색, 소리 등과 같은 대상의 2차적 성질에 대한 인식은 후천적 직관에 의해 얻어지는 것이다. 이런 후천적 직관이 가능하려면 그러한 경험이 가능할 수 있는 감각적 토대가 있어야 한다. 칸트는 시간과 공간에 대한 인식이 바로 그 토대라고 생각한다. 시간과 공간은 대상의 존재를 가능하게 만드는 형식이고 이러한 형식에 대한 우리의 인식은 선천적 직관에 의해 가능하다. 이 선천적 직관은 인식의 기본 형식을 제공한다는 점에서 보편적이고 필연적인 것이다. 그렇기 때문에 칸트는 시간과 공간을 감성의 선천적 직관의 형식이라고 말할 수 있는 것이다. 모든 후천적 직관은 이 선천적 직관에 의존함으로써 가능해진다.

여기에서는 칸트의 사례만을 들었지만 일반적으로 철학에서 논의된 직관은 구체적 경험 세계의 인식과 관련된 것이라기보다는 인식을 가능하게 만드는 순수한 정신 활동과 관련된 추상적 차원의 것이었다. 철학적이지 않은 관점에서 단순하게 칸트의 직관 개념을 살펴보면 칸트는 감각으로 느끼면서 알게 되는 것을 직관의 영역에 포함시켰다고 할 수 있다. 그것이 소리, 맛, 색처럼 구체적으로 느껴지는 것이든, 시간과 공간처럼 구체적인 경험으로 순간순간 알게 되지는 않지만 그런 감각적 느낌 자체를 가능하게 하는 것이든 말이다. 간단히 말하면 개념으로 분석되거나 종합되지 않고 얻어진 앎, 그것을 바로 직관이라고 본 것이다.

심리학의 경우에는 보다 구체적으로 직관에 접근한다. 직관에 대해 비교적 많은 이야기를 한 융(Jung, 1971)의 생각을 살펴보자. 융에 따르면 에고(ego)는 현실을 지각하고 해석하는데 사용하는 네 가지의 기본적인 능력을 갖고 있다. 사고(Thinking), 감정(Feeling), 감각(Sensation), 직관(Intuition)이 그것이다. 이 네 능력의 구분은 사람들의 심리적 유형을 분류하기 위해 고안된 것이다.

사고는 합리적 분석능력을 의미한다. 이것은 여러 개념들을 이용해 종합적 이해에 이르는 지성의 능력이다. 감정은 대상의 가치를 해석하는 능력이다. 이것은 대상이 쾌를 주는지 불쾌를 주는지에 근거해 대상을 평가하고 그것을 받아들일 것인지 배척할 것인지를 판단하는 능력이다. 감각은 감각 기관을 통한 의식적인 지각 능력이다. 직관은 의식에 즉각적으로 주어진 자극을 통해 아는 능력이다. 정신적 활동을 거치지 않는다는 점에서는 감각과 비슷하지만 물리적 자극으로부터 비롯되지 않는다는 점에서 감각과 다르다.

사고와 감정은 판단 행위를 필요로 한다는 점에서 합리적 성격을 갖는다. 반면에 감각과 직관은 이성에 의존하는 것이 아니라 단지 내적, 외적 자극으로부터 발생하는 지각이라는 점에서 비합리적 성격을 갖는다. 융에 따르면 사고와 감정은 서로 상반되는 성향을 갖는다. 분석적 능력인 사고는 감정을 억압하는 경향이 있다. 따라서 사고의 기능이 발달한 사람은 감정의 기능이 상대적으로 위축돼 있다고 볼 수 있다. 감각과 직관도 서로 상반되는 성향을 갖는다. 외적 자극에 예민하게 반응하는 사람은 내적 자극에 둔감한 편이라고 볼 수 있다. 사고-감정, 감각-직관의 쌍 중에서 한쪽 쌍의 어느 한 기능이 한 사람의 성격에서 지배적이 되면 다른 쌍 중의 한 기능이 부차적인 성격으로 나타난다. 예를 들어 사고 기능이 지배적이라면 감각이나 직관이 부차적인 기능으로 등장한다.

융이 보기에 과학자나 철학자는 사고 유형의 사람이며 주로 남자들이 사고 유형인 경우가 많다. 반면 여자들은 감정 유형의 사람인 경우가 많다. 감각의 경우에는 내향적 감각 유형과 외향적 감각 유형으로 구분될 수 있다. 물리적 세계를 내적, 심리적 관점에서 경험하는 내향적 감각 유형의 사람들 중에는 예술가들이 많고 외향적 감각 유형의 사람들 중에는 물질주의자들이나 쾌락주의자들이 많다. 직관 유형의 사람들은 창조적이고 새로운 생각들을 잘 제시하는 반면에 변덕스러운 편이다.

이처럼 융은 인간의 심리적 능력을 네 가지로 세분하면서 직관을 매우 기능적이면서 협소하게 정의했다. 융에 따르면 직관은 지적 판단이나 외부적 자극과는 무관하게 순수하게 내면적으로 어떤 것을 느끼고 알게 되는 능력이다. 흔히 말하는 내장 깊은 곳에서 밀려오는 직감(gut feeling)의 능력이다.

심리학자들과 교육학자들 중의 일부는 직관을 창의성이나 문제해결 능력과 연결하며 사회 적응, 심리 치료, 학교 교육의 한 방법으로 직관에 접근하기도 한다. 이들에게 직관은 도구적 속성을 갖기 때문에 직관에 대해 세밀한 분류를 한다. 예를 들어 본(Vaughan, 1979)은 직관에 육체적(physical), 정서적(emotional), 정신적(mental), 영적(spiritual)이라는 네 가지 층위가 있다고 본다. 육체적 층위는 긴장이나 불편함 같은 몸으로 느끼는 감각을 포함한다. 모든 육체적 감각이 직관적 메시지를 제공하는 것은 아니지만 경고나 자아의식을 갖는데 기여할 수 있다. 정서적 층위의 직관은 대상에 대한 특별한 이유 없는 호감이나 비호감 같은 형태를 갖는다. 정신적 층위의 직관은 이미지나 아이디어와 연결돼 있다. 특히 문제해결 상황에서 얻게 되는 이미지나 아이디어를 포함한다. 이것은 사전의 의도나 교육을 거치지 않는 창의성의 발현과 연결돼 있다. 영적 층위의 직관은 감각이나 감정, 생각 등에 의존하지 않고 자아의식이나 자아초월(transpersonal)에 이르는 능력이다.

피쉬바인(Fischbein, 1987)은 직관의 특성을 즉각성(immediacy), 내재적 확실성(intrinsic certainty), 자기명증성(self-evidence) 등에서 찾았다. 그는 직관을 근원에 따라 일차적 직관과 이차적 직관으로 구분했다. 일차적 직관은 체계적 교육 없이 개인의 특수하고 개별적인 경험에서 발생되는 것인 반면에 이차적 직관은 체계적이고 적절한 교육에 의해 개발되는 것이다. 또 그는 직관이 사고에서 하는 역할에 따라 단정 직관(affirmatory intuition), 추측 직관(conjectural intuition), 예견 직관(anticipatory intuition), 귀결 직관(conclusive intuition)을 구분했다.

학자에 따라, 학문영역에 따라 직관에 대한 논의들은 매우 다양하게 전개되고 있고 직관에 대한 정의나 활용방법 등에 대해서도 많은 다른 의견들이 있다. 직관에 대한 이런 다양한 논의들을 정리하고 관점의 차이를 부각시키는 것에 물론 나는 별다른 관심이 없다. 이렇듯 내가 직관에 대한 몇 가지 의견들을 주마간산 격으로 소개한 것은 직관이란 것이 내가 처음 생각했듯이 순수자아에 도달하는 지성적 직관으로만 이해될 필요는 없다는 것을 보여주기 위해서이다. 퍼스와 함께 순수 직관의 능력을 부정하는데 동의한다하더라도 나는 여전히 일상생활 속에서 구체적 경험을 통해 갖게 되는 직관적 지식에 대해 이야기할 수 있다. 즉, 데카르트 식의 지성적 직관의 틀에서 벗어나 일상적 경험을 통해 얻게 되는 감성적 직관의 존재를 인정하기로 한 것이다.

타인들과의 관계 속에서 후천적으로 획득한 기호들을 통해 내가 나 자신과 외부 세계를 인식한다고 해도 그런 인식의 모든 것이 논리적인 추론이나 개념적인 분석을 통해 얻어지는 것이 아니라는 사실을 인정하면서 나는 나의 의식적인 사고가 개입하기 전에 얻어지는 구체적인 지식의 수많은 사례들을 떠올릴 수 있다. 예를 들어 나는 빨간색과 파란색을 앞에 두고 두 색이 다르다는 것을 안다. 그런 지식은 내가 알고 있지만 설명할 수 없는 것이다.

하지만 나는 여전히 무매개의 커뮤니케이션은 불가능하다고 생각한다. 그것이 타인과의 커뮤니케이션이든, 내 자신과의 내적 커뮤니케이션이든 말이다. 커뮤니케이션은 중개하는 매체나 기호를 필요로 한다. 인간의 몸이든, 문자이든, 영상이든 또는 다른 무엇이든지 간에 커뮤니케이션이 가능하려면 생각이나 감정이 담겨 전달될 수 있는 매개체가 필요하다. 그렇다면 무매개의 지식이라는 직관은 불가능한 것이 아닌가?

나는 엄밀한 의미에서의 무매개의 직관, 순수 직관은 불가능하다고 생각한다. 하지만 무매개인 것처럼 보이는 직관은 가능하다. 예를 들어 감각기관을 통한 감성적 직관이 있다. 내가 보고 듣고 만지고 맛보고 냄새 맡는 것을 통해 얻는 일차적 지식은 논리적으로 추론된 것도 아니고 개념화된 것도 아니다. 이 감성적 직관을 통해 얻은 지식에는 몸이라는 매체가 개입한다. 단지 우리는 몸이란 매체가 너무나 당연하고 자연스러운 것이어서 매체라고 느끼지 못할 뿐이다. 어떤 사람을 처음 봤을 때 아무 이유 없이 그 사람이 좋아지는 것은 이미 그전에 만났었던 사람들에 대한 기억을 바탕으로 생성되는 감정이다. 부력을 이용해 부피를 측정하는 원리를 발견하고 "유레카"라고 외치며 알몸으로 뛰어나갔다는 아르키메데스의 일화가 대변하는 직관에 의한 발견의 경우도 문제를 해결하기 위한 이틀여의 고민과 연구들로 축적된 지식을 바탕으로 가능했던 것이다.

결국 우리가 일상생활에서 구체적인 경험의 형태로 만나게 되는 직관은 엄밀한 의미에서 무매개의 즉각적인 지식이 아니다. 그 지식은 몸으로 느끼는 경험과 축적된 지식 등을 매개로 해서 획득된다. 다만 그러한 매개된 지식과 경험이 너무 익숙하거나 또는 우리가 후에 얻게 될 지식과 논리적으로 연결돼 있지 않을 경우 그것들은 의식되지 않고 설명되지 않게 된다. 그러한 의식되지 않은 지식과 경험을 매개로 우리가 얻게 된 지식은 무매개인 것처럼 보이며 직관에 의해 획득된 지식으로 인식되는 것이다.

직관을 논리적 환원에 의해 도달하는 순수한 것으로 이해하지 않고 이처럼 일상적이고 구체적인 삶의 경험 속에서 흔히 만나는 것으로 이해할 경우, 직관은 내가 세계와 만나는 구체적인 인식의 도구이면서 논리적으로 추론되거나 개념에 의해 분석되지 않는 삶의 지식의 영역에 포함된다. 그렇다면 직관은 철학이나 심리학의 영역에서 벗어나 넓은 의미의 사회학, 혹은 사회과학의 영역에서 접근될 수 있다. 그렇다면 직관을 통한 사회학이란 것이 가능하지 않을까?

### 3. 현상학과 현상학적 사회학

유럽 철학, 보다 넓게는 서양 사상으로 통칭될 수 있는 영역을 관통해 전개되고 있는 주요한 인식론적 논의의 핵심에는 인간이 어떻게 나와 세계에 대한 엄밀하고 객관적인 앎을 획득할 수 있느냐 하는 질문이 들어있다고 나는 생각한다. 바로 그 질문에 답하기 위해 정교한 지적 구성체를 만드는 과정에서 주체와 객체, 감성과 이성, 직관과 사유 등을 구분하고 조작하고 분리하고 통합하려는 지적 노력들이 수행됐다. 이런 노력은 자연과학의 발달을 이끌면서 또는 자연과학의 발달에 영향을 받아 더욱 배가돼 왔다.

자연과학이 가장 잘 구현하고 있는 것처럼 보이는 과학의 목적은 일반적으로 인간의 감각을 통해 얻어지는 주관적 인식에서 벗어나 세계에 대한 객관적 인식에 도달하는 것으로 이해된다. 콩트(Comte)가 사회학을 처음에는 사회물리학(physique sociale)이라고 불렀던 것처럼 사회과학자도 자연과학과 같은 엄밀한 객관성을 인간과 사회에 대한 연구에 적용하려 했다.

실험과 통계 분석을 이용해 인간과 사회의 운동과 현상을 설명하고 예측하려 한 실증적 사회과학은 연구자의 개입에 반응하는 연구대상의 특수성 때문에 인간의 행동과 사회현상을 오히려 더 예측 불가능한 것으로 만들어버리는 결과를 초래하는 위험을 항상 동반했다. 예를 들어 부모의 교육정도가 낮고 경제적으로 어려운 가정에서 태어난 아이는 의사나 법관과 같은 전문지식이 필요한 직업의 종사자가 되기 어렵다. 하지만 이런 사실을 안 사람들은 이 문제를 해결하기 위해 개인적, 사회적 노력을 기울일 수 있고 결국 환경이 나쁜 가정의 아이도 전문직 종사자가 될 수 있음을 보여주는 사례들이 많이 나타나게 된다. 연구대상 자체가 사고능력과 의지를 가진 사람이기 때문에 사회과학자의 설명과 예측에 대해 여러 가지 방식으로 반응하게 되는 것이다. 연구자와 연구대상 사이의 상호작용을 내포할 수밖에 없는 사회과학의 성찰성(reflexivity)은 연구자들로 하여금 자연과학과는 다른 방식의 접근법을 강구하도록 만들었다.

연구자와 연구대상 사이의 상호작용을 최소화하면서 설명력과 예측력을 높이려 시도하는 실증적 사회과학과는 달리 연구자와 연구대상의 상호작용을 인정하고 사람들의 주관성을 고려하려 시도하는 사회과학 방법도 있다. 대표적인 것이 바로 현상학적 사회학이라고 통칭되는 것이다. 내가 현상학적 사회학에 관심을 갖게 된 것은 그것이 바로 연구를 위한 주요 개념으로 직관을 다루고 있기 때문이다.

현상학적 사회학은 현상학이란 용어 자체가 암시하듯이 후설(Husserl)이 정립한 현상학의 영향을 크게 받은 것이다. 후설과 현상학적 사회학의 관계에 대해서는 여러 학자들이 연구를 하고 있다. 양종회(1988), 윤명로(1992), 윤병철(1998), 박인철(2006a, 2006b, 2001), 이남인(2007, 2005, 2003), 김광기(2005, 2002a, 2002b) 등의 연구를 바탕으로 후설과 현상학적 사회학에서 논의되는 내용을 정리해 보자.

후설은 대상의 본질을 파악할 수 있는 절대적 기반을 제공하는 엄밀한 과학으로서의 철학을 정립하고자 했다. 그는 그러한 철학의 방법을 현상학에서 찾았다. 후설은 현상학의 근본 원리는 "모든 근원적으로 부여하는 직관이 앎의 권리원천이라는 것, 우리에게 '직관' 속에서 근원적으로(말하자면 그것의 육체적 현실 속에서) 주어져 있는 모든 것은 그것이 주어져 있는 틀을 벗어나지 않고 그것이 주어진 바로서만 단순히 받아들여져야 한다는 것"이라고 한다(Husserl, 1950, 78).

이 조금은 이해하기 어렵게 느껴지는 글에서 핵심이 되는 것은 "근원적으로 부여하는 직관(intuition donatrice originaire)"이다. 이것을 풀어서 말하자면 어떤 것의 근원이 되는 직관이 있는데 이 직관은 바로 그 어떤 것에 의미를 제공하는 것이라는 뜻이다. 이것은 외부 세계의 근원에는 직관이 있다는 뜻이며 외부 세계에 의미를 제공하는 것도 직관이란 말이다. 그리고 이 직관은 현재 내가 감각적 경험(지각)을 통해 얻게 되는 외부 세계에 대한 의심할 수 없는 확신이다. 그렇기 때문에 리쾨르(Ricoeur)가 잘 정리했듯이 "직관의 일반적 기능은 현존의 '가득함'으로 기호의 '빈 공간'을 채우는 것"이라고 할 수 있다(역자 서문 in Husserl, 1950, XXIV). 현존의 가득함으로 기호의 빈 공간을 채운다는 것은 기호를 통해 생각하기 전에 이미 존재한다는 사실 자체만으로도 아는 것들이 있다는 것이다.

이런 직관은 우리 의식의 원천이 되는 것이며 순수의식이 지향하는 모든 의미작용을 합법한 것으로 만든다. 이 의식의 근원적 직관은 명증한 것이다. 다시 말해 그것은 설명할 수도 없고 설명할 필요도 없는 것이다. 순수의식의 직관의 명증함은 단순히 받아들여야 하는 것이다. 순수의식의 근원적 직관에 대한 강조에서 볼 수 있듯이 현상학은 "어떤 편견이나 전제 없이 있는 그대로의 순수한 모습을 탐구하려는 방법론"으로 간주된다(박인철, 2006a, 56).

그런데 의식은 대상에 대한 지향성(intentionality)을 갖는다. 다시 말하면 모든 의식은 대상에 대한 작용으로서 나타난다. 모든 의식은 대상을 향하고 있다. 대상 자체가 존재하지 않는 것이라고 해도 그 대상을 의식한다는 사실 자체는 실재적이라고 할 수 있다. 따라서 의식은 대상을 지향적으로 소유한다고 할 수 있다. 이처럼 의식에 대상이 존재하는 것을 현상(phenomenon)이라고 한다. 의식은 외부 세계와는 독립돼 존재한다. 다시 말하면 의식이 존재하기 위해 외부세계가 반드시 필요하지는 않다. 그런 점에서 의식은 절대적 존재라고 할 수 있고 이 의식에 의해 지향됨으로써 의미를 부여받는 외부 세계는 상대적이라 할 수 있다. 순수의식, 혹은 선험적 의식은 근원적으로 부여하는 의식이다. 이처럼 대상의 존재를 의식의 지향성에서 찾았다는 점에서 후설의 현상학은 주관성을 기반으로 한다고 할 수 있다.

현상학의 출발점에는 직관이 있고 이 직관은 외부 세계에 대한 감각적 경험, 즉 지각이다. 이 외부 세계는 현상으로 주어진다. 현상학의 방법은 우리에게 감각적 경험, 지각, 혹은 체험을 통해 주어지는 것을 바라보고자 하는 것이다. 즉, 대상을 문제 삼는 것이 아니라 대상을 지향하는 의식의 작용을 분석하고자 하는 것이다. 그러나 현상학은 의식의 내적 경험을 단순히 분석, 기술하는 것이 아니다. 왜냐하면 현상학은 기본적으로 본질학이기 때문이다.

후설은 학문에는 사실학과 본질학이 있다고 봤다. 사실학은 구체적인 시간과 공간 속에서 개별적으로 존재하는 사실을 탐구하는 학문이고 본질학은 개별적인 사물과 사실을 초월해 존재하는 필연성과 보편성을 다루는 학문이다. 자연과학이나 사회과학이 사실학이라면 형식 논리학, 형식 존재론 등은 본질학에 속한다고 할 수 있다. 후설이 정립한 순수 현상학은 본질학의 형태를 갖고 있지만 사실학과 본질학을 아우르는 모든 학문의 궁극적 기반을 제공하고자 하는 목표를 갖고 있다.

우리가 의식과 세계의 본질, 즉 형상(eidos)을 파악하려면 외부 세계에 대한 우리의 자연적 태도에 대한 판단 중지(epoche)를 실시해야 한다. 자연적 태도란 우리가 일상적인 삶 속에서 외부 세계를 의심 없이 받아들이는 태도이다. 우리는 일반적으로 우리가 지각하는 사물이나 사람, 세계가 그대로 존재한다고 믿는다. 사실학들은 이러한 자연적 태도를 바탕으로 구성되며 자연적 태도의 성립에 기여한다. 하지만 현상학이 추구하는 내재적 본질에 접근하기 위해서는 이러한 자연적 태도와 결별해야 한다. 왜냐하면 내재적 본질은 구체적 경험과는 독립적으로 존재하는 것이며 구체적 사물들의 다양한 성질들을 관통해 일반적으로 존재하는 것이며 구체적 개체들을 가능하게 하는 것이기 때문이다.

자연적 태도를 배제하고 그것에 괄호를 쳐서 내버려둠으로써 우리는 외부세계에서 내재적 본질의 영역으로 돌아가게 된다. 이것이 현상학적 환원(reduction)이다. 현상학적 환원은 사실의 세계에서 본질의 세계, 즉 형상의 세계로 돌아가는 것이기 때문에 형상적 환원이라고도 한다. 형상적 환원은 결국 본질을 파악하기 위한 것이다. 본질의 파악은 본질직관을 통해 이뤄진다. 자유로운 상상을 통해 한 대상에 대한 무한한 모상들을 만들어내게 되면 그것들이 서로 중첩되면서 수동적으로 종합적인 통일에 이르게 되는데 이때 그러한 자유로운 변경을 통해서도 영향을 받지 않는 불변의 일반적 속성을 직관을 통해 능동적으로 포착해 내는 것이 본질직관의 일이다.

후설에게 있어서 직관은 학문의 토대가 되는 앎의 정당성을 보장해주는 근거이다. 사실학에서는 경험적 직관, 혹은 감각적 직관이 권리원천이 되는 직관이며 본질학에서는 본질 직관 또는 형상적 직관이 권리원천이 된다. 후설은 현상학을 기본적으로 본질학이라는 측면에서 정립했기 때문에 사실 후설의 직관이나 판단중지 등의 개념을 사회과학에 그대로 적용하는 것은 무리가 있다고도 볼 수 있다. 하지만 후설 이후의 여러 연구자들은 후설의 현상학적 방법에 기대어 사회를 연구하는 작업을 시도했다. 소위 현상학적 사회학이라고 부를 수 있는 연구방법이 만들어진 것이다.

후설의 현상학을 사회를 연구하는 데 사용하는데 있어서 기초를 닦은 대표적인 연구자는 슈츠(Schutz)이다. 슈츠는 후설이 후기에 제시한 생활세계, 상호주관성과 같은 개념들을 적극적으로 받아들여 발전시키면서 현상학적 사회학이라고 부를 수 있는 영역의 기반을 만들었다. 그의 뒤를 이어 내이튼슨(M. Natanson), 버거(P. L. Berger), 러크만(Th. Luckmann), 가핑클(H. Garfinkel), 조르지(A. Giorgi) 등과 같은 연구자들이 현상학적 사회학의 영역에서 독자적 개념과 방법론들을 발전시켰다.

현상학적 사회학의 범위와 성격은 물론 나아가 그것의 실현 가능성에 이르기까지 여러 부분들에 대한 많은 논쟁들이 있다. 이 글은 현상학적 사회학의 범위를 규정하거나 논쟁을 소개하기 위한 것이 아니기 때문에 후설의 현상학 개념이 일반적으로 사회과학에서 어떤 식으로 원용되고 있는지에 대해서만 간략히 살펴보기로 하자.

현상학적 사회학에서 가장 적극적으로 받아들여 발전시킨 후설의 개념은 바로 생활세계와 상호주관성이다. 생활세계는 글자 그대로 우리가 생활하는 세계이다. 일상세계는 우리가 직접 경험하고 체험하는 세계이며 따라서 자연과학에 의해 밝혀지는 물리적 세계와는 다른 곳이다. 예를 들어 자연과학에 따르면 우리가 사는 지구는 둥글고 자전하면서 태양의 둘레를 도는 존재이지만 우리의 일상세계는 평평하며 고정된 곳이다. 후설에 따르면 이러한 생활세계는 능동적인 사유나 판단에 앞서서 미리 주어져 있는 것이다. 이 세계는 모든 이론이나 과학, 논리에 앞서 이미 우리 앞에 주어져 있는 것이고 우리는 그것을 수동적으로 받아들인다. 이 세계는 우리의 감각과 경험에게 총체적으로 주어지는 것이며 매우 친숙하고 확실해 보이는 세계이다.

후설은 자연과학을 통해 얻어진 여러 지식들이 우리가 논리 이전의 감각을 통해 알게 되는 생활세계를 직접 접하는 것을 방해한다고 생각한다. 따라서 과학과 논리 이전에 원초적 지각으로 아는 생활세계에 도달하기 위해서는 자연과학의 지식에 대한 판단중지가 필요하다고 본다. 자연과학에서 바라보는 세계가 주체로부터 분리된 대상으로서 물리적 사물들의 총합이라면 생활세계는 주체가 자신의 감각으로 그 안에서 경험하고 느끼는 주체의 의식 안에서 현상으로 드러나는 세계이며 동시에 주체의 경험을 가능하게 하는 세계이다. 따라서 생활세계는 기본적으로 주체와 연결된 세계(subjekt-relative Welt)이다.

현상학적 사회학이 실증적 사회학의 대안으로 간주되는 이유는 바로 생활세계에 주목하기 때문이다. 실증적 사회학이 사회를 객관적으로 분석될 수 있는 물리적 사물의 총합으로 간주하는데 반해 현상학적 사회학은 세계가 주체에 의해 주관적으로 이해되고 파악된다는 것을 인정한다. 우리가 자연스럽게 경험하는 생활세계를 그대로 이해하기 위해서는 세계에 대한 객관적 지식을 추구하는 실증주의적 관점과 그 지식에서 벗어나야 한다. 즉, 실증주의적 전제와 지식에 대한 판단중지가 필요하다. 이남인(2007)은 실증주의적 전제에 대한 판단중지를 통해 생활세계에 대한 객관적 지식의 추구를 중지하고 생활세계의 사회현상으로 돌아가려는 시도가 바로 현상학적 사회학의 환원이라고 주장한다. 현상학적 사회학의 대표적인 연구방법으로 알려진 민속방법론(ethnomethodology)의 경우에는 통계와 같은 실증적 방법에 의해 드러난다고 간주되는 객관적 사회의 지식에 대해 판단중지를 하고 사회구성원들이 생활세계 안에서 경험하고 활동하고 해석하는 것을 기술하는데 주력한다.

후설의 현상학은 기본적으로 판단중지와 환원을 통해 나의 순수한 선험적 주관에 도달함으로써 앎의 명증한 근원을 찾는 것이다. 그런데 이 경우 문제가 발생한다. 그 문제는 이 세계에는 선험적 주관을 가진 다른 상이한 주체들이 존재하고 있다는 사실에서 비롯된다. 타인들의 존재는 결국 순수하고 절대적 의식이 기본적으로 여러 개일 수밖에 없다는 문제를 일으킨다. 이 문제를 해결하기 위해 후설이 내세운 개념이 바로 상호주관성이다. 후설은 우선 감정이입(Einfühlung)을 통해 내가 타인과 함께 지각하고 함께 판단할 수 있다고 주장한다. 그런데 이 감정이입은 내가 타인과 일치된다는 의미가 아니라 공감(Sympathie)한다는 의미이다. 이런 감정이입을 통한 타인에 대한 이해는 우선적으로는 육체를 통해 일어난다. 즉, 나의 육체와 타인들의 육체가 유사하고 그 육체가 타인들의 의식이 표현되는 통로임을 앎으로써 감정이입은 가능해진다.

다음으로는 나와 타인들에 의해 공유되는 생활세계가 감정이입을 가능하게 한다. 내가 속하고 경험하는 세계는 다른 사람들도 동시에 속하고 경험하는 세계이다. 사람들은 각자 고유한 방식을 이 세계를 경험하지만 내가 경험하는 세계 속에는 항상 타인들이 포함돼 있다는 점에서 이 세계는 상호주관적이라 할 수 있다. 게다가 생활세계는 기본적으로 역사성을 갖고 있다. 그리고 생활세계에서 살아가는 주체들도 모두 역사성을 가진 존재이다. 한 주체는 생활세계 속에서 과거에 축적된 생활조건들을 물려받는데 이것은 곧 다른 주체들의 역사이다. 한 주체의 역사는 다른 주체들의 역사와 만나면서 생활세계 속에서 공동의 역사를 만들어가게 된다.

감정이입을 가능하게 하는 또 하나의 조건은 바로 언어이다. 생활세계는 기본적으로 언어를 통해 조직된다. 한 생활세계 속에서 동일한 언어를 공유하는 주체들은 서로를 이해할 수 있다. 육체, 생활세계의 역사성, 언어성 등을 통해 이뤄지는 타인들에 대한 이해는 완전한 것이 될 수는 없다. 내가 타인과 완전히 감정이입하고 일치될 수는 없는 것이다. 하지만 상호주관성을 통해 생활세계를 공유하는 주체들 사이의 공동체적 의식이 형성될 수 있다는 것이 후설의 생각이다.

생활세계가 상호주관적 세계라는 주장은 현상학적 사회학자들에 의해 적극적으로 받아들여졌다. 타인들의 삶을 기술하고 이해하려고 노력하는 사회학자들에게 있어서 생활세계가 상호주관적으로 경험되기 때문에 개인의 경험이 사적인 것이 아니고 사회적이라는 것과 감정이입을 통해 타인의 삶을 이해할 수 있다는 것은 인간들과 사회현상을 관찰하고 기술, 설명할 수 있는 주요한 근거로 기능했다.

사회학은 사회 속에서 일어나는 사람들 사이의 관계를 다룬다. 따라서 생활세계와 상호주관성에 대한 후설의 생각이 사회학자들에 의해 비교적 쉽게 받아들여진 것은 충분히 이해할 수 있는 일이다. 반면에 후설의 현상학 개념들 중에서 사회학과 연결시키기 어려워 보이는 것도 있다. 바로 직관이다. 직관이란 것이 단숨에 본질을 파악하는 작업이라면 사회현상에 대한 일정한 추론을 필요로 하는 사회학과는 어울리지 않는 것이기 때문이다.

하지만 현상학적 사회학을 지지하는 연구자들은 후설의 현상학에서 있어서 직관이 의미하는 바를 잘 살펴보면 추론의 과정이 포함돼 있다고 주장한다. 이른바 본질직관의 과정은 상상을 통해 대상에 대한 모상들의 자유변경을 실시하고 모상들 사이의 차이점과 공통점을 발견하고 일반성을 파악하는 작업을 포함한다는 것이다. 그렇기 때문에 조르지(Giorgi)와 같은 연구자의 경우에는 현상학적 체험연구방법을 제안하면서 판단중지와 환원의 방법을 통해 개별적인 체험들의 구조를 파악한 후 이 개별적 체험들의 중심의미를 구별해 냄으로써 체험의 본질적 구조를 파악하고 기술할 수 있다고 봤다 (김분한 외 1999; 이남인, 2003).

## 4. 직관의 사회학

### 1) 직관적 앎의 이해

지금까지 나는 내가 관심을 갖게 된 직관의 개념에 대해 소개를 하고 후설의 현상학을 간략히 정리하면서 실증적 사회학에 대한 대안으로 스스로를 내세우는 현상학적 사회학에 대해 이야기했다. 이런 논의를 바탕으로 이제는 직관과 사회과학에 대해 내가 생각하고 있는 것을 이야기할 때가 됐다.

먼저 직관에 대해 생각해 보자. 앞에서 내가 주장한 대로 나는 직관이 직접적이고 선험적이라는 생각에 반대한다. 확실히 직관에 의한 앎은 명시적인 사유나 추론의 과정을 거치지 않고 얻어진다. 하지만 그렇다고 직관을 무매개의 작용으로 간주할 수는 없다. 직관이 무매개의 작용이라면 직관에 의한 앎은 설명할 수도 전달할 수도 없는 것이 된다. 다시 말해 어떠한 개인적, 사회적 확장도 기대할 수 없게 된다. 어떠한 개인적, 사회적 확장도 불가능한 앎이란 사실 존재하지 않는 것과 마찬가지다. 하지만 직관은 인간의 의식 활동의 하나로 엄연히 존재한다.

직관이 일반적으로 무매개의 앎의 방식으로 간주되는 것은 찰나의 순간에 어떠한 추론 과정 없이 앎을 획득하기 때문이다. 내가 그것을 알게 된 이유도 모르고 무엇을 알게 됐는지도 설명하기 힘들다. 단지 확실한 것은 내가 어느 순간에 어떤 것을 알게 됐다는 것이다. 어떻게 이것이 가능한가? 직관에서부터 출발하면 이 질문에는 답하기 어렵다. 직관 자체가 무매개의 설명할 수 없는 것으로 간주되기 때문이다. 질문에 답하기 위해서 나는 직관의 반대편에 서 있는 개념에서 출발하고자 한다.

직관과 상대되는 개념은 사유이다. 사유는 생각한다는 말인데 경험으로 얻어지거나 외부로부터 제시된 여러 사실들이나 개념들을 비교하고 관계를 맺어주고 그런 관계로부터 새로운 개념이나 사실을 도출해 내고 판단을 내리는 의식의 작용을 의미한다. 이런 사유는 확실히 매개되는 정신활동이다. 사유를 가능하게 하는 가장 대표적인 매개체는 바로 언어이다. 언어 없이 사유하는 것은 불가능하다는 주장이 아주 진지하게 논의될 정도로 언어는 사유의 일차적인 매체이며 보는 시각에 따라서는 사유의 형식과 내용을 결정짓는 유일한 수단이다(배상식, 2006).

사유가 언어를 바탕으로만 가능하다면 직관이 사유 작용을 거치지 않는다는 말은 바꾸어 말하면 직관은 언어와 무관하게 이뤄진다는 말이다. 직관은 언어와 무관하게 이뤄지기 때문에 추론될 수도 설명될 수도 없는 것이다. 칸트와 후설을 비롯해 직관을 거론한 많은 연구자들이 가장 기본적인 직관으로 감성적 직관을 내세운 것은 바로 감각을 통한 지각이 언어의 매개를 거치지 않는 것이기 때문이라고 할 수 있다. 예를 들어 우리가 어떤 것을 볼 때 우리는 찰나의 순간에 엄청나게 많은 것을 지각한다. 내가 사람의 얼굴을 본다고 하자. 나는 내가 본 것의 눈이 두 개이고 코가 하나이고 얼굴색이 검고 머리카락이 없다라는 식으로 언어를 통해 사고를 하고 그 사고들을 종합해서 내가 본 것이 사람이라고 판단하지는 않는다. 눈을 통해 지각되는 그 순간의 대상은 언어로 표현되지 않지만 나는 내가 본 것이 사람이라는 것을 확실히 안다. 촉각, 후각, 미각, 청각의 다른 감각을 통한 지각도 마찬가지이다. 감각기관의 지각을 통해 얻어지는 앎은 물론 나중에 언어로 표현될 수 있다. 하지만 지각의 순간에는 언어가 개입하지 않는다. 감각기관의 지각을 통한 감성적 직관의 앎은 선언어적, 선논리적이다.

감각기관을 통한 앎은 일차적으로 언어를 통하지 않고 얻어지는 것이기 때문에 즉각적이고 직접적이라는, 즉 무매개의 앎이라는 인상을 준다. 하지만 그런 앎은 감각기관을 포함한 육체를 매개로 이뤄지는 것이다. 뿐만 아니라 비록 언어를 매개로 하지는 않지만 과거에 지각된 정보들과 현재 지각되고 있는 정보들 사이의 비교와 종합을 거쳐 판단이 이뤄진다. 나는 사람을 볼 때 그 이전에 봤던 사람들과 비교를 하는 동시에 현재 보고 있는 나무나 자동차와 비교를 하며 공통점과 차이를 순간적으로 인식한다. 이 과정을 통해 내가 보는 것이 사람이라는 것을 안다. 따라서 감성적 직관은 언어를 통한 추론과 논리적 사고의 과정을 거치지 않기 때문에 무매개의 앎인 것처럼 보이지만 사실은 비교와 종합이라는 판단을 거치는 매개의 앎이다.

이런 감각기관을 통한 감성적 직관의 앎 외에도 직관적 앎이라고 부를 수 있는 것이 있다. 이것은 오랜 시간에 걸친 경험을 통해 알게 되는 앎이지만 언어로 표현될 수 없기 때문에 무매개의 앎처럼 보인다. 이것에 대해 언급하기 위해서 좀 길긴 하지만 장자(莊子)에 나오는 일화를 옮겨 적을 필요가 있다.

"(제나라의) 환공이 어느 날 당상에서 책을 읽고 있었다. 수레바퀴 만드는 사람 편(扁)이 당하에서 수레바퀴를 깎고 있다가, 몽치와 끌을 놓고 올라가 환공에게 물었다. 한마디 묻겠습니다만, 전하께서 읽으시는 것은 무엇입니까? 환공이 대답했다. 성인의 말씀이다. 성인이 지금 살아 계십니까? 환공이 대답했다. 이미 죽었다. 그럼 전하께서 읽고 계신 것은 옛사람의 찌꺼기이군요. 환공이 말했다. 내가 책을 읽고 있는데, 바퀴 만드는 목수 따위가 어찌 시비를 건단 말이냐. 이치에 닿는 설명을 하면 괜찮되 그렇지 못하면 죽이겠다. 편이 대답했다. 저는 제 일로 보건대, 수레를 만들 때 너무 깎으면 깎은 구멍에 바퀴살을 꽂기에 너무 헐거워서 튼튼하지 못하고, 덜 깎으면 빡빡하여 들어가지 않습니다. 더 깎지도 덜 깎지도 않는다는 일은 손짐작으로 터득하여 마음으로 수긍할 뿐이지 입으로 말할 수가 없습니다. 거기에 비결이 있는 겁니다만 제가 제 자식에게 깨우쳐줄 수 없고, 제 자식 역시 제게서 이어받을 수가 없습니다. 그래서 70인 이 나이에도 늙게까지 수레바퀴를 깎고 있는 겁니다. 옛사람도 그 전해줄 수 없는 것과 함께 죽어버렸습니다. 그러니 전하께서 읽고 계신 것은 옛사람의 찌꺼기일 뿐입니다"(정재현 & 서정신, 1999,101에서 재인용).

바퀴를 깎는 목수의 지식처럼 오랜 시간 동안의 경험과 실천으로 얻어진 것이지만 언어로 설명할 수도 표현할 수도 없는 것이 있다. 나에게는 너무나도 명확하고 확실한 지식이지만 정작 그것이 무엇인지를 말하려고 하면 도저히 표현할 수 없는 것 말이다. 그런데 우리가 갖고 있는 지식 가운데에는 이런 종류의 지식들이 의외로 매우 많다. 예를 들어 나는 매우 잘 걸을 줄 안다. "매우 잘"이란 부사가 조금 어색하게 여겨지지만 적어도 세 살 난 내 아들에 비교하자면 나는 확실히 매우 잘 걸을 줄 안다. 나는 뒤뚱거리지도 않고 발이 꼬여 넘어지지도 않는다. 확실히 나는 잘 걸을 줄 안다. 하지만 만약 내 아들이 어떻게 걷는지를 가르쳐 달라고 하면 뭐라 할 말이 없을 것이다. 이런 지식들은 오랜 시간 동안 경험과 경험을 되풀이하면서 몸으로 익히고 알게 되는 것이다. 이런 지식들은 의식의 영역에서 드러나지 않고 사유의 과정을 거치지 않으며 획득되는 것이라는 점에서 직관적 앎에 포함된다.

경험적 직관이라고 부를 수 있는 이런 직관은 우리의 삶 곳곳에서 아주 유용하게 사용된다. 이 경험적 직관의 앎이 없다면 사회생활은 물론 개인적 삶 자체가 불가능하다고 볼 수 있다. 이것은 어떤 계기에 의해 순간적으로 획득되는 앎이 아니라 오랜 경험을 통해 체화된 것으로 무의식이나 전의식의 영역에서 잠재적 상태로 머물며 내 자신의 활동은 물론 타인과 사회에 대한 나의 태도와 행동, 판단을 결정하는 앎이다. 걷기나 자전거타기, 운전하기 등과 같은 일상적이며 개인적 활동은 습관처럼 몸에 고착된 앎이다. 의상, 가구, 머리모양, 건물의 내부, 외부 장식 등과 관련된 미적 판단을 가능하게 하는 앎이나 특정한 상황에서 특정한 사람들을 만났을 때 취해야 할 몸가짐과 대화방식 등과 관련된 사회적, 문화적 판단을 가능하게 하는 앎도 무의식이나 전의식의 차원에서 습관처럼 고착된 앎이다. 경험적 직관에 의한 이러한 앎들은 내가 알고 있는 것이긴 하지만 그것을 어떻게 알게 됐는지 확실하게 드러나지 않고 남들에게 언어를 통해 설명하거나 가르쳐 줄 수 없는 앎이다.

감성적 직관과 경험적 직관 외에 우리가 흔히 접하는 세 번째 유형의 직관은 흔히 "유레카"라는 말로 대변되는 창조적 발견의 직관이다. 이것은 우리가 평소에 해결하려 하던 문제에 대한 해답이 어느 순간 갑자기 떠오르는 방식으로 드러나는 앎이다. 우리는 일상생활 혹은 직업생활 중에 만나는 문제를 해결하기 위해 자료들을 수집하고 분석하고 추론하고 생각하는 과정을 거친다. 많은 문제들에 대한 해답이 이런 사유의 과정을 통해 얻어진다. 그런데 몇몇 문제들은 이런 사유의 과정에서 그 해답이 드러나지 않는 경우가 있다. 그러다 어느 날 갑자기 아무런 이유나 근거 없이 문제에 대한 해답이 머리에 떠오르는 경우가 있다. 이것이 바로 우리가 직관적 앎을 경험하는 순간이다. 여러 과학자들의 이른바 "획기적" 발견이나 발명의 과정에 이 직관적 앎이 개입했다는 일화들을 접하는 것은 그리 어려운 일이 아니다(Fensham & Marton, 1992).

이 창조적 직관은 다른 직관들과 마찬가지로 논리적으로 설명될 수 없는 것이지만 자연과학이나 교육의 영역에서는 매우 중요한 앎의 수단으로 간주되고 있다. 연구자와 학생들에게는 창조적 직관을 기를 것이 요구되고 창조적 직관을 개발하고 활용할 수 있는 방법에 대한 연구들이 활발히 진행되고 있다. 예를 들어 창조적 직관의 과정을 1)인지(recognition), 2)숙고(deliberation) 또는 분석(analysis), 3)숙성(gestation), 4)깨달음(enlightenment), 5)합리화(rationalization), 6)이행(implementation)의 순환적인 여섯 단계로 구분할 수 있다(Wierzbicki & Nakamori, 2006). 창조적 직관에서 가장 중요한 단계는 문제에 대한 인지와 숙고, 분석 작업을 거친 후 갖게 되는 숙성과 깨달음의 단계이다. 숙성은 가장 중요한 단계로 그동안 숙고하고 분석해 왔던 문제에 대해 잊어버리는 단계이다. 주로 놀이나 휴식, 수면, 명상과 같은 방법을 통해 그 동안 고민해 왔던 문제에 대해 말끔히 잊어버리는 과정이 필요하다. 하지만 비록 우리가 의식하지 않는다 하더라도 우리의 전의식 등에서는 문제에 대한 해결책을 발견할 수 있는 재료가 만들어지고 있는 것이다. 그리고 갑작스러운 깨달음이 찾아온다. 깨달음을 활성화시키기 위해서는 알람시계의 도움으로 평소보다 10분이나 20분 정도 일찍 일어나 문제에 대해 생각해 보는 방법들이 동원될 수 있다.

창조적 직관을 통한 앎에서 우리가 주목할 것은 그것이 아무 것도 없는 상태에서 갑자기 알게 되는 깨달음이 아니라는 것이다. 문제에 대한 충분한 고민과 공부가 사전에 이뤄져 있어야 한다. 깨달음은 바로 그런 사전 지식들을 바탕으로 얻어진다. 사전 지식들과 깨달음이 연속적인 흐름으로 이어져 있지 않고 단절돼 있기 때문에 직관적 앎이 무매개인 것처럼 보일 뿐이다.

직관과 유사한 것으로 본능이 있다. 본능도 사유를 거치지 않고 인간의 행동에 직접적으로 개입하는 능력이다. 추론이나 분석의 과정 없이 바로 판단을 내리고 행동을 개시한다는 점에서 본능은 직관과 유사하다. 하지만 본능은 선천적이고 생리적인 속성이 강하다는 점에서 직관과 다르다. 본능은 어떠한 사전 경험이나 지식 없이도 그렇게 행동해야 하는 것을 아는 능력이다. 반면에 직관은 위에서 살펴본 것처럼 오랜 시간 동안 축적된 경험들을 바탕으로 가능한 후천적 능력이다. 그렇지만 본능과 직관은 쉽게 혼용된다. 예를 들어 나는 자전거를 탈 때 자전거가 넘어지려 하면 넘어지려는 쪽으로 "본능적"으로 핸들을 꺾는다. 하지만 엄밀히 말한다면 이것은 본능적인 행위가 아니다. 이것은 내가 자전거 타기를 배우는 과정에서 얻은 경험과 지식을 바탕으로 이뤄지는 행위이다. 나는 자전거가 넘어지는 쪽으로 핸들을 돌려야 한다는 것을 배우고 수많은 연습을 통해 그 방법을 몸으로 익혔다. 그리고 이제 그 행동은 너무나 몸에 익어 더 이상 어떤 사유를 통한 판단도 필요하지 않은 행동이 됐다. 따라서 나는 자전거를 탈 때 자전거가 넘어지려 하면 넘어지려는 쪽으로 "직관적"으로 핸들을 꺾는다.

나는 직관이 개인의 육체와 경험, 학습, 지식 등을 매개로 가능한 앎의 능력이라고 생각한다. 이런 직관은 따라서 순수하게 선험적인 차원에서 이해될 필요가 없다. 어쩌면 헤겔(Hegel)의 주장처럼 고도로 분석적인 사유를 하는 사람이 순수하고 진정한 직관을 소유할 수 있다(Hegel, 1971, 192-200). 무매개의 앎이 매개의 과정을 배제하는 것은 아니다. 오히려 무매개의 앎은 매개된 앎의 산물이자 결과이다. 이런 생각을 바탕으로 직관이 사회과학, 넓은 의미의 사회학과 어떤 방식으로 연결될 수 있는지, 직관의 사회학은 어떻게 가능한지에 대해 생각해 보자.

### 2) '나의 사회학'의 가능성

직관의 앎이 무매개의 앎처럼 보이는 것은 사유에 의한 분석적 앎과는 달리 단계적이고 선적인 과정을 거치지 않고 총체적이고 단절적으로 이뤄지기 때문이다. 사회과학이 개념을 이용한 분석을 통해 사회현실을 추상화해 내고 그 안에서 일정한 원리와 규칙, 구조 등을 발견하려고 시도하는 것이라면 당연히 직관은 사회과학에서 배제돼야 하는 것이거나 기껏해야 연구와 아이디어 창출 과정에서 고려해 볼만한 수단으로 간주될 뿐이다.

직관을 연구방법으로 비교적 적극적으로 도입하고 있는 현상학적 사회학의 여러 연구경향들에 대해 실증적 사회학계에서 가장 크게 비판하는 것도 바로 직관에 관련된 부분이다. 직관적 앎이란 것을 인정한다하더라도 그것의 타당성과 신뢰성을 검증할 방법이 없다는 것이다. 내가 알게 된 직관적 앎을 다른 사람들에게 전달할 방법이 없고 결국 그것은 나만의 지식으로 남는다는 점에서 어떤 것을 증명하고 분석해야하는 과학적 방법을 추구하는 사회학에서 직관은 사용할 수 없는 방법이라는 것이다(Islam, 1983).

그런데 현상학적 방법을 가장 적극적으로 사용하며 아주 주요한 방법으로 이용하는 간호학의 경우 현상학적 방법에 대한 깊은 관심을 보이고 있다(Barkway, 2001; Paley, 2005, 1997; Rapport & Wainwright, 2006; Yegdich, 1999). 병 때문에 고통 받는 환자와 가족들에 관련된 문제를 다루는 간호학 연구자들은 환자와 그의 가족이라는 연구대상과 연구자 사이의 상호작용이 매우 중요하다는 것을 실천과정에서 느끼게 된다. 왜냐하면 환자와 그의 가족이 겪는 고통은 통계에 의해 수량화해 낼 수 없는 것이고 그들의 감정과 생각에 대한 구체적인 이해 없이는 효과적인 간호가 불가능하기 때문이다. 따라서 간호학에서 대화, 상호작용, 경험, 직관에 대한 강조와 그것들에 접근하는 방법에 대한 논의가 빈번히 이뤄지는 것은 당연히 일이라고도 할 수 있다.

나는 간호학에서 현상학적 방법이 집중적으로 사용된다는 것은 시사하는 바가 크다고 생각한다. 환자의 고통을 덜어주고 생명을 연장시키는 것을 일차적 목적으로 하는 간호 행위를 이론적으로 지지하기 위한 간호학 연구는 자료의 수집을 위해 환자와의 만남을 피하기 어렵다. 연구대상인 환자가 당장 간호를 필요로 하는 존재이며 처한 상황에서 벗어날 수 있는 방법을 절실히 찾고 있는 처지라는 점에서 연구자와 환자 사이의 상호작용은 윤리적 문제를 발생시킨다. 연구자가 환자로부터 더 많고 풍부한 자료를 얻고자 할수록 이 문제는 더욱 심각하게 드러난다. 연구자가 환자에 대한 객관적인 관찰자로만 머물기가 힘들고 연구행위가 실제상황에서 환자와의 상호작용을 통해 간호행위가 될 수 있다는 점에서 연구자와 연구대상 사이의 명확한 분리를 보장하기 어려울 가능성이 높기 때문이다. 따라서 연구자가 객관적 관찰자라는 실증주의적 입장을 버리고 환자와의 상호작용에 적극적으로 뛰어들면서 주관성을 인정하고 강조하는 연구경향을 보이기가 상대적으로 쉽다. 이 과정에서 현상학적 연구방법이 채택되는 것이다.

나는 사회과학에서 직관이 연구방법의 하나로 고려될 수 있는 것이 어떤 것인지에 대해 생각하고 있는 중이다. 간호학에서 직관이 연구방법으로 거론된 이유는 바로 연구주체와 연구대상 사이의 명확한 분리를 바탕으로 한 객관적 관찰을 확보하는 것이 어렵거나 또는 유용하지 않다고 판단됐기 때문이다. 만약 사회과학에서도 연구주체와 연구대상이 명확히 분리되지 않거나 분리될 필요가 없다면 직관의 방법을 고려해 볼 수 있지 않을까? 예를 들면 연구자가 자기 자신을 연구대상으로 삼는 이른바 '나의 사회학'이라면 직관의 방법을 고려해 볼 수 있지 않을까?

'나의 사회학'은, 만약 그것이 가능하다면, 직관의 방법을 사용할 수 있는 최적의 사회학일 것이다. '나의 사회학'은 현상학적 사회학과 상당히 많은 개념들을 공유하지만 주체와 대상의 관계에 대한 인식에 있어서는 차이를 보인다. 후설의 생활세계 개념과 상호주관성 개념을 받아들인 슈츠가 제시한 현상학적 사회학은 생활세계의 자연스러움을 인정하면서 그러한 자연스러움을 의심하는 자연과학의 지식을 괄호 안에 넣고 현상을 충실히 기술하면서 현상에서 전형적 유형들을 발견할 것을 주문한다. 이 과정에서 연구자는 자신의 개인적 삶을 괄호 쳐서 격리하고 생활세계에 대한 인지적인 관심만을 가져야 한다(양종희, 1988). 즉, 판단중지와 괄호 치기가 실증적 지식에만 가해지는 것이 아니라 연구자의 개인적인 경험에도 가해지는 것이다.

주체의 주관적 해석의 가능성을 인정하면서도 결국 사회현상을 바라보는 연구주체의 객관적 시각을 유지하고자 하는 현상학적 사회학과는 달리 '나의 사회학'는 연구자의 주관적이고 개인적인 경험을 배제하고 관련 지식에 대한 판단중지를 하는 것을 거부한다. '나의 사회학'은 판단중지와 환원을 통해 어떤 편견이나 전제 없이 본질적 모습을 탐구하는 것을 목적으로 삼지 않기 때문이다. '나의 사회학'의 주체이자 대상인 나는 모든 편견과 선입견을 고스란히 간직한 존재이다. '나의 사회학'은 그 편견과 선입견을 제거하거나 배제하지 않고 그 자체를 그대로 드러내는 것을 지향한다.

'나의 사회학'이 사용하고자 하는 직관은 판단중지와 환원을 통해 대상의 본질에 접근하기 위해 필요한 것이 아니다. 이 직관은 오히려 헤겔의 방식으로 표현한다면 분석적 사유를 통해 얻어지는 것이며 또한 동시에 분석적 사유를 위해 필요한 것이다. 그렇다면 "나의 사회학"에서 직관은 어떻게 표현되고 전달될 수 있는가?

앞에서 언급한 장자의 이야기로 돌아가 보자. 목수는 자신만이 알고 있는, 바퀴살을 만드는데 필요한 아주 중요한 지식은 설명할 수도 없고 가르쳐 줄 수도 없는 것이라고 한다. 그 지식은 그에게는 너무나 명확하고 총체적으로 찰나에 접근 가능한 것이다. 그가 그 지식에 대해 논리적으로 설명하거나 표현할 수 없는 것은 사실이다. 하지만 그가 그것을 그의 아들에게 전수하는 것이 불가능하지는 않다.

사실 이 지식의 전수는 우리가 자전거타기를 가르치고 배우는 것과 동일한 방식으로 이뤄진다. 우리는 자전거 타는 법에 대해 설명할 수 있는 몇 가지 지식들을 갖고 있다. 예를 들면 넘어지려는 쪽으로 핸들을 돌려야 한다는 식의 지식이 있다. 하지만 실제로 넘어지지 않기 위해 알아야 하는 핵심적인 지식은 말로 설명하기가 힘들다. 그것은 배우는 사람이 연습을 통해 몸으로 체득하는 수밖에 없다. 그 핵심 지식을 언어로 설명할 수가 없다고 해서 우리가 남에게 자전거 타는 법을 가르치지 못하는 것은 아니다. 오히려 자전거 타는 법에 대한 치밀한 분석을 바탕으로 논리적인 설명을 한다면 핵심 지식 자체는 언어로 전달하지 못하지만 실제로 배우는 사람이 그 핵심 지식을 더 빠르고 쉽게 획득하게 할 수 있다. 치밀한 분석적 사유를 통해 직관적 앎이 가능해지는 것이다.

내 자신과 사회에 대한 나의 직관적 앎은 총체적이며 실천적인 성격을 갖고 있다. 직관적 앎이 총체적이란 말은 내가 갖고 있는 지식이 명확히 분석돼 체계적으로 제시되지 않는다는 뜻이다. 나는 나에 대해, 그리고 사회에 대해 확실히 알고 있지만 정작 내가 알고 있는 것을 구체적이고 논리적인 방식으로 설명하고 전달하기는 어렵다. 한마디로 나의 직관적 앎은 '거시기'한 것이다. '거시기'는 기의 없는 기표이다. '거시기'가 지시하는 것은 아무 것도 아니면서 동시에 모든 것이기 때문이다. '거시기'라는 기표에는 고정된 기의

가 없다. '거시기'에는 아무런 의미가 없는 것이다. 하지만 동시에 '거시기'는 모든 상황에서 사용되면서 모든 것을 의미할 수 있다.

〈그림 2〉

직관적 앎이 실천적이란 말은 그것이 내가 살아가는 과정에서 곧바로 생활에 적용되는 것이며 삶의 경험을 통해 형성되고 수정되는 것이란 뜻이다. 경험을 통해 얻어지는 실천적인 지식이기 때문에 이 직관적 앎은 온갖 편견과 선입견으로 가득 차 있는 것이다. 직관적 앎이 편견과 선입견으로 가득 차 있는 것은 그것이 사회적이고 문화적인 상호작용의 결과물이기 때문이다. 사회적, 문화적 실천을 통해 얻어지는 지식이기 때문에 이 지식은 항상 구체적이며 상황 의존적이다. 직관적 앎의 '거시기'는 앞에서 언급한 리쾨르의 말처럼 현존의 충만함으로 채워지는 것이다.

세계에 대한 앎을 좀 더 구체적으로 이야기하기 위해 〈그림 2〉를 보자. 이 사진을 우리가 알아야 할 세계라고 하자. 이 사진과 같은 세계가 바로 당신 앞에 놓여 있다고 하자. 당신이 일상적으로 접하는 다른 세계처럼 이 사진의 세계도 너무나 명확하고 분명해 보인다. 당신에게 이 사진의 세계는 총체적으로 주어지며 단숨에 이해된다. 그것은 이 세계에 대한 당신의 직관적 앎이다. 그런데 당신은 당신이 이 사진의 세계에 대해 아는 것을 설명할 수 있는가? 당신은 설명하기 위해 상당히 애를 쓰며 노력하겠지만 아무리 설명해도 당신이 처음에 총체적으로 파악한 것을 결국 다 말할 수 없다는 것을 깨닫게 될 것이다. 게다가 당신이 총체적으로 파악한 것은 당신만의 편견과 선입견으로 적당히 왜곡된 것이다. 당신이 사진의 주인공을 안다면, 혹은 모른다면, 당신이 미혼이라면, 혹은 결혼해서 자녀를 갖고 있다면, 당신이 여자라면, 혹은 남자라면, 이 모든 경우에 편견은 총체적 앎에 내재해 있다.

과학은 세계에 대한 진리를 추구한다고 천명한다. 이 사진의 세계를 과학적으로 분석한다면 어떨까? 이 사진의 세계에 대한 총체적 지식과 진리를 밝혀줄 하나의 과학은 없다. 각각의 과학은 각자의 관점에서 이 사진의 세계를 파악하고 설명할 뿐이다. 가족학이나 인구학의 경우에는 세 인물의 관계를 설명하기 위해 노력할 것이고 영양학은 음식에 대해 설명할 것이며 의상학은 옷에 대해 이야기할 것이다. 의학이나 생물학은 인물들의 신체적 특징과 징후에 대해 이야기할 것이며 건축학은 공간의 특성을 설명할 것이다. 각각의 과학은 각자의 관점에서 각자가 발견한 사실과 진리를 이야기할 것이다. 이들 과학의 접근법에 대한 공통점을 발견한다면 바로 자신의 관심분야에 대한 최대한의 세밀한 관찰과 기술을 바탕으로 분석을 할 것이라는 점이다. 하지만 결국 어떤 과학도 이 사진의 세계를 총체적으로 설명하지는 못하며 따라서 이 사진의 세계에 대한 총체적 진리를 밝혀내지 못한다.

'나의 사회학'의 경우도 예외는 아니다. '나의 사회학'도 특정한 관점에서 대상을 바라보는 과학이다. 직관을 통한 총체적 앎에 주목한다는 것이 현상에 대한 총체적인 진리에 도달한다는 것은 아니다. '나의 사회학'의 경우에는 직관적 앎을 가진 주체의 관점에서 역시 직관적 앎을 가진 대상을 이해하려 한다는 특징이 있을 뿐이다. 연구자인 나는 연구대상인 나를 이미 총체적으로 파악하고 있다. 비록 설명할 수는 없지만 나는 내가 어떻게 사회와 관계를 맺고 있는지를 직관적으로 안다. 이 직관적 앎을 편견이 있는 특정한 관점에서 설명하고 전달하려는 것이 '나의 사회학'의 목적이다. 주의할 점은 그 편견을 그대로 드러내야 한다는 것이다. 이를 위해서 '나의 사회학'은 나에 대한, 나와 사회의 관계에 대한 충실한 기술로부터 출발해야 한다. 이러한 기술 과정을 통해 직관적 앎의 '거시기'가 갖는 내용이 구체적으로 드러나며 결국 연구자는 대상에 대한 이해에 도달하게 된다.

나에 대한, 나와 사회의 관계에 대한 충실한 기술을 하기 위해 나는 다른 사회과학이나 자연과학의 연구로 얻어진 지식들을 최대한 참고해야 한다. 다른 과학적 지식에 대한 판단중지를 통해 나의 내면적 세계로 환원하는 것이 아니라 경우에 따라서는 다른 과학적 지식들에 기대어 나, 그리고 나와 사회의 관계에 대한 폭넓은 이해를 시도해야 한다. 그런 관찰과 기술, 이해가 충분히 이뤄질 때 비로소 나는 직관적 앎에 접근할 수 있다. 세밀한 관찰을 바탕으로 한 풍부한 기술, 그리고 다른 과학의 지식들을 바탕으로 한 체계적 설명은 사회적, 문화적 편견으로 장식된 나의 모습을 가능한 한 총체적으로 드러내 보여준다. 나에 대한, 그리고 나와 사회의 관계에 대한 타인들의 직관적 이해는 감정이입이나 공감을 통해 가능하다. 이 감정이입과 공감을 가능하게 해주는 것이 바로 세밀한 관찰, 풍부한 기술, 체계적 설명을 통한 직관적 앎의 구체화이다.

'직관의 사회학' 혹은 '나의 사회학'이라고 부를 수 있는 것은 주체와 대상의 분리가 아닌 주체와 대상의 융합이라는 다른 인식론적 토대에서 출발한다. 사실 직관적 앎 자체는 이미 사회과학에서 주요한 연구 자료로 사용되고 있다. 설문조사 연구에서 실시하는 척도를 이용한 다양한 대상에 대한 선호도 조사는 대부분 설문대상자가 감각적 직관이나 경험적 직관을 통해 알고 있는 것을 수량화해내는 작업이다. 실증적 방법론에서 직관적 앎은 수량화해서 조작해야 할 일차적 질료에 불과하다. 실증적 방법론은 설문대상자들에게 척도의 한 지점을 선택하도록 강요함으로써 총체적 성격을 띤 앎을 단편적인 것으로 만든다.

내가 생각하는 직관은 그렇게 단편적이고 파편적인 것으로 축소된 대상으로서의 앎이 아니다. 여기서 내가 다룬 직관은 연구주체의 직관이며 주체와 대상이 명확히 구분되지 않는 총체적 앎으로서의 직관이다. 연구대상이 나일 경우는 물론이거니와 연구대상이 타인일 경우에도 직관적 앎을 주체의 관점에서 접근한다면 사회와 문화에 대한 깊이 있는 이해를 가능하게 해주는 또 다른 연구영역이 열릴 것이라고 생각한다. 나는 '나의 사회학'이 자기민속지학을 통해서 구체적으로 실행될 수 있을 것이라 생각한다. 자기민속지학에 대해서는 다음 장에서 자세히 살펴보도록 하자.

제2장

# 자기민속지학이란 무엇인가?

1. 나에 대한 성찰
2. 자기민속지학과 질적 연구의 전환점
3. 자기민속지학에 대한 비판과 옹호
4. 연상적 vs 분석적
5. 성찰의 문제
6. 자기민속지학의 가능성

제2장

# 자기민속지학이란 무엇인가?

## 1. 나에 대한 성찰

나는 1986년 서울대학교 신문학과에 입학했다. 지금은 언론정보학과로 이름이 바뀌었지만 당시에는 신문학과라고 불렀다. 나는 왜 신문학과를 선택했을까? 당시 나는 휘문고등학교를 졸업하려는 참이었다. 아마 지금 고등학생들도 그렇겠지만 당시의 나도 대학에서 어떤 공부를 해야 하는지에 대해 잘 모르고 있었다. 영문학이니 경영학이니 철학이니 하는 많은 전공명칭들은 귀에 익었지만 그 전공에서 정확히 뭘 하는지는 모르는 상태였다. 스테레오타입처럼 형성돼 있던 고만고만한 지식들이 전공에 대해 우리가 아는 전부였다. 문과학생이었던 나는 그저 책 읽기 좋아하면 영문학, 삶에 대해 사색을 하고 싶으면 철학, 회사에 취직하고 싶으면 경영학을 선택해야 하는 줄 알고 있었다. 게다가 학력고사라 불린 당시의 대학입학시험의 성적은 이미 어느 정도 내가 가야 할 대학과 전공을 정해놓은 상태였다.

내가 얻은 학력고사 성적은 당시 합격점이 가장 높았던 법대와 경제학과를 제외하면 대부분의 학과에 그럭저럭 원서를 내밀 수 있는 정도. 가고 싶은 학과는 명확하지 않았지만 내가 싫어하는 것은 확실히 있었다. 나는 문학계열과 사범계열은 가고 싶지 않았다. 소설이나 시를 공부하는 것은 너무 따분하다고 생각했고 중고등학교 교사가 될 준비를 하는 것은 너무 고리타분하다고 느꼈다. 결국 그나마 내 흥미를 끄는 것은 사회계열이었다. 그중에서도 심리학과가 마음에 들었다. 무엇을 배우는 곳인지는 정확히 몰랐지만 인간의 심리를 공부한다는 것이 매력적으로 느껴졌다. 그러나 부모님이 반대했다. 특히 어머니가 심리학은 정신적으로 문제가 있는 사람들을 다루는 우울한 학문이라는 이유로 반대를 심하게 하셨다.

진로에 대해 고민을 하던 중에 담임선생님이 새로운 대안을 제시했다. 신문학과라는 것이 있는데 신문학이라는 것이 꽤 괜찮은 전공이라는 것이었다. 신문학과에서 배우는 것이 무엇인지는 잘 몰랐지만 발음이 심리학과와 비슷하지 않은가? 게다가 그 학과에는 휘문고등학교를 졸업한 선배가 교수로 있다는 것이다. 그래, 그렇다면 신문학과를 선택하자. 내 학과 선택은 이렇게 즉흥적으로 결정됐다. 그렇게 나는 입학을 했고 80년대 말을 온전히 학교에서 보냈다. 당시는 대학교 학생운동이 거의 정점을 향해 치닫던 시기였다. 입학통지서를 받고 부모님과 함께 입학식에 참석했다. 입학식 날부터 정문에서 경찰과 한바탕 전쟁을 치르는 시위가 있었고 결국 최루탄 가루에 눈물을 쏟으며 학교생활이 시작됐다.

대학 공부에 대한 첫인상은 한가롭다는 것이었다. 우선 첫 수업이 9시에 시작된다는 것이 놀라웠다. 아침 7시까지 등교하던 고등학교 생활과 비교하니 아침 시간이 너무 남아돌아 뭘 해야 할지 모를 정도였다. 게다가 토요일에 개설된 한 시간짜리 강의들은 휴강을 하는 것이 아닌가? 토요일 오후는 물론, 야간에도 교실에 남아 있어야 했던 고등학교 때와는 너무도 달랐다. 그러나 한 달 후 대학교 생활에 완전히 익숙해 진 나는 더 이상 즐겁지 않았다. 아침 9시 수업은커녕 오전에 학교에 나오기도 빠듯해졌다. 신문학과가 뭘 배우는 곳인지는 알았지만 그것은 미팅에 나가 "왜 서울대에는 방송학과가 없어요?"라고 묻는 여자애들을 앞에 앉혀놓고 시간을 때우는 데 사용되는 알량한 지식일 뿐이었다. 전방입소를 반대하는 시위에서 김세진, 이재호 학형이 분신, 사망하는 사건이 발생했다. 격해가는 학내 시위로 강의가 자주 취소되면서 그나마 알량한 지식마저도 배울 길이 많지 않았다.

나는 당시의 많은 학생들이 그러했듯이 교수들에게 강의실에서 배우는 전공공부보다는 학생들끼리 당시의 금서들을 함께 읽는 이른바 써클공부를 통해 지식을 쌓아갔다. 어차피 휴강과 결석을 밥 먹듯이 하는 상황에서 전공강의를 통해 얻을 수 있는 것은 별로 없었다. 다른 학생들과 공부를 하고 학생운동, 사회운동 등에 대해 토론하고 참여하면서 나는 당시 유행하던 계몽적 지식인이란 생각을 갖게 됐다. 무지한 대중이 보지 못하는 사회적 진리를 발견하고 알려주는 역할을 스스로에게 부여한 것이다. 군부독재의 실상, 자본주의의 모순 등을 아는 나는 지배 이데올로기에 빠져 현실을 알지 못하는 대중보다는 우월한 사람이라고 생각했다. 친구들과 나는 당시 정권의 거수기 역할 밖에는 할 수 없는 농촌의 노인들과 사회의 모순을 깨닫고 있는 지식인이 선거에서 똑같은 1표를 행사하는 것이 과연 옳은 일일까에 대해 진지하게 논의하기도 했다. 나는 우둔한 대중의 삶과 문화를 연구하는 똑똑한 지식인이었던 것이다.

똑똑한 지식인인 나는 사회와 다른 사람들의 삶을 객관적으로 관찰하고 분석할 수 있는 사람이었다. 그런데 공부를 계속 해 가던 나는 진리라는 것이 단숨에 얻어지는 것이 아니라는 것을 깨닫게 된다. 내가 진리라고 믿는 것은 결국 특정한 시공간의 맥락에 의해 한정된 것이라는 생각을 갖게 된 것이다. 내가 아는 진리가 보편적인 것이 아니라 시공간적 특수성에 의해 한정된 것이라면 내가 다른 사람들보다 지적으로 더 우월할만한 근거는 없다. 이런 생각은 결국 내 자신에 대한 성찰로 이어졌고 보편적이고 계몽적인 지식인이란 생각에서 벗어나 특수한 직업인으로서의 지식인으로 내 자신을 다시 규정하는데 이르렀다. 내 자신을 다른 사람들보다 지적으로 전혀 우월하지 않은 그저 특수한 직업을 가진 생활인으로 바라보기 시작하면서 나는 내 자신도 다른 사람들과 동등한 사회과학적 연구 대상이 되지 않을 이유가 없다고 생각했다. 나는 연구자 자신을 연구대상으로 삼는 방법에 대해 고민하기 시작했고 이미 그런 연구들이 실행되고 있음을 발견했다. 자기민속지학과 만난 것이다.

### 2. 자기민속지학과 질적 연구의 전환점

나는 대학을 졸업하고 곧장 프랑스로 유학을 가면서 사회과학을 공부하는 연구자의 길로 들어섰다. 현실 문제에 대해 치열하게 고민하면서 당장 일어나고 있는 정치적, 사회적 사건들에 참여할 수밖에 없었던 한국에서의 대학생활과는 달리 머나먼 타국에서의 생활은 내가 하는 공부에 대해 훨씬 관조적인 태도를 갖게 만들었다. 비로소 나는 내가 무슨 공부를 하는지에 대해 생각할 수 있는 시간을 갖게 된 것이다. 사회과학을 본격적으로 공부하게 되면서 내가 끊임없이 고민해 온 문제는 두 가지이다. 하나는 과학의 객관성과 연구자의 주관성 사이의 관계를 어떻게 정리할 것인가 하는 문제이고 다른 하나는 연구대상의 범위를 어떻게 구분할 것인가 하는 문제이다. 이 두 문제는 아주 다른 문제인 것 같지만 어느 순간엔 동전의 앞뒷면처럼 동일한 문제의 다른 두 모습이 된다.

전통적으로 사회과학에서는 콩트(Comte)에서부터 구체적으로 모습을 드러내기 시작한 실증주의와 딜타이(Dilthey)가 형태를 가다듬은 반실증주의 사이에서 사회과학의 성격과 방법론을 둘러싼 논쟁이 지금까지 치열하게 전개되고 있다. 거칠게 정리하자면, 자연과학의 엄밀함과 객관성을 인간과 사회현상을 설명(erklären)하는데 적용함으로써 사회과학의 과학으로서의 지위를 확고히 하려하는 실증주의적 입장에 반대해 인간 행위에 대한 이해(verstehen)를 바탕으로 자연과학과는 분명히 다른 총체적인 인간과학을 정립하려한 반실증주의적 입장 사이에서 때로는 극단적 대립이, 때로는 절충적 협력의 모색이 있어왔다. 일반적으로 통계 수단을 이용해 변인들 간의 관계를 밝히는 데 주력하는 양적(혹은 과학적) 방법과 언어를 통해 현상을 기술, 묘사하고 내적인 구조를 수사적으로 표현하는 질적(혹은 인문적) 방법은 각각 실증주의와 반실증주의를 대표하는 방법으로 인식돼 왔다.

나는 양적 방법의 기술적 유용성을 인정하지만 변인들의 조작과 통제라는 양적 방법을 통해 산출된 기술적으로 유용한 지식이 생활세계를 본질적이고 총체적으로 이해하는데 별다른 기여를 하지 못할 뿐 아니라 오히려 그러한 이해를 왜곡시킨다는 하버마스(Habermas, 1968/1973)의 의견에 기본적으로 동의한다. 하지만 또한 질적 방법이 갖는 유사 객관성에 대한 강박에 대해서도 회의를 품고 있다. 질적 방법에서 대상에 대한 이해를 추구하는 연구자는 대상과 접촉하고 구체적 상황 속에서 대상과 상호작용하며 서로 영향을 주고받을 수밖에 없는데 이때 연구자는 연구대상의 형태와 의미들을 해석하기 위해 대상과 사회적 거리를 유지해야 한다(Lindolf, 1995, 1-26)는 것이 방법론 시간에 가장 먼저 배우는 것이다. 양적 방법에서처럼 변인들의 통제와 조작을 통해 인과성을 발견하고 객관성을 획득하려 하지는 않지만 질적 방법도 사회과학의 한 방법으로서 연구자와 연구대상을 구분하고 그 둘 사이의 의도된 거리를 둠으로써 분석에서의 일정한 객관성을 확보하고자 하는 것이다.

질적 방법에서도 양적 방법에서와 같이 여전히 연구자가 관찰의 주체가 되고 대상을 타자로 설정하며 동일한 엄밀성과 객관성을 요구한다는 사실이 나는 항상 불만이었다. 특히 소수자의 문화를 연구한다는 문화연구의 경우에도 여전히 연구자는 연구대상에 대한 너그러운 이해심을 가진 오만한 관찰자의 지위를 고수하지는 않는가하는 의구심이 들었다. 더구나 그러한 관찰자의 지위가 근대적 주체의 가치를 지닌 것으로 이해된다면 근대적 가치들에 대해 전반적인 의심을 제기하는 상당수의 문화연구자들의 과학적 객관성을 도모하는 글쓰기와 방법론적 접근에는 어떤 모순이 있는 것이 아닌가하는 생각을 했다.

또 다른 고민은 연구대상과 관계된 것이다. 내가 보기에 대상의 구분과 분류는 과학의 출발점이자 도달점이다. 그런 분류가 갖는 시대적 한계는 푸코(Foucault, 1966)가 이미 잘 밝힌 바 있다. 사회과학의 경우 수많은 사람들과 집단들, 사회들 사이에서 어떤 차이를 부각시키고 어떤 차이를 외면하느냐에 따라 연구대상이 결정된다. 인간의 행동과 사회현상에 개입하는 변인들은 너무나 많기 때문에 특정 변인들을 취사선택하며 연구대상을 결정하는 것은 자의적이며 그렇게 결정된 연구대상은 그 자체로는 실제로 존재하지 않는 '이념형(ideal type)'일 뿐이다. 연구대상을 결정하는 것이 이미 일정한 연구결과를 내포하고 있기 때문에 연구대상의 결정은 그 자체로 이데올로기적 편향성을 갖는다[2].

이념형의 연구대상에 대해 양적 방법은 표본을 통해 접근하고 질적 방법은 몇몇 구성원들과의 구체적 만남을 통해 접근한다. 양적 방법은 외적 타당성의 확보를 통해, 질적 방법은 연구자의 객관적 중립성의 확보를 통해 이념형의 실재성을 확인받으려 한다. 이 과정에서 두 방법은 모두 이념형의 도출에 관계하는 이데올로기적 편향성을 부정하려 한다.

이런 고민들 속에서 기존의 연구들에서 사용되는 것과는 다른 글쓰기와 방법을 찾던 나는 방법론의 이데올로기적 편향성을 인정하고 연구자 자신이 관찰과 성찰의 대상이 된다면 어떨까하는 생각을 하게 됐다. 만약에 우리가 연구자와 연구대상 사이의 명확한 분리를 거부하고 연구자의 근대적 주체로서의 우월한 지위를 포기한다면 어떤 일이 벌어질 것인가? 나를 성찰의 주체이자 대상으로 삼아 사회문화현상을 이해하고자 하는 '나'의 사회과학은 가능할 것인가? 그것은 이념형이 아닌 구체적 현실로서의 연구대상인 '나'와의 만남이 되는 것은 아닌가? 비록 이것이 콩트 이래로 확고한 자리를 잡아 온 근대 사회과학 방법론의 인식론적 틀을 거스르는 것이라고 하더라도 인간과 사회를 이해하는데 도움이 될 수 있다면 충분히 검토될 가치가 있으리라 생각된다. "과학은 더 잘 이해하기 위한 창조적 탐구이다. 따라서 과학은 특정 주제나 특정 질문에 적용할 수 있는 방법이면 무엇이

2) 예를 들어 원용진, 이동연, 노명우(2006)는 청소년 집단이라는 연구대상이 청소년 내부에 존재하는 성, 지역, 계급 등의 차이를 간과하면서 만들어진 실제로 존재하지 않는 연구대상이기 때문에 그러한 연구는 결국 청소년을 단일범주로 파악하는 청소년주의라는 신화를 만들어낸다고 비판한다. 동일한 비판이 여성, 흑인, 한국인, 노동자라는 연구대상은 물론이거니와 이들을 다시 세부적으로 나눈 노동계급 청소년 집단, 노동계급 여성 청소년 집단이라는 연구대상 등 모든 연구대상에 그대로 적용될 수 있다는 점에서 특정 집단에 대한 사회과학 연구는 그 자체로 하나의 신화일 수밖에 없다. 특정한 집단을 규정한 연구대상은 그 자체로는 존재하지 않는 이념형이기 때문이다.

든 사용한다. 새로운 방법을 통해 얻어진 이해가 과거의 이해보다 더 깊고 더 풍부하며 더 유용하다는 사실을 학문공동체가 인정한다면 새로운 방법은 받아들여진다"(Polkinghorne, 1983/2001, 17)고 믿기 때문이다.

'나'의 사회학은 내가 서술주체이자 분석대상이 된다는 점에서 자서전적 이야기를 바탕으로 할 수밖에 없다. 사실 자서전적 이야기는 상징적 상호작용론과 같은 구성주의 경향의 이론에서 다뤄지고 있다. 이것은 연구자가 연구대상자들의 이야기를 수집하고 그들이 사회, 문화적 틀 안에서 어떻게 자서전적 이야기를 통해 자아(self)를 구성해 가는가하는 것을 분석하는 이른바 '자아의 사회학'이다(Callero, 2003). 그런데 타인의 자아가 어떻게 구성되는가를 보는 것이 아니라 내가 어떻게 특정한 취향과 관심, 태도를 갖게 됐는가를 분석하려면 어떻게 할 것인가? 내 자신의 특정한 취향이나 태도에 관련된 개인적 경험과 기억을 털어놓고 그러한 경험들이 어떤 사회적, 문화적 환경 속에서 이뤄졌는지를 살펴봐야 한다. 이 과정에서 자연스럽게 특정한 사회집단이나 하위문화에 속한 '나'의 모습이 드러날 것이라고 나는 믿는다.

연구자와 연구대상 사이의 구분을 뛰어넘는 '나의 사회학'의 가능성에 대해 고민하면서 여러 자료를 찾던 나는 '우연히' 자기민속지학을 표방한 논문을 발견했다. 이 낯선 용어는 내가 고민해 오던 것을 하나의 방법론으로 체계화한 것이었다. 나는 곧 자기민속지학에 대해 조사하기 시작했다. 자기민속지학은 용어에서 잘 드러나듯이 사실 민속지학에서 나온 것이다. 민속지학 자체는 질적 연구방법의 하나로 확고히 자리를 잡고 있다. 한국에서도 얼마 전부터 미디어연구와 문화연구 분야에서 민속지학에 대한 관심이 부쩍 높아졌다(정재철, 1997; 윤경원, 2004; 나미수, 2005). 이에 비해 자기민속지학은 한국에서는 아직 생소한 용어이다. autoethnography는 자문화기술지로도 번역된다. 이것은 ethnography의 번역어로 민속지학과 문화기술지가 사용되고 있기 때문에 생긴 것이다. 민속지학은 ethno(사람들)graphy(기록)의 충실한 번역어이고 문화기술지는 현대적인 해석어이다. 하지만 이 두 번역어는 사실 모두 문제점을 갖고 있다. 민속지학의 경우는 민속이란 용어가 실생활에서 사람들이란 넓은 의미보다는 민간전승이란 좁은 의미로 사용되기 때문에 민속학(folklore)과 혼동될 수 있고 문화기술지의 경우에는 기술(記述)과 지(誌)가 사실상 같은 의미인데다 단순한 연구방법으로만 이해될 수 있는 용어이기 때문에 부적절한 조어이다. (auto)ethnography는 단순한 연구방법이 아니라 학문영역이기도 하기 때문에 여기에서는 (자기)민속지학이란 번역어를 사용하기로 한다. 이것은 (auto)ethnographer를 (자기)민속지학자로 표기할 수 있어 더 깔끔한 번역이 가능하다는 장점을 갖는다.

내가 조사한 바에 따르면 자기민속지학이란 용어는 이미 1930년대부터 사용되던 것이다. 원래 이 용어는 인류학에서 연구자가 자신이 속해 있는 집단을 대상으로 현장연구를 하는 경우를 지칭하는 것으로 사용돼 왔다(Hayano, 1979). 초기 자기민속지학의 문제는 인류학 연구에서 연구자의 출신이 연구의 타당성에 어떤 영향을 미치는가라는 관점에서 접근됐다. 하지만 서구 인류학자들에 의한 제3세계의 문화에 대한 연구가 주류를 이루던 시기에 원주민 연구자에 의한 원주민 사회의 연구를 접한다는 것은 극히 드문 일이었기에 자기민속지학은 큰 이슈가 되지 않았다.

자기민속지학의 문제가 대두되기 시작한 것은 1970년대에 들어와서이다. 식민주의 시대가 끝나면서 인류학자들이 정부의 지원 속에서 식민지 원주민들을 자유롭게 연구하는 것이 점점 어려워졌을 뿐만 아니라 외부 문명의 영향을 받지 않고 남아 있는 고립된 사회를 발견하는 것도 힘들어진 상황에서 인류학자들은 자신이 속한 사회의 하위문화나 소수집단으로 관심을 돌리기 시작했다. 또한 미국이나 유럽에서 인류학을 공부하고 돌아가 연구 활동을 하는 제3세계 국가의 연구자들이 늘어났다. 아마 외국에서 공부를 하고 돌아온 연구자라면 어느 정도 공감을 할 수 있겠듯이 일반적으로 외부세계를 연구대상으로 택하도록 지도받는 미국이나 유럽의 학생들과는 달리 이들 제3세계 출신 학생들은 언어적, 문화적 접근용이성 등을 이유로 대개 박사학위 논문을 위한 연구대상으로 자신의 고향을 택하도록 지도받는다. 이처럼 자신이 속한 사회나 문화를 연구대상으로 삼는 연구자들이 많아지면서 자기민속지학은 인류학과 사회학 분야에서 연구자의 중립성, 연구의 객관성, 연구 자료의 수집, 연구윤리 등과 관련된 문제를 제기하는 연구 형태로 주목받기 시작한 것이다. 이런 상황에서 하야노(Hayano, 1979, 101)는 자기민속지학이 다음과 같은 세 가지 지향점을 갖고 있다고 본다. 첫째, 다른 인식론을 바탕으로 완전히 새로운 이론, 개념, 방법을 제안한다. 둘째, 다른 학문들에서 가져 온 기술과 이론들을 포함하는 주관적 자료 분석을 제안한다. 셋째, 자신과 자신이 속한 집단을 위해 인류학을 실천적으로 사용하고자 하는 급진적 인류학을 제안한다.

자기민속지학이 이미 1970년대부터 완전히 다른 인식론을 기반으로 한 주관적이고 실천적인 연구를 지향하는 것으로 규정된 것은 흥미로운 일이다. 하지만 1970년대의 시공간적 맥락은 그런 것을 허용하지 않았다. 자기민속지학이 다시 주목받기 시작한 것은 사회과학의 질적 연구 분야에서 인식론적 변화가 일어나면서부터이다.

덴진과 링컨(Denzin & Lincoln, 1994)은 20세기 이후의 질적 연구를 다섯 시기—전통적 시기(1900-1950), 모던 시기(1950-1970), 불분명한 장르의 시기(1970-1986), 재현의 위기 시기, 다섯 번째 시기

(현재)—로 구분한다[3]. 전통적 시기(traditional period)는 말리노프스키(Malinowski)로 대표되는 인류학 연구들과 시카고학파의 도시생활에 대한 사회학적 연구들에 의해 특징지어진다. 이들은 객관적이고 실증적인 연구 패러다임 하에서 연구대상과 분리된 채 현장 연구를 수행하며 대상의 이야기를 재현하는 권력을 가진 저자로서의 연구자이자 고립된 민속지학자(lone ethnographer)의 신화를 만들어낸다. 이 신화는 오늘날에도 여전히 강력한 영향력을 발휘하면서 대다수의 민속지학 연구를 유지시키는 토대가 되고 있다. 내 자신도 이 신화의 영향력에서 벗어나기가 어렵다는 것을 종종 느낀다.

모던 시기(modernist phase)는 전통적 시기의 연구 성과를 바탕으로 질적 연구를 엄밀한 과학으로 만들려고 한 '창조적 격동(creative ferment)'의 시기이다(Denzin & Lincoln, 1994, 8). 식민지를 경영하던 제국주의 시대가 끝이 나면서 인류학자들은 자신들이 속한 산업사회로 관심을 돌리기 시작했다. 민속방법론(ethnomethodology), 현상학, 비판 이론, 페미니즘 등을 바탕으로 새로운 해석적 연구를 시도하는 젊은 연구자들이 등장했고 양적 연구의 내적, 외적 타당성 개념을 질적 연구에 적용하려는 시도가 등장했다. 베커(Becker, 1958/1970)는 참여관찰을 통해 수집한 자료를 통계적 방법을 이용해 처리할 수 있도록 표준화시켜야 한다고 주장할 정도였다.

3) 질적 연구를 이처럼 명확히 구분되는 시기로 나누는 것에 반대하는 연구자들도 있다. 예를 들어 아킨슨, 코피, 델라몬트(Atkinson, Coffey & Delamont, 1999)는 질적 연구의 역사를 시기적으로 단절되는 패러다임들로 구성된 단선적인 발전 과정으로 보는 것을 비판하면서 질적 연구의 역사는 과학적/해석적, 객관적/주관적, 중립적/개인적 연구들과 방법들이 갈등 속에서 공존하는 연속적 긴장의 과정으로 봐야 한다고 주장한다. 전통적이고 모던한 것으로 분류된 시기에도 문학적이고 주관적인 해석 연구들이 존재했고 포스트모던한 시기라고 일컬어지는 현재에도 여전히 전통적 연구들이 많은 수를 차지하고 있기 때문이다. 이런 비판은 초기 질적 연구 시기에 지배적 연구들에 맞서 주로 여성 연구자들에 의해 진행된 실험적이고 주관적인 연구들에 관심을 기울일 것을 요구하는 것이라 이해될 수 있다. 반면 덴진과 링컨은 단절을 강조함으로써 현재 대두되는 새로운 질적 연구 경향들을 부각시키고 그것들에게 힘을 실어주고자 하는 것이라고 볼 수 있다.

불분명한 장르(blurred genres)의 시기는 다양한 방법과 이론과 기술들이 등장한 시기이다. 상징적 상호작용론, 구성주의, 자연주의, 실증주의, 포스트실증주의, 현상학, 민속방법론, 비판적 마르크스주의, 기호학, 구조주의, 페미니즘 등을 기반으로 기초 이론연구에서부터 사례연구에 이르기까지 다양한 연구들이 오디오, 비디오 기술들과 컴퓨터를 활용해 매우 넓은 영역에서 행해졌다. 특히 기어츠(Geertz)의 '두꺼운 기술(thick description)' 개념이 질적 연구에 큰 영향을 미쳤다. 기어츠는 모든 인류학적 연구가 해석에 대한 해석이라고 주장하면서 연구자의 목소리가 해석에서 특권적 지위를 차지할 수 없다고 봤다. 사회과학과 인문학 사이의 경계가 불분명해졌고 기호학, 해석학과 같은 인문학적 방법들이 사회과학자들에 의해 사용되기 시작했다(Denzin & Lincoln, 1994, 9). 질적 연구에 대한 교재와 설명서들도 본격적으로 출판되기 시작했다.

재현의 위기(crisis of representation) 시기는 1980년대 중반에 발생된 깊은 단절에서부터 시작된다. 장르의 불분명함으로부터 시작된 사회과학의 고전적 규범들에 대한 문제제기가 확고히 자리를 잡았다. 이런 현상은 마커스와 피셔(Marcus & Fisher, 1986)가 처음으로 사회과학 안에 재현의 위기가 존재한다고 말함으로써 '재현의 위기'라고 규정됐다. 객관성, 타당성, 신뢰성 등의 규범들이 재검토됐고 성찰적인 연구들이 늘기 시작했다. 언어적, 해석적, 수사적 문제들이 연구의 전면에 부상했다. 그동안의 연구에서는 현장 연구자가 가진 윤리적, 과학적 권위는 경험과학이 가진 타당성의 원천으로 기능했었다. 하지만 전체를 아우르는 연구자의 특권적 시선이 비판의 대상이 되면서 이제 텍스트는 현장 연구의 결과로부터 도출된 독립된 최후의 완성품이 아니라 읽고 또 읽고 해석하고 재해석해야 하는 정해지지 않은 현장 연구의 한 부분으로 이해됐다. 후기

구조주의와 포스트모더니즘의 담론 속에서 이런 언어적 전회(linguistic turn)는 질적 연구자가 체험된 삶을 직접 파악할 수 있다는 생각을 부정할 뿐만 아니라 타당성, 신뢰성, 일반화와 같은 사회과학의 전통적 규범들을 완전히 재검토할 것을 요구하게 된다.

질적 연구에서 등장한 재현의 위기와 과학으로서의 정당화의 위기는 다섯 번째 시기(the fifth moment)를 특징짓는다. 이것은 포스트모더니즘의 시기로 "뒤죽박죽한 시기, 다양한 목소리, 실험적 텍스트, 결별, 단절, 정당화와 재현의 위기, 자기비판, 새로운 도덕적 담론 그리고 기술들"로 특징지어지는 시기이다(Denzin & Lincoln, 1994, 581). 실증주의와 포스트실증주의에 대한 부단한 비판 속에서 연구자의 저술에 나타나는 단일한 목소리를 가진 연구자의 권위를 부정하고 자기성찰과 자기비판, 자기평가를 강조하면서 보다 더 사회 비판적이고 구체적인 사회 활동과 실천을 지향하는 연구들이 이 시기를 특징짓는다. 이후 덴진과 링컨(Denzin & Lincoln, 2005, 20)은 여섯 번째(postexperimental inquiry, 1995-2000), 일곱 번째(methodologically contested present, 2000-2004), 여덟 번째 시기(future, 2005-)를 추가하면서 허구적 민속지학과 민속지학적 시(poetry)가 질적 연구 방법의 하나로 자리 잡았다고 주장한다.

덴진과 링컨이 기술한 질적 연구의 인식론적 변화는 내가 개인적으로 경험했던 변화와 흐름을 같이 한다. 결국 객관적인 관찰과 분석을 기반으로 다른 사람들의 삶과 문화의 진리를 발견한다고 믿었던 우월한 연구자의 지위는 의심받고 무너져 가고 그를 대신해 자기성찰을 바탕으로 개인적이고 주관적인 해석을 내놓는 생활인으로서의 지식인에 대한 자각이 등장한 것이다. 이에 따라 연구자 개인의 경험을 바탕으로 자아성찰과 사회에 대한 이해에 이르고자 하는 연구들이 해석적 전기(interpretive biography, Denzin, 1989), 자서전적 사회학(autobiographical sociology, Friedman, 1990), 비판적 자서전(critical autobiography, Church, 1996) 등의 이름을 달고 등장하기 시작했다. 이들은 1990년대 후반에 들어서면서 자기민속지학이라고 총칭되면서 자기민속지학은 비로소 질적 연구의 현재와 미래의 시기를 특징짓는 혁신적 연구방법을 일컫는 용어가 된다.

자기민속지학은 이처럼 포스트모더니즘 논의와 더불어 미국에서 태동했으며 연구자의 특권적 지위와 글쓰기 방법에 대한 문제제기를 중심으로 연구와 논의가 진행됐다. 리드 다나헤이(Reed-Danahay, 1997)는 사회과학계에서 일어난 이런 자아와 사회에 대한 개념 변화에 주목하면서 연구자의 객관적 위치와 사실주의적 관습들에 문제를 제기하는 포스트모던 민속지학과 일관적인 개별 자아의 개념을 부정하는 포스트모던 자서전을 종합하는 개념으로서 자기민속지학을 제시한다. 자기민속지학은 연구자가 속한 집단에 대한 연구를 넘어서 연구자 개인의 이야기를 통해 사회적 문제를 다루는 연구로 이해되기 시작한 것이다.

엘리스(Ellis, 1997)의 경우에는 자기민속지학을 글쓰기의 문제와 연결해 접근한다. 그녀는 연구자 자신의 이야기를 전통적인 논문의 방식이 아닌 소설 등 자유로운 글쓰기 방식을 통해 구성해 냄으로써 연구자의 삶을 정서적으로 재현하고 치료적 효과를 갖는 연상적 자기민속지학(evocative autoethnography)를 제안한다. 그녀는 자기민속지학을 "자서전적적이고 개인적인 것을 문화적, 사회적 그리고 정치적인 것에 연결시키는 연구, 글쓰기, 이야기 그리고 방법"이라고 규정하고 "자기민속지학적 형태는 구체적 행동, 정서, 구상화, 자기의식과 내면 성찰을 대화, 장면, 성격묘사, 플롯 안에 표현한다는 특징을 갖는다. 따라서 자기민속지학은 문학적 글쓰기의 관습을 요구한다"고 주장한다(Ellis, 2004, xix). 엘리스의 이런 주장은 많은 자기민속지학자들의 지지를 받았고 자기민속지학은 단순히 연구자 개인의 이야기를 하는 것을 넘어서 새로운 글쓰기 방식을 실천하는 혁신적 방법으로 자리 잡게 된다.

"개인적인 것을 문화적인 것과 연결시키면서 의식의 다양한 층위들을 드러내 보여주는 자서전 방식의 글쓰기와 연구"(Ellis & Bochner, 2000, 739)라고 정의되는 자기민속지학은 개인의 이야기가 사회의 이야기를 담고 있다는 생각에서 출발한다. 연구자가 자신의 개인적 경험을 드러내면서 그 안에서 사회적 측면을 발견하고 문화적 해석을 제시하는 것이 자기민속지학이다. 즉, 개인적 경험에 대한 자기성찰을 통해 자신이 속한 사회와 문화를 이해하고자 하는 것이 자기민속지학 방법이 추구하는 것이다.

리드 다나헤이의 지적처럼 자기민속지학은 포스트모던 민속지학과 포스트모던 자서전을 종합한 것이다. 포스트모던 민속지학에서는 일반적인 민속지학이 갖고 있는 사실주의적 규칙들과 객관적 관찰자의 위치를 문제 삼는다. 포스트모던 자서전에서는 일관적이고 개별적인 자아의 개념을 문제 삼는다. 자기에 대한 고정된 표상이 아니라 항상 유동적인 자기 표상 방법으로서의 자서전이 문제가 되는 것이다. 결국 자기민속지학은 자신에 대한 주관적 민속지학이며 항상 변화하는 자신의 모습을 민속지학적 관점에서 기술한 자서전이라고 할 수 있다. 즉, 연구자가 자신의 자아를 사회적 맥락 속에 위치시키면서 개인적 경험과 문화적 지식을 연결시키는 연구방법이 바로 자기민속지학이다.

자기민속지학 방법에서 연구자는 1인칭으로 자신의 경험, 감정, 에피소드 등을 기술하며 그러한 것들이 어떻게 역사, 사회구조, 문화와 관계를 맺는지를 알아보고자 한다. 연구자 자신이 서술의 주체이자 대상이기 때문에 연구자는 일반적인 연구에서와는 달리 자신의 존재를 밝히고 자신의 목소리를 드러낸다. 연구자는 더 이상 논문 전체를 뒤에서 통제하는 보이지 않는 작가가 아니다. 그의 정체는 백일하에 드러나고 연구자는 '나'로서 독자들 앞에 선다.

이런 고민에서 자기민속지학의 정치적 의미가 발생한다. 일반적 민속지학에서는 관찰대상일 뿐이었던 식민지인들은 자기민속지학을 통해 식민지배자의 눈이 아닌 자신의 눈으로 스스로를 발견할 수 있는 길을 발견할 수도 있다. 유럽의 식민지배자들이 아프리카와 남미 대륙을 식민지화하면서 민속지학의 방법을 통해 그곳 사람들을 어떻게 자신들의 눈으로 대상화시켰는지를 분석하며 프랫(Pratt)은 자기민속지학에 민속지학에 맞서는 정치적 의미를 부여한다. 그에 따르면, 민속지학이 식민지배자들이 자신들의 관점에서 식민지인들을 기술하고 재현하는 방법이라면 자기민속지학이란 식민지인들이 식민지배자들이 사용하는 용어들에 맞서서 자신들을 재현하는 수단이다(Pratt, 1992, 7).

프랫의 주장은 19세기 인류학이 보여준 제국주의적 경향에 대한 비판으로부터 나온 것이지만 동일한 문제의식은 식민지배를 경험한 사람들에게서도 찾아볼 수 있다. 리오네(Lionnet, 1989)가 식민지배를 경험한 여성작가들의 자서전적 글쓰기를 분석하며 그러한 글쓰기가 식민주의에 결부된 인종차별과 성차별에서 벗어나는 해방적 실천행위가 될 수 있다고 주장한 것도 비슷한 맥락이라 볼 수 있다. 식민지배를 경험한 사람들의 자서전적 글쓰기에서 나타나는 '메티사주(métissage)', 즉 섞임은 인종, 성, 지역, 문화에 관련된 단일한 기원들을 찬양하는 모든 본질주의적 담론들에 대항하고 해체하는 기능을 할 수 있다는 것이다(Lionnet, 1989, 1-29).

램퍼새드(Rampersad)도 미국의 흑인들이 주로 자서전을 쓴다는 것에 주목하면서 전기(biography)와는 달리 자서전은 도덕적 관점에 기초하고 있고 개인과 공동체 사이의 유동적인 관계, 공동체 정신의 과거와 미래를 아우른다고 지적한다(Fischer, 1986, 197에서 재인용). 자서전은 결국 기억에 의존하고 있고 기억에 의해 가능해진다는 점에서 기억의 기술이라 할 수 있다. 기억이란 항상 현재와의 끊임없는 관계 속에서, 그리고 다른 사람들과의 항구적인 상호작용 속에서 변하는 것이다. 그렇기 때문에 개인의 자서전은 이미 개인이 속한 사회의 현재와 과거가 만나는 자서전이 된다. 그런데 우리가 살고 있는 현대사회는 이미 고정된 단일한 정체성을 개인에게 요구하지 않는 사회이다. 현대사회의 자서전이란 결국 유동적이고 파편적인 기억들이 다원화된 사회의 다양한 모습들을 끊임없이 발견해 가는 과정이 된다. 따라서 피셔(Fischer, 1986)가 말하듯, 개인의 자서전을 넘어선 민속지학적 자서전은 현대의 산업화된 문화가 갖는 획일화 경향에 맞서 다양성을 지켜내는 기억의 기술로서 기능한다.

바로 여기에서 자서전은 포스트모던 민속지학과 만난다. 포스트모던 민속지학은 독자와 작가 모두의 마음속에 공동체의 정신(ethos)을 불러일으키는 담론의 파편들로 구성돼 있기 때문이다. 포스트모던 민속지학은 초월적인 관찰자와 관찰대상을 구분하지 않으며 텍스트-작가-독자 사이의 대화를 통해 현실 세계의 파편적인 모습을 그대로 이해하는 것을 목표로 한다. 그것은 파편적인 증언들을 모은 후 단계적으로 종합해 체계화된 총체적 세계의 모습을 발견하는 것이 목적이 아니다. 세계에 대한 객관적 지식을 얻는 것이 문제가 되는 것이 아니라 개인을 사회 속에 다시 동화시키고 일상생활의 행동을 다시 만들어내는 치료 효과를 갖는 것이 문제이기 때문이다(Tyler, 1986).

결국 포스트모던 민속지학이나 자서전은 작가-텍스트-독자 사이의 능동적 의미 창출 관계를 중요시하며 다양한 문화들의 섞임 속에서 개인의 경험과 기억이 갖는 '메티사주'의 긍정적 힘을 발견해 내는 기능을 한다고 볼 수 있다. 이런 경향의 영향을 받으며 하나의 연구방법으로 구체화된 자기민속지학은 기존의 사회과학이 갖고 있는 경직성에서 벗어나 연구자 개인의 경험과 기억에 호소하면서 독자와의 교감을 추구한다. '나'의 개인적 경험과 기억은 고립된 것이 아니라 내가 속한 사회, 문화적 기억의 하나로 존재하며 독자의 기억과 만나면서 새로운 의미를 만들어내는 것이다. 바로 이것이 내가 보기에는 자기민속지학이 갖는 가장 매력적인 속성이다.

자기민속지학은 끊임없이 자기 자신과의, 그리고 다른 사람과의 커뮤니케이션을 이끌어낸다. 자기민속지학의 텍스트는 그 자체로 저자가 스스로를 발견하고 만들어가는 장소이면서 동시에 독자가 스스로를 발견하고 만들어가는 곳이다(Ellis & Bochner, 2000). 자기민속지학을 통해 저자와 독자가 서로 영향을 주고받으며 자신들의 삶과 환경을 이해한다는 점에서 자기민속지학은 커뮤니케이션 과정이라고 할 수 있다(Berry, 2006).

최근 문화연구에서 종종 사용되는 민속지학도 연구대상 집단을 가능한 그 집단의 입장에서 이해하려고 노력하는 경향을 보이며 독자들과의 암묵적인 대화를 지향하고 있다. 하지만 그와는 별도로 타자화된 객체나 타자를 바라보는 주체로서가 아니라 자신을 성찰하는 주체로서 자신의 경험을 기술하고 분석하는 자기민속지학 텍스트가 갖는 의미는 주목받을만하다고 생각한다. 게다가 리쾨르(Ricoeur, 2002)가 아주 잘 표현했듯이, 체계화되고 사문화된 역사가 갖지 못한 구체적이고 살아있는 기억이 제공하는 '식별의 기쁨(le bonheur de la reconnaissance)'을 나누는 것이 또한 이 새로운 글쓰기의 즐거움이 될 수도 있을 것이기 때문에 이런 시도는 더욱 의미가 있다고 생각한다.

### 3. 자기민속지학에 대한 비판과 옹호

1990년대부터 자기민속지학적 연구에 대한 논의가 본격적으로 이뤄지고 구체적 연구 성과물들이 출판되기 시작하면서 자기민속지학에 대한 비판도 제기되기 시작한다. 자아와 사회를 함께 다루면서 그것을 균형 잡히고 안정된 상태가 아닌 쉼 없는 흐름과 변화의 상태로 이해하고 개인의 이야기와 사회적 맥락, 저자와 독자 사이의 경계를 불분명하게 만드는 자기민속지학은 양적 연구자들에게서는 물론이거니와 질적 연구자들에게서도 비판을 받기 시작했다. 양적 연구자들과 마찬가지로 상당수 질적 연구자들도 자기민속지학을 비판한다. 그 바탕에는 양적 연구의 영향을 받은 전통적 질적 연구의 인식론적 틀이 있다. 연구자의 자아 문제에 대한 고민을 극한까지 밀어붙인 결과로 탄생한 자기민속지학은 극히 개인적이고 매우 성찰적인 내용을 담는다. 자서전과 민속지학의 경계선상에 위치하는 자기민속지학은 전통적인 질적 연구를 평가하는데 사용되는 일반적인 기준과는 잘 맞아떨어지지 않는다. 자기민속지학자들은 모든 질적 연구에 적용되는 보편적 기준을 강제하기보다는 각각의 특수한 연구에 맞는 기준들을 정할 필요가 있다고 주장한다(Garrett & Hodkinson, 1999; Sparkes, 2000). 하지만 많은 비판들이 여전히 사회과학의 보편적 기준에 따라 가해지고 있다

새로운 민속지학방법에 대해 사회과학자들이 우선적으로 우려를 표명한 것은 자기민속지학이 사회적 맥락이나 사회적 행동, 사회적 상호작용을 담아내지 못하고 극히 개인적인 목소리만을 들려준다는 것이다(Atkinson, 1997). 하지만 자기민속지학 연구자들은 개인이 사회적 틀 안에서 다른 사람들과 함께 의미를 구성해 가는 존재라는 점에서 개인적인 것과 사회적, 문화적인 것은 결코 분리될 수 없으

며 사회적 맥락과 무관한 개인의 목소리란 있을 수 없다고 주장한다(Bochner, 2001).

자기민속지학 연구가 사회적 맥락을 고려하지 않고 개인의 경험을 강조한다고 비판하는 사람들은 자기민속지학의 자기방종적(self-indulgent)이거나 자기애적(narcissistic)인 성격을 지적한다. "아직도 여러 사람들은 이런 글들이 전혀 민속지학을 '하는' 것이 아니며 사회연구와 민속지학이란 겉모습 아래에서 자기방종적 저술을 발표하는 것이라고 말할 것이다"(Coffey, 1999, 155). 또 자기민속지학 논문의 한 심사자는 심사평에서 이렇게 말한다. "하나의 사례연구로부터, 특히 그것이 자기 자신의 것인 경우 좋은 사회학—이 논문이 지향하는 것이라고 나는 생각한다—을 하는 것은 매우 어렵다. 우리는 모두 이야기를 갖고 있다. 정말 우리는 모두 체험된 삶들을 갖고 있다. 그러나 나는 우리가 그것들을 '사회학화'하면서 학문과 사회학에 기여를 한다고는 확신하지 않는다"(Sparkes, 2002, 212에서 재인용).

전통적인 관점의 사회과학에서는 질적 연구라 할지라도 연구자가 자신의 개인적 욕망을 억제하거나 절제하고 연구대상과 거리를 두면서 엄밀하게 관찰과 분석을 함으로써 자료와 분석의 신뢰성을 확보해야 한다고 가르친다. 그런데 자기민속지학 연구에서 연구자는 연구대상과의 거리를 전혀 두지 않고 개인적 경험과 생각을 가감없이 드러내는 방식의 전혀 엄밀하지 않은 글쓰기를 통해 자신의 개인적 욕망만을 과도하게 충족시키는 것처럼 보인다. 그래서 자기민속지학 연구는 사회와는 격리된 연구자 개인의 삶을 연구대상으로 하고 있고 연구자의 사생활을 털어놓는 연구자만을 위한 자기만족적이고 자기도취적인 연구이기 때문에 사회과학적 가치가 없다는 비판이 가해진다. 또한 연구자 개인의 이야기만을 전달하는 것은 사회과학 연구가 가져야 하는 신뢰성과 관련된 기준들(credibility, dependability, trustworthiness)을 충족시키지 못하기 때문에 겉핥기식 이론들과 함께 제시되는 저널리즘에 불과하다는 비판을 받는다(Holt, 2003, 10). 이것은 사실 자기민속지학을 처음 접한 내 자신의 반응이었기도 하다. 나는 처음 자기민속지학 논문과 심층 기사 사이의 차이가 무엇일까에 대해 고민을 했었다.

내가 처음으로 자기민속지학을 이용해 쓴 논문(주형일, 2007)을 발표했을 때, 이런 유형의 논문을 아마도 처음 접했을 심사자들은 '이것도 논문이냐'는 반응을 보였다. "나'라는 주어를 명시적으로 사용하면서 연구자 개인의 의견과 생각을 기술하고 개인적 경험들을 회고한 글에 대해 심사자들은 논문이 아니라 수필에 가깝다는 반응을 보였다. 나는 나중에 이 논문이 출판되는 과정에서 잡지 편집자들 사이에서 격론이 있었다는 이야기를 들었다. 그 논문은 사실 '나'라는 주어와 개인적 생각, 경험을 기술했을 뿐 형식의 측면에서는 기존 논문의 틀을 따랐고 내용도 감성적이라기보다는 상당히 분석적이었음에도 다른 연구자들은 강한 거부반응을 보였던 것이다.

자기민속지학 연구자들은 이런 비판들을 변화에 저항하려는 전통적 질적 연구자들의 시도이며 자기민속지학에 대한 이해의 부족에서 비롯된 것이라고 본다(Sparkes, 2002). 미할로프스키(Mykhalovskiy, 1996)가 보기에 자서전적 연구를 자기방종으로 보는 시각은 전통적 사회과학이 가진 모순과 문제들을 드러내는 것이다. 우선 자기방종이란 비판은 독자의 문제와 연결된 것이다. 자서전적 텍스트가 자기방종적이라는 것은 그것이 어떤 학술적 가치도 없는 것이고 독자에게 아무런 도움이 되지 않는다는 것을 의미한다. 한마디로 자서전적 텍스트는 그것을 쓴 사람에게만 유용하다는 비판이다. 하지만 논문은 그것을 쓴 사람과 심사자들만이 읽는 것이라는 자조적인 농담이 보여주는 것처럼 사회과학논문의 독자층이 얼마나 한정돼 있는지를 생각해 보면 자기민속지학 텍스트에 대한 전통적 사회과학자들의 이런 비판은 아이러니하다고 할 수 있다. 또한 이런 비판은 독자가 텍스트를 읽으면서 그 텍스트가 연구자만의 즐거움을 위한 것이라고 이해한다고 상정하는 것이다. 하지만 텍스트를 오직 저자의 관점에서만 읽는 독자는 존재하지 않는다. 사실 자서전이나 소설, 시, 희곡 등과 같은 문학적 형식을 이용해 독자들에게 정서적, 지적으로 영향을 미치는 자기민속지학 연구는 다양한 독자들에게 읽혀질 수 있으며 연구자의 권위에 기반을 둔 주장의 일방적 전달이 아닌 독자와 소통하는 다양한 방식의 독서를 가능하게 할 수 있다.

둘째, 자기방종이란 비판은 텍스트의 내용과 관련된 것이기도 하다. 자기민속지학 텍스트는 연구자 개인의 삶을 다루기 때문이다. 그런데 연구자의 삶을 다룬다고 해서 자기방종이라고 비판하는 것은 개인적인 것과 사회적인 것을 엄격히 분리하는 이분법적 사고의 산물이다. 이런 이분법적 사고는 "어떻게 자아에 대한 글쓰기가 동시에 '타자'에 대한 글쓰기를 포함하는지, 그리고 어떻게 '타자'에 대한 작업이 또한 저자의 자아에 대한 것이기도 한 것인지를 모르게 만든다"(Mykhalovskiy, 1996, 133). 자기민속지학 연구자들은 개인적인 것과 사회적인 것은 구분될 수 없는 것이기 때문에 개인적인 경험에 대해 연구를 한다는 것은 사실 사회적인 경험을 연구하는 것이라고 주장한다.

마지막으로 자기민속지학 연구가 자기방종이란 비판은 연구자를 완전히 고립된 단 하나의 개인으로 보는 것이다. 하지만 세상과 완전히 격리된 채 자기 방의 책상 앞에만 앉아 혼자 글을 쓰는 연구자는 없다. 연구 작업이란 것은 비록 극히 개인적인 경험을 대상으로 한 것일지라도 좁게는 자기 가족, 나아가서는 동료 연구자들, 넓게는 비슷한 상황의 사람들과의 다양한 상호작용 속에서 이뤄진다. 결국 미할로프스키(Mykhalovskiy, 1996)에 따르면 자기민속지학 연구를 자기방종이라고 비판하는 사람들은 개인적인 것과 사회적인 것을 분리시키는 이분법적 사고를 갖고 있으며 세상에서 고립된 연구자와 저자의 권위에 복종하는 수동적이고 보편적인 독자가 존재한다고 상정하는 문제를 갖고 있는 것이다.

이런 방어 논리에 수긍한다 하더라도 여전히 자기민속지학은 저널리즘과 무엇이 다른가라는 질문이 남는다. 지난 몇 년간 자기민속지학을 공부하면서 내가 내린 결론은 자기민속지학과 저널리즘을 구분할 필요가 없다는 것이다. 지식인과 대중을 구분하는 것이 근대적 분할이듯이 논문과 신문기사, 문학작품을 구분하는 것도 근대적 분할일 뿐이다. 자기민속지학을 가능하게 한 인식론에 따르자면 잘 쓴 논문과 그렇지 않은 논문을 구분할 수는 있지만 논문과 기사, 논문과 문학작품을 구분하는 것은 의미가 없는 일이다.

#### 4. 연상적 vs 분석적

엘리스(C. Ellis), 보흐너(A. Bochner), 리차드슨(L. Richardson), 덴진(N. Denzin) 등을 비롯한 많은 연구자들이 초기의 많은 비판들과 오해들에 맞서 열정적으로 연구와 교육을 한 결과로 오늘날 적어도 미국에서 자기민속지학은 독자적인 질적 연구의 하나로 자리를 잡아가고 있다. 초기 자기민속지학 연구는 엘리스(Ellis, 1997)가 '연상적 자기민속지학'이라고 부르는 연구에 집중돼 있었다. 연상적 자기민속지학은 소설이나 자서전 등의 문학적 형식을 가진 텍스트를 통해 개인의 경험과 삶을 깊이 있게 기술하고 전달하면서 독자들에게 감정적인 영향을 미침으로써 개인과 사회에 대한 이해에 도달하고자 하는 연구이다.

1979년 사회학과 대학원생이던 엘리스는 톨스토이의 소설 '이반 일리치의 죽음'을 감동 깊게 읽으면서 왜 사회학 논문을 톨스토이의 소설처럼 쓸 수 없는지에 대해 고민하기 시작한다. 물론 시대상황상 그것은 불가능했고 그녀는 다른 사회학자들처럼 사실주의적 민속지학(realist ethnography)과 서베이 연구를 한다. 하지만 5년 사이에 아버지, 남편, 오빠, 개의 죽음을 지켜보게 된 엘리스는 다시 '이반 일리치의 죽음'을 되풀이해 읽으면서 사랑하는 사람들을 읽는다는 것의 의미와 위안을 사회학이 아니라 문학작품과 실제 이야기들에서 찾는다. 이런 경험은 엘리스에게 사회학을 좀 더 문학과 가까운 것으로 만들고자 욕망을 불러일으켰다. 엘리스는 "사회학을 문학과, 학문적 관심을 개인적 관심과, 감정을 인지와, 그리고 사회생활을 그것에 대한 구체적 체험과 연결시키고자 한다"(Ellis, 1997, 117). 사회적 맥락 속에 있는 자아의 생생한 체험을 사회학적으로 보여주고 싶었던 엘리스는 마침내 구체적 체험을 기술함으로써 다른 체험들도 떠오르게 만드는 연상적 방법의 문학적 글쓰기가 자신의 목적에 가장 적합하다는 것을 깨닫는다. "내가 되찾고 싶은 것은 '사실들'이라기보다는 나의 경험들의 의의와 의미의 연결이기 때문에 (...) 나는 '역사적 진실'에 덜 신경을 쓰고 '서사적 진실'에 더 몰두하기 시작했다"(Ellis, 1997, 129). 그녀는 자신의 체험을 보다 잘 드러내기 위해 배우들의 연기방법인 '감정소환(emotional recall)' 방법을 사용하면서 사건에 감정적으로 완전히 몰입해 글을 씀으로써 독자가 자신과 함께 감정적 진행과정에 들어오도록 했다. 이처럼 개인의 경험을 구체적이고 감정적으로 하나의 문학작품처럼 기술하면서 엘리스는 혼란스럽고 모순돼 보이는 사건들에 대해 때로는 기존의 이론들에 기대거나 새로운 가설들을 제시하면서 원인과 유형과 결과를 설명할 수도 있었지만 때로는 모순적이고 우발적으로 보이는 사건들을 설명할만한 어떤 이론적 도식들도 찾지 못하고 완벽한 이해에도 이르지 못한 채 내버려 두기도 했다. 물론 그녀는 경험들의 의미를 발견하고 그것들의 관계를 설명할 수 있는 개념들을 제시해야 한다는 사회과학자로서의 의무감을 갖고 있었다. 하지만 그녀는 '연상적 자기민속지학'의 일차적 목적은 현상을 이론적으로 설명하는 것이 아니라 독자들을 이야기 속의 세상에 빠뜨려 그들에게서 정서적 반응을 불러일으키는 것이라고 봤다.

연상적 자기민족지학은 사실 전통적 사회과학자들로서는 수용하기 매우 어려운 형태의 연구이다. 사회과학과 문학의 경계 자체를 허물어뜨리는 것이기 때문이다. 나 또한 전통적 사회과학의 패러다임 안에서 오랜 동안 교육을 받았기 때문에 머리로는 연상적 자기민속지학이 가능하리라고 생각은 하지만 마음으로는 그것을 받아들여 실천하기가 매우 어렵다는 것을 느낀다. 그렇기에 나는 사실 '분석적 자기민속지학(analytic autoethnography)' 연구에서 훨씬 더 편안함을 느낀다. 연구자 개인의 경험을 다루는 자기관찰의 민속지학을 하면서도 감정적인 연상보다는 사실에 대한 분석과 이론화에 집중하고자 하는 것이 분석적 자기민속지학이다.

사실주의적 민속지학의 패러다임 안에 위치한 일단의 연구자들은 연구자 개인의 경험을 다루는 자기관찰의 민속지학을 하면서도 감정적인 연상보다는 사실에 대한 분석에 집중하고자 한다. 앤더슨(Anderson, 2006)은 이것을 '분석적 자기민속지학'이라고 부른다. 그에 따르면 분석적 자기민속지학은 연구자가 연구대상이 되는 집단의 완전한 내부 구성원이며 연구자의 존재를 명시적으로 드러내는 방식의 텍스트를 통해 더 넓은 사회 현상에 대한 이론적 이해와 설명에 도달하고자 하는 연구이다. 앤더슨은 자기민속지학의 기원을 시카고학파와 상징적 상호작용론에서 발견하면서 연상적 자기민속지학과 마찬가지로 연구자 개인이 직접적으로 완전히 연루된 집단과 사건을 연구자의 생각과 감정을 드러내는 방식으로 기술하고자 한다. 그가 연상적 자기민속지학과 차별화되는 분석적 자기민속지학의 특성으로 제시하는 것은 바로 이론적 일반화의 추구이다.

앤더슨(Anderson, 2006, 378)은 분석적 자기민속지학의 특성을 다섯 개로 구분한다. 첫째, 연구자의 지위가 집단의 완전한 구성원(complete member researcher)이다. 둘째, 분석적 성찰을 한다. 셋째, 연구자의 자아를 서사적으로 보여준다. 넷째, 연구자 외의 다른 정보원들과 대화를 한다. 다섯째, 이론적 분석을 한다.

연구자는 자신이 연구하는 집단 내에서 태어나 성장했거나(opportunistic CMR), 연구과정에서 완전히 집단의 일원이 돼야 한다(convert CMR). 연구자이면서 동시에 연구대상인 연구자의 지위는 사회현상을 분석하고 해석하는 과정에서 많은 긴장과 갈등을 불러일으킬 수 있다. 이런 이유로 분석적 성찰은 매우 중요하다. 전통적인 민속지학에서 성찰은 그다지 중요하게 다뤄지지 않거나 원 연구와는 구분되는 '고백적 이야기(confessional tales)'로 취급된다. 하지만 자기민속지학에서는 연구자료가 연구자 개인의 경험에서 나온다는 점에서 연구자료의 분석과 해석은 연구자 자신에 대한 질문을 필요로 하며 연구결과는 연구자 자신의 신념, 가치, 행동 등을 변화시킬 수 있다. 또 연구자가 연구대상이기 때문에 연구자의 존재는 텍스트 속에서 명시적으로 드러날 수밖에 없다. 다만 앤더슨은 텍스트 속에서 연구자의 존재를 명시적으로 드러내는 것이 자기도취(self-absorption)로 이어져서는 안 된다고 주장한다. 분석적 자기민속지학에서의 자기 서술은 사회 현상에 대한 일반화된 이론적 이해를 얻기 위해 사용돼야 한다. 연상적 자기민속지학이 연구자의 주관적 경험에만 집중하는 것과는 달리 분석적 자기민속지학은 연구자 개인의 경험뿐만 아니라 다른 구성원들의 이야기에도 관심을 갖는다. 연구자와 다른 구성원들과의 상호작용에 관심을 기울임으로써 이론적 일반화에 좀 더 가까이 갈 수 있기 때문이다. 마지막으로 분석적 자기민속지학은 자료 그 자체보다는 자료를 이용해 더 넓은 사회현상을 이해하고 이론적 발전과 확장을 얻고자 한다. 하지만 그런 이론적 일반화는 불확실하고 유동적인 변화 과정에 있는 모색 작업이라고 볼 수 있기 때문에 실증적 사회과학이 추구하는 보편적으로 적용되는 분명한 결론과는 다른 것이다.

연상적 자기민속지학자들 중 일부는 분석적 자기민속지학은 전통적인 사실주의 민속지학의 다른 모습일 뿐이고 연상적 자기민속지학에 맞서 분석적 자기민속지학을 내세우는 것은 자기민속지학을 포함하는 CAP(creative analytical practices) 연구자들과 전통적 민속지학자들 사이의 과거 논쟁을 되풀이하는 것일 뿐이라고 비판한다(Denzin, 2006). 또 다른 연구자들은 분석적 자기민속지학은 자기민속지학의 성공에 놀란 전통적 민속지학에서 자기민속지학을 전유해서 다시 주류 민속지학으로 흡수하려 하는 무의식적 시도일 뿐이라고 평가하면서 자기민속지학은 근본적으로 연상적 속성을 갖고 있기 때문에 연상적이기를 거부하는 자기민속지학은 자기민속지학이 아니라고 주장한다(Ellis & Bochner, 2006).

연상적 자기민속지학자들과 분석적 자기민속지학자들 사이의 논쟁에도 불구하고 많은 자기민속지학자들은 두 개의 민속지학이 실제로 명확히 구분되는 것이라고 보지 않는다. 오히려 자기민속지학이 전통적 사회과학이 유지해 온 이분법(자아/타자, 주체/대상, 인문학/사회과학, 과정/결과, 감정적/이성적, 연루/중립, 연상적/분석적)을 거부하고

양 극단을 연결하고 통합하려 한다는 점에서 연상적 자기민속지학과 분석적 자기민속지학을 구분하려는 시도 자체가 자기민속지학의 원리에 위배되는 것으로 본다(Ellingson & Ellis, 2008).

## 5. 성찰의 문제

자기민속지학은 연구자의 성찰을 독특한 글쓰기를 통해 밖으로 드러내면서 다른 연구들과 다른 모습을 보여준다. 바로 성찰과 글쓰기라는 점에서 자기민속지학과 기존의 사회과학 연구들과 차별점이 가장 극명하게 드러난다고 할 수 있다. 따라서 자기민속지학 연구의 질도 얼마나 연구자의 성찰이 잘 드러나며 얼마나 창의적인 글쓰기를 했느냐에 따라 평가될 수 있을 것이다.

연구자 자신의 개인적 경험을 토대로 사회와 문화를 연구하는 자기민속지학은 근본적으로 성찰적(reflexive)이다. 연구자가 자신을 또 하나의 타자로서, 대상으로서 마주 하기 때문이다. 성찰(reflexivity)의 문제는 포스트모더니즘의 영향으로 연구자와 연구대상 사이의 명확한 분리와 거리두기에 의문이 제기되면서 사회과학에서 매우 중요한 문제로 거론돼 왔다. 특히 실증주의를 거부하는 질적 연구에서 성찰의 문제는 연구의 출발에서부터 논문쓰기와 발표에 이르는 연구의 전 과정에 영향을 미치는 것이 된다.

마커스(Marcus, 1994)는 네 가지 종류의 성찰을 구분한다. 첫 번째는 주관주의적(subjectivist) 성찰이다. 이것은 자기비판이나 개인적 탐구와 연결된 것으로 주관적 경험을 통한 감정이입을 중시한다. 앞에서 봤듯이 이런 종류의 성찰은 흔히 자기방종적이거나 자기애적이라는 비판을 받기 쉽다. 전통적 인류학에서는 '고백적 이야기'의 형태로 종종 나타나는 이런 성찰은 연구자와 연구대상의 목소리를 모두 들려주는 다성적(polyphonous) 텍스트를 가능하게 해주지만 잘못하면 외롭고 자기관찰적인 현장연구자의 관점과 목소리만을 강조하게 될 위험도 있다. 페미니즘에서는 이런 성찰이 가치중립적인 객관주의적 담론이 가진 젠더적 속성을 극복하는 정치적 수단으로 적극적으로 활용된다.

두 번째, 부르디외(Bourdieu)식의 객관주의적 성찰이 있다. 부르디외(1990, 14)는 관찰자와 관찰대상 사이의 거리를 부정하는 직관주의적 태도에 반대한다. 부르디외가 보기에 사회적 행위를 이해하기 위해서는 연구자의 직접적 경험과는 거리를 두는 작업이 선행돼야 한다. 그런데 이렇게 거리를 두는 것만으로는 충분하지 않다. 연구자는 연구대상을 객관화시키는 거리두기를 다시 객관화시키는 작업을 해야 한다. 다시 말해 그런 거리두기를 가능하게 만드는 사회적 조건, 즉 연구자가 객관화시키는 거리두기를 위해 사용하는 기술들과 연구자의 위치를 사회과학의 장에서 가능하게 만드는 규칙들을 발견하는 작업을 해야 한다. 이것이 객관주의적 성찰이다. 부르디외에게 있어서 사회과학자의 성찰이란 사회과학 연구와 지식의 생산을 가능하게 만드는 사회적 조건을 인식하는 것이다.

세 번째, 텍스트상호적(intertextual) 성찰이 있다. 사회과학은 이전에 만들어진 수많은 텍스트들을 연구자료로 삼는 경우가 많다. 일반인들의 다양한 글들, 신문이나 방송과 매스미디어 텍스트들, 연구자들의 논문들은 모두 특정 시대의 현실을 재현한 텍스트들이다. 연구자는 이 텍스트들을 조합하고 해체하고 재조합하면서 현실을 재현한 텍스트들을 재현하면서 현실을 재해석하는 작업을 한다. 이것은 결국 연구자의 작업과 결과물이 시대를 초월하는 것이 아니라 특정 시대의 텍스트들과 얽혀 있을 수밖에 없다는 것을 깨닫게 해준다. 이처럼 연구자의 논문이 이미 존재하고 있는 텍스트들과의 관계 속에서 만들어진다는 사실을 인식함으로써 연구자는 연구를 역사적으로 위치시키고 자신의 텍스트가 현실을 재현하는 문제를 자각하게 된다. 그리고 이것은 논문의 서사를 보다 실험적인 방식으로 구성하는 길을 연다.

네 번째, 위치결정(positioning) 행위로서의 성찰이 있다. 이것은 페미니즘의 입장이론(standpoint theories)에 근거를 둔 것이다. 입장이론에 따르면 모든 지식은 특정 시대에 특정한 사회적 위치를 가진 개인에 의해 매개되기 때문에 개인이 어떤 위치에 있느냐에 따라 대상에 대한 지식은 다르게 형성된다. 따라서 대상에 대한 객관적이고 보편적인 지식은 없으며 모든 지식은 편파적일 수밖에 없다. 결국 객관적이고 보편적인 지식을 찾기보다는 누가 누구를 위해 무슨 목적으로 지식을 만들고 축적하는가를 밝히는 것이 중요하다. 위치결정의 성찰을 하는 연구자는 자신의 연구를 편파적인 것으로 인식하기 때문에 다른 입장으로부터의 반론과 비판에 개방적인 자세를 갖는다. 자신이 구성하는 지식의 편파성을 인식하기 위해서 연구자는 자신의 위치를 명확히 인식해야 한다. 예를 들어 "나는 대도시에 거주하는 중산층의 아시아인 남성으로 이성애자이다"라는 식의 위치결정이 있어야 한다.

폴리(Foley, 2002)는 마커스(Marcus, 1994)의 분류를 상당 부분 받아들이면서 자기민속지학과 관련해 성찰을 네 가지 유형으로 구분한다. 고백적(confessional), 이론적(theoretical), 텍스트적(textual), 해체적(deconstructive) 성찰이 그것이다. 폴리는 성찰이란 언어나 사고가 기본적으로 갖고 있는 특성으로 자기 자신을 뒤돌아 볼 수 있는 능력이라고 이해한다. 이것은 자신의 경험으로 시선을 돌림으로써 자신을 '타자'로 바라보는 것을 가능하게 만드는 행위이다. 자신을 끊임없이 바라본다는 것은 결국 자아를 고정된 존재가 아니라 쉼 없이 구성되는 존재로 이해하는 행위이며 나아가 자아와 타자 사이, 그리고 실재와 허구 사이의 절대적 구분이 있음을 부정하는 행위이다.

고백적 성찰은 자기민속지학을 가능하게 만드는 것이다. 이것은 합리적, 가치중립적, 보편적 목소리를 가진 특권적 저자가 아니라 모순적이고 약하고 다양한 모습을 가진 편파적이고 주관적인 목소리의 저자를 드러낸다. 합리적이고 과학적이고 지시적인(denotative) 언어보다는 감정적이고 일상적이고 함축적인(connotative) 언어를 사용하면서 고백적 성찰은 일상생활의 복잡함과 풍성함을 독자에게 일깨울 수 있다. 그런데 폴리(2002, 475)에 따르면, 자기민속지학의 고백적 성찰은 백인 중산층의 연구자들에 의해 수행되는 경우 경제적, 문화적, 인종적, 성적 갈등이나 투쟁들과 관계된 역사적으로 특수한 경험들보다는 감정, 직관, 미적 정서와 같은 일반화된 개념들을 강조하는 경향이 있다. 이런 경향은 입장이론의 도움을 받아 수정될 수 있다. 또한 고백적 성찰 행위가 숙련되지 않거나 자기중심적인 연구자에 의해 수행될 경우 자신을 돋보이게 만들거나 자랑하거나 영웅적 면모를 부각시키는 형태로 변질될 수 있다.

이론적 성찰은 부르디외의 객관주의적 성찰이다. 부르디외는 자기민속지학자들이 내세우는 내면적이고 직관적이고 경험적인 연구자라는 실존주의적 개념을 거부한다. 부르디외는 자율적인 의지를 가진 자아라는 개념을 거부하지만 동시에 자아를 사회구조의 단순한 결과물로 보지도 않는다. 부르디외가 보기에 사회과학자는 연구대상을 객관화시키는 자신의 연구행위를 객관화해야 한다. '객관화의 객관화(objectiver l'objectivation)'는 이론적 성찰의 핵심이라고 할 수 있다. 일반적으로 자기민속지학에서 자기민속지학적 텍스트를 생산하는 학문적 장에 대한 객관화 작업을 하는 경우는 드물다. 자기민속지학에서는 연구자의 해석행위를 가능하게 만드는 사회적 구조나 규칙에 대한 성찰보다는 감정이나 정서와 같은 심리적 문제를 더 깊이 천착한다. 하지만 분석적 자기민속지학의 경우에서 보이듯 이론적인 관점과 정서적인 관점을 모두 반영해 현상을 이해하려 노력하기도 한다.

텍스트적 성찰은 텍스트를 통한 재현방식에 대한 자각이다. 과학적이고 사실주의적인 텍스트는 사실/허구, 진실/거짓을 구분하면서 현실을 객관적으로 재현한다고 주장한다. 하지만 텍스트는 과거에 다양한 정체성을 가진 사람들에 의해 만들어진 다른 많은 텍스트들과의 관계 속에서 구성된다. 텍스트를 다양한 목소리들이 얽힌 공간으로 이해하게 되면 텍스트를 통해 연구자의 목소리를 내는 작업은 흥미로운 서사를 실험하는 기회가 될 수 있다. 자기민속지학적 글쓰기가 보여주듯이 이것은 텍스트 장르의 경계를 허무는 포스트모던적 글쓰기로 드러날 수 있다.

마지막으로 해체적 성찰이 있다. 위에서 언급된 세 가지 유형의 성찰이 포스트모던적인 속성을 갖기는 하지만 사회과학에 대한 근대적 인식과 완전히 단절하지 못하는 반면 해체적 성찰은 완전한 포스트모던적 성찰이라고 할 수 있다. 이것은 절대적이고 근본적인 진리에 도달하겠다는 욕망을 완전히 포기하고 이론적 구성물의 안정성이나 유용성을 철저히 의심하면서 현실에 대해 불확실하고 연상적이며 시적인 접근을 하는 것이다. 자기민속지학의 경우 시적이고 연상적인 텍스트를 생산하면서 포스트모던적 수사를 사용하지만 여전히 자아, 저자, 목소리, 텍스트, 과학 등의 근대적 개념들을 사용한다. 해체적 성찰은 자아나 저자, 텍스트와 같은 개념 자체를 부정한다. 그것은 현실을 묘사하거나 설명하는 연구자의 능력을 의문시한다. 현실의 의미는 연구자의 명시적 주체성이나 이론적 기교에 의해 생산되는 것이 아니라 저자-텍스트-독자 사이의 대화적 만남에 의해 생산된다고 보기 때문이다. 따라서 텍스트는 시적 은유로 채워질 수 있다. 시적 은유는 독자가 의미 생산에 참여할 수밖에 없도록 만들기 때문이다. 해체적 성찰은 극단적인 형태의 성찰이기 때문에 이 성찰을 통해 사회과학적 텍스트를 생산하는 것은 상당히 어렵다. 해체적 성찰은 연구자에게 사회과학자보다는 예술가가 되기를 요구하기 때문이다.

자기민속지학이 가진 성찰적 속성은 글쓰기를 통해 명확하게 드러난다. 자기민속지학 텍스트는 연구자, 혹은 저자의 모습을 그대로 드러낼 뿐만 아니라 어떻게 연구자의 모습을 드러내느냐하는 것 자체가 성찰의 과정이자 결과로 이해된다. 성찰은 단지 연구자의 모습을 드러내고 반영하는 인식론적 행위에 그치는 것이 아니라 연구자가 독자와 만나는 실제적 행위(performance)가 된다. 연구자는 자신의 이야기를 함으로써 일종의 배우(actor)이자 행위자(performer)로서 독자와 만나면서 공감하고 이해하고 변화한다(Jones, 2002). 단지 자신의 경험이나 구술자의 이야기를 파편적으로 나열하는 것으론 이런 공감과 변화를 이끌어내기가 힘들다.

전통적 사회과학 논문에서는 연구자의 모습이 거의 드러나지 않으며 심지어는 '나'라는 일인칭 주어조차도 사용되지 않는 경우가 많다. 아직도 나는 논문에서 '나'라는 인칭대명사를 쓸 경우 그것을 지적하는 심사평을 만난다. 이런 상황에서 자기민속지학 연구에서 하듯이 '나'라는 주어를 사용하면서 텍스트 안의 생각과 판단이 연구자의 것임을 명시적으로 밝힐 뿐 아니라 연구자의 개인적 경험을 서술하면서 개인적인 감정까지도 드러내는 것은 엄청난 저항과 거부에 부딪친다. 그것들은 물론 외부 심사자들이나 연구자들의 것이지만 사실은 내 자신으로부터 나오는 저항과 거부이기도 하다. 전통적인 논문의 형식을 벗어난 글쓰기를 한다는 것은 내 스스로도 받아들이기 어려운 일이기 때문이다.

나에 대한 이야기를 쓰다보면 글은 자연스럽게 수필이나 일기 같은 형식이 된다. 이것을 논문으로서 외부에 발표하는 것은 내 스스로도 부담되는 일이다. "이것도 논문일까?"라는 생각이 내 머릿속 어딘가에도 자리 잡고 있어서 나를 머뭇거리게 만들기 때문이다. 전통적인 사회과학에서는 객관적이고 중립적인 표현의 글을 써야 된다고 가르칠 뿐만 아니라 정해진 순서와 형식에 따라 글을 진행시키도록 강제한다. 서론, 연구목적, 연구문제, 기존연구 검토 등의 순서대로 글을 써야 제대로 된 논문이라고 평가하는 것이다. 전통적 사회과학에서 규범화된 이런 건조한 글쓰기에서 벗어나는 것은 나로서도 무척 힘든 일이다. 이런 나에게 있어 자기민속지학 연구들에서 기존의 논문 형식을 파괴하고 통합하는 다양한 실험적 글쓰기를 발견하는 것은 놀라운 경험이다. '나'라는 주어를 쓰는 것을 넘어서 '너'라는 주어를 사용하기도 하고(Adams & Jones, 2011), 편지의 형식을 사용하기도 하고(Ellis, 2002), 시의 형식을 사용하기도 하고(Spry, 2001), 소설(Ellis, 2004)이나 희곡(Pelias, 2002)의 형식을 갖기도 하는 등, 은유적이고 시적인 표현들을 자유롭게 사용하는 문학적 글쓰기 방식을 보여주는 논문들은 사회과학의 글쓰기에 대한 완전히 새로운 생각을 갖게 한다. 김영천과 이희용(2008)은 자기민속지학으로 대표되는 질적 연구에서 사용되는 새로운 글쓰기 양식을 시, 연극, 소설, 자서전 양식으로 구분해 소개하고 있지만 사실 글쓰기 형식은 다양한 방식으로 창조될 수 있을 것이다.

## 6. 자기민속지학의 가능성

나는 자기민속지학이 제공할 수 있는 정치적 의미나 학문적, 실천적 의의에 대해서는 상당한 기대를 갖고 있다. 하지만 구체적으로 어떻게 자기민속지학 연구를 할 것인가에 대해서는 아직도 많은 고민을 하고 있다. 일반적으로 접할 수 있는 자서전, 과거 경험에 대한 서술, 일화의 기술과 자기민속지학을 이용한 연구 사이에는 어떤 차이가 있는 것일까? 사회과학 연구가 갖는 최소한의 엄밀성은 어떻게 확보할 수 있을까? 이런 의문들이 끊임없이 나를 괴롭힌다. 이것은 나 혼자만의 고민은 아니다. 자기민속지학에 관심을 갖는 다른 연구자들도 나와 같은 고민을 하며 자기민속지학에 접근한다(Wall, 2006).

자기민속지학 텍스트에는 정해진 형식이 없다는 것은 이런 고민을 심화시킨다. 자기민속지학의 결과물은 이야기, 시, 픽션, 소설, 사진 에세이, 사적인 수필, 일기, 파편적인 글, 사회과학논문 등 다양한 형태로 제시될 수 있다. 사실 한국에서도 자기민속지학과 비슷한 연구생산물들이 출판돼 왔다. 내가 처음 자기민속지학 논문을 발표할 때 일차적으로 완성된 논문을 읽고 평가해 준 한 연구자는 적어도 1990년대 중반 이후 한국사회에서도 자기민속지학과 유사한 연구성과물들이 만들어지고 있음을 알려주었다. 조한혜정의 『글 읽기와 삶 읽기』(1995), 김원의 『잊혀진 것들에 대한 기억』(1999)과 『여공 1970, 그녀들의 반역사』(2005), 전인권의 『남자의 탄생』(2003), 권인숙의 『대한민국은 군대다』(2005)와 같은 생산물들은 부분적으로 연구자의 사적인 경험에 대한 기억을 바탕으로 현재 상황에 대해 문제를 제기하고 분석을 시도한다. 학술연구자가 아닌 일반인이 자신의 경험을 기술하면서 자기성찰과 사회문제의 핵심에 도달하는 글들도 대단히 많다. 예를 들어 기지촌 성매매 현장에서의 사적인 경험과 생각을 기술한 김연자의 『아메리카 타운 왕언니 죽기 오분 전까지 악을 쓰다』(2005)와 같은 책에서부터 인터넷 블로그 등에서 흔히 볼 수 있는 사회문화적 삶에 대한 깊이 있는 개인적 경험담에 이르기까지 어떻게 보면 우리는 주변에서 아주 다양하고 풍부한 자기민속지학적 글들을 쉽게 접할 수 있다.

자기민속지학은 연구자의 개인적 경험을 문학적 양식을 비롯한 여러 실험적 방식으로 생생하게 기술함으로써 독자와 교감하고 현상에 대한 사회적 이해를 얻으며 나아가 개인적, 사회적 상황을 변화시키고자 하는 연구이다. 언론학 분야에서 자기민속지학을 이용한 연구로 최근 발표된 것은 다섯 편 정도에 불과하다(주형일, 2007; 주형일, 2010; 강연곤, 2011; 김영찬, 2011; 오종서, 2011). 이들은 대부분 연구자의 내면적 감정이나 갈등 등을 드러내지 않고 과거의 기억을 평이하게 회상하는 형식을 띠고 있기 때문에 실험적 글쓰기를 통해 얻을 수 있는 미적 가치나 성찰의 깊이, 독자에 대한 영향력이 그다지 크지 않다고 볼 수 있다. 주형일(2007)은 스파이더맨을 좋아하는 현재의 자신의 취향이 형성된 이유를 찾기 위해 자신의 성장과정을 회상하고 심리적, 사회문화적 의미를 유추한다. 김영찬(2011)과 오종서(2011)는 개인의 기억을 통해 과거 텔레비전의 수용 환경을 재구성하고 사회문화적 의미를 발견한다. 김영찬(2011)이 자신의 개인적 기억의 외연을 넓히기 위해 자신과 비슷한 또래인 8명의 구술자들의 기억을 참고했다면 오종서(2011)는 신문기사를 통해 개인적 기억이 가진 불명확함을 보완하려 한다. 과거가 아닌 현재의 경험을 다룬 연구로는 주형일(2010)과 강연곤(2011)의 것이 있다. 주형일(2010)은 지방대 교수인 자신과 학생이 지방대에서의 생활을 어떻게 경험하고 이해하고 있는지를 기술함으로써 지방대생의 양가적 감정을 보여주고 강연곤(2011)은 소녀 아이돌 그룹에 대한 삼촌팬의 문제를 자신의 경험과 생각을 바탕으로 주관적으로 이해하려 시도한다.

이 연구들은 고백적 성찰을 기반으로 구성된다. 주형일(2007), 김영찬(2011), 오종서(2011)는 주로 1960년대에서 80년대의 미디어와 관련된 일상적 삶을 회상해 보여줌으로써 같은 시대를 산 독자들과 공감대를 형성하는 장점을 갖는다. 내가 대학원 강의에서 이 논문들을 학생들과 같이 읽었을 때 참가자들이 모두 자신의 기억들을 끄집어내면서 그 어느 논문을 읽을 때보다도 활발하게 토론에 임했었기에 강의 자체가 즐거웠던 기억이 난다. 이것은 분명 이 논문들의 장점이다. 하지만 동시에 이 논문들은 몇 가지 문제점을 보여주기도 한다. 가장 큰 문제는 고백적 성찰의 깊이가 깊지 않다는 것이다. 논문들이 어떤 극적인 사건을 자세히 다루는 것이 아니라 비교적 긴 시간에 걸친 미디어 수용의 일상적 경험을 가볍고 파편적인 에피소드를 나열하면서 소개하고 있어서 독자의 내면세계를 건드리는 정서적 충격을 주지는 못한다. 게다가 연구자의 계급적, 성적 위치에 대한 성찰이 드러나지 않음으로써 글에 대한 정서적 반발이 나타나기도 한다. 몇몇 학생은 논문들에서 자기과시적인 남성적 글쓰기의 모습이 보인다고 지적했고 나도 그것에 동의하지 않을 수 없었다.

현대의 경험을 다룬 주형일(2010)과 강연곤(2011)의 논문은 과거의 밋밋한 회상에 가까운 위의 세 논문보다는 훨씬 더 나의 관심을 끈다. 주형일(2010)의 논문은 지방대라는 한국사회의 특수한 약자의 공간에서 생활하는 교수와 학생의 이야기를 들려준다. 이것은 드러내놓고 말하기 예민한 주제를 차분히 다룸으로써 깊이 있는 정서적 공감을 불러일으키는데 성공한다. 하지만 학생을 단순한 피면담자가 아니라 공동연구자의 위치로 끌어올리겠다는 연구자의 계획은 완전한 성공에 이르지는 못한다. 나는 이것을 연구자가 전통적인 심층면담 방법에서 완전히 벗어나지 못했기 때문이라고 판단한다. 학생에게 연구의 목적을 일단 숨긴 채 면담을 하고 그와의 면담 내용을 연구자가 옮겨 적는 형식이 아니라 학생이 연구의 목적을 잘 인지한 상태에서 스스로 자신의 생각을 말이나 글로 표현하게 하거나 그와의 자유로운 대화를 옮겨 적는 형식이었다면 고백적 성찰의 특성이 훨씬 더 잘 드러날 수 있었을 것으로 보인다. 강연곤(2011)의 논문은 삼촌팬이란 아주 흥미로운 주제를 다루고 있다. 하지만 나는 실망하지 않을 수 없었다. 여기에서 연구자는 팬클럽에서 활동하지 않을 뿐만 아니라 자신을 삼촌팬과 확실히 동일시하지도 않는 상황에서 연구를 진행하고 있기 때문에 삼촌팬의 생생한 경험이나 생각을 보여주지 못한 채 건조하게 과거를 회상하고 삼촌팬과 관련된 기존 논의들을 평면적으로 정리하면서 별다른 근거 없이 삼촌팬에 대한 주관적이고 선언적인 평가를 내리는데 그치고 만다. 연구자에게는 수치스러울 수도 있고 감추고 싶고 아픈 것일 수도 있는 기억이나 경험을 드러내는 고백적 성찰의 모습이 사실상 나타나지 않는 것이다. 구체적 경험에서 나온 생생한 이야기를 제공해야만 비로소 글이 지루하지 않고 재미있어지며 독자의 정서적 교감과 이해에 다다를 수 있다. 개인적 경험을 공개해야 하는 경우 많은 사람들은 그것을 미화하거나 또는 사회적 인정을 받을 만한 것을 선별해 공개하고자 하는 욕망을 갖기 쉽다. 이런 욕망이 자기민속지학과 만날 경우 자칫하면 자기민속지학 연구는 연구자의 위신을 세우고 과거를 자랑하며 포장하는 자기애(narcissism)의 수단이 될 위험이 있다.

자기민속지학은 결과보다는 과정을 중요시하고 해석학적 현상학의 입장에서 분석보다는 기술을 앞세울 뿐만 아니라 글의 다양함과 혼종을 적극적으로 받아들이고 전통적 학계가 가진 지식생산물의 독점적 지위를 인정하지 않는다. 따라서 사물이나 제도, 현상에 대한 개인적 경험을 기술하면서 일정한 자기성찰과 해석에 도달하는 것이라면 아주 문학적인 서술에서부터 신뢰성과 타당성에 신경을 쓰는 사회과학논문까지 모두 자기민속지학의 결과물에 포함될 수 있다. 이러한 점에서 적어도 자기민속지학 생산물은 신광현(1996, 190)이 새로운 논문의 형태로 지적한 "사고의 자기반성적 깊이와 변증법성은 물론 대상세계의 상호연관성, 복합성, 다차원성, 중첩성, 역사성"을 잘 표현할 수 있는 것이라고도 할 수 있다.

자기민속지학 텍스트의 형식은 정확히 고정시키기 어렵다. 나는 논문의 틀을 벗어난 너무 파격적인 형식의 글을 쓰는 것이 흥미롭게 느껴지기도 하지만 동시에 두렵기도 하다. 나를 숨기지 말고 그대로 드러내면서 자신의 경험과 생각을 솔직하고 진솔하게 기술해야 하는 일은 상당히 쉬워 보인다. 하지만 내 자신을 숨기고 일반화된 익명의 화자로서 글을 쓰고 말을 하는데 익숙해져 있던 나에게 이것은 사실 매우 어려운 일이다. 남이 보기에는 별것 아닌 것 같아 보이는 경험을 공개하는 것이지만 나는 사실상 큰 부끄러움을 느낀다. 마치 치부가 드러나는 느낌이랄까? 남의 이야기를 기술하고 분석하는 것에는 아무런 감정도 느끼지 못했지만 내 사적 경험을 공개하는 것은 아주 부담스럽다. 이 부담을 이기고 내 경험을 솔직히 드러낼 때 비로소 독자들은 논문을 읽으면서 구체적으로 존재하는 저자와 커뮤니케이션에 들어갈 수 있다. 자기민속지학의 생산물은 저자에게는 자기성찰과 치유의 과정이 되고 독자에게는 공감과 이해의 시간이 될 수 있다. 자기민속지학이 경험의 체계적인 분석보다는 경험의 기술을 통한 공감대의 형성을 추구한다는 점에서 연구자의 진정성은 반드시 확보돼야 할 것이다.

자기민속지학이 요구하는 연구자의 자세는 단순하다. 진리의 담지자내지 생산자라는 생각을 버릴 것. 과학의 이름으로 윽박지르지 말 것. 수많은 담론의 생산자들 중 하나일 뿐이란 것을 인정할 것. 이것은 사회과학의 기득권을 버리라는 의미이다. 사회과학자의 특수성은 학습과 상호비판을 통해 자기성찰의 진정성을 끝까지 추구함으로써 얻어진다.

자기성찰적 글쓰기를 통해 자기민속지학 연구는 사회과학자의 연구행위가 사회와 격리된 관찰자의 고립된 직업행위에 머무는 것이 아니라 사회적 실천자로서 갖는 일종의 "자기에의 배려(souci de soi)"이자 사회적 개입행위라는 윤리적 측면을 갖는다는 것을 보여준다.

제3장

# 나는 어떻게 글을 쓰는가?

1. 프롤로그
2. 논문쓰기에 대한 비판의 쟁점
3. 문화연구 글쓰기의 인식론적 괴리
4. 가능한 글쓰기의 모색
5. 에필로그

제3장

# 나는 어떻게 글을 쓰는가?

## 1. 프롤로그

"Longtemps, je me suis couché de bonne heure(오랜 시간, 나는 일찍 잠자리에 들었다)." 이런 간단한 문장으로 프루스트(Proust)의 소설 '잃어버린 시간을 찾아서'는 시작된다. 단순해 보이는 이 문장으로 긴 소설을 시작하기 전에 프루스트는 비슷한 뜻을 가진 여러 문장들을 써 보면서 저울질을 했다. 프랑스어에는 과거의 행위를 나타내는 표현법이 여러 가지가 있고 어떤 것을 사용하느냐에 따라 의미가 미묘하게 달라지기 때문이다. 프루스트가 이 문장에서 단순과거나 반과거가 아닌 복합과거 시제를 사용한 것은 사건이 일어난 과거와 진술이 진행되는 현재가 단절된 것이 아니라 연결돼 있음을 표현하고 현재의 진술자뿐만 아니라 독자를 과거의 사건과 이어주기 위해서이다. 이것이 현재와 과거를 잇는 시간의 흐름 속에서 의식과 무의식, 기억과 망각을 오가며 존재의 본질을 탐구해 가는 소설을 여는 첫 문장으로 이 번역되기 어려운 문장이 사용된 이유이다.

일인칭 주어 'je', 복합과거 시제, 오랜 시간(longtemps)과 일찍(de bonne heure)이라는 시간을 나타내는 부사의 사용으로 특징지어지는 이 짧은 문장은 긴 소설의 내용을 압축해 보여주는 상징적 힘을 갖고 있다. 프루스트는 소설을 쓰면서 이 문장뿐만 아니라 많은 다른 문장들의 구성에 대해 고민하고 선택했을 것이다. 하지만 첫 문장의 완성으로 탄생한 글은 자신에게 구체적 형식을 부여하려 하는 프루스트와 긴 싸움을 시작한다. 일단 결정된 첫 문장은 다음에 올 문장의 형태를 결정한다. 앞의 문장이 뒤의 문장을 결정하고 한 단어가 다음 단어를 불러오면서 글이 완성돼 간다. 이 과정에서 저자는 글쓰기를 지배하는 사람이 아닌 글이 요구하는 대로 문장을 받아쓰는 대필자가 되기를 강요받는다. 결국 글은 미리 존재하고 있던 저자의 의도를 충실히 반영하는 것이 아니다. 오히려 글은 이전에는 존재하지 않던 저자의 의도를 만들어내고 독자가 그것을 발견하게 만든다. 글쓰기의 이런 속성을 발견한 바르트(Barthes, 1984)는 저자의 죽음을 선언한다.

하지만 저자는 글을 쓰면서 글쓰기의 자동대필자가 되는 것을 거부하려 끊임없이 노력한다. 그는 글을 쓰는 목적을 갖고 있고 글을 통해 전달하고자 하는 의미(보통의 비평가들이 찾고자 하는 궁극적 의미)를 갖고 있기 때문이다. 글쓰기는 목적과 의미를 갖고 글을 지배하려는 저자와, 단어와 단어, 문장과 문장, 텍스트와 텍스트 사이의 얽혀진 관계망으로 저자를 옭매고 결국은 배제하게 되는 글 사이의 치열한 투쟁의 장이다. 이 투쟁 속에서 결국 저자는 죽는다. 그러나 저자의 죽음은 저자의 소멸을 의미하는 것이 아니라 전혀 다른 저자의 탄생을 의미한다. 잃어버린 시간을 찾아 떠난 프루스트의 소설 속 나의 긴 여정이 결국 글을 쓰기로 결정한 새로운 저자의 등장으로 끝을 맺듯이 글쓰기는 새로운 저자를 탄생시킨다. 글쓰기는 저자를 계속 변화시키는 실천의 과정이다. 나는 우리가 이런 글쓰기의 속성을 적극적으로 인정할 필요가 있다고 본다. 아마도 이 속성을 알고 있었을 푸코는 왜 글을 쓸 때마다 계속 변하는가라는 질문에 이렇게 답한다. "아마 나처럼 더 이상 얼굴을 갖지 않기 위해 글을 쓰는 사람이 한명만은 아닐 것이다. 내가 누구인지 묻지 말라. 그리고 나에게 항상 같은 사람으로 머물라고 말하지 말라. 그렇게 말하는 것은 우리의 호적과 신분증을 지배하는 도덕이다. 글을 쓸 때는 그 도덕에서 벗어나자"(Foucault, 1969, p.28).

### 2. 논문쓰기에 대한 비판의 쟁점

한국 학계에서 글쓰기, 보다 정확히 말하면 논문쓰기의 기존관행에 대한 비판이 강하게 제기되기 시작한 것은 1990년대 중반부터이다. 조혜정(1994), 김정근, 김영기(1995), 김영민(1996), 신광현(1996), 조관희(1998) 등에 의해 제기된 논문쓰기의 문제는 인문학의 위기, 탈식민주의와 같은 당시 급부상한 담론들의 영향 아래에서 논의됐다. 주로 인문학 분야에서 논의되던 이들의 주장은 대중적 확산(장덕현, 2002; 장석주, 2002; 천정환, 2002)을 거쳐 최근에는 사회학(이기홍, 2004), 커뮤니케이션학(박동숙, 2008), 행정학(권해수, 2011) 등 사회과학 분야에서도 재생산되고 있다, 여기에서는 우선 이들의 주장이 어떤 내용을 갖고 있는지를 간략히 살펴보고 내가 보기에 이들의 주장에서 명확하게 표현되지 않은 문제들을 지적해 볼 것이다. 나는 이 작업이 앞으로 논문쓰기와 관련된 내 생각을 보다 명확히 하는데 도움을 줄 것이라고 판단한다.

논문쓰기 관행에 대한 비판은 크게 두 가지로 나눠진다. 하나는 한국의 지식인 사회가 갖고 있는 식민성에 대한 비판의 연장선상에서 논문쓰기 관행을 문제 삼는 것이고 다른 하나는 학위취득, 사회적 인정 과정에서 작동하는 지식인사회의 권력관계에 대한 비판의 일환으로 논문쓰기의 문제를 고발하는 것이다.

### 1) 학문의 식민성 비판

학문의 식민성에 대한 비판은 근대 이후 한국 학계에 정착된 지식이 자생적인 것이 아니라 발전된 서구 종주국의 지식을 수입해 억지로 소화해 내기 급급한 결과물이라는 자성에서 비롯된다. 박사학위를 가진 한국인의 압도적 다수가 서구국가에서 수학하고 학위를 취득한 사람들이며 이들은 그들의 학문 모국에서 배운 지식들과 교육방법, 나아가 심지어 삶의 철학까지 수입해 전파하기 급급한 모습을 보인다. 학문 모국에서 배운 '진짜배기' 이론들을 금과옥조로 삼아 이들을 정리하고 설명하고 해석하고 교육하는 것이 그들의 일상생활이다. 이처럼 학문이 식민화되면서 한국의 지식인들은 서구에서 수입한 이론들을 보편적인 것으로 간주하고 집착하게 되며 그 이론들을 바탕으로 자신이 속한 한국사회와 사람들의 생각과 생활을 설명하려 하기 때문에 한국에서의 실제의 삶과는 유리된 지식을 생산하게 된다.

비판자들은 이런 학문의 식민성이 논문쓰기에서 드러난다고 본다. 우선 논문의 형식 자체가 서구 근대성의 구현물이다. 신광현(1996, 180)은 "세상에 대한 과학적 인식, 이 인식의 객관적인 표현, 논리적인 주장과 증명 등에 가치를 부여하는 계몽주의 이래의 근대적 합리성의 이념이 논문의 이상적인 구성을 결정하고, 논문의 담론양식을 규정"한다고 주장한다. 논문의 합리성에 대한 강조는 서론, 본론, 결론의 구성에 따라 하나의 결론을 향해 가는 단선적인 세계관을 강요하고 우연적인 것, 다원적인 것, 중첩적이고 다면적인 것을 배제시키고 보지 못하게 만드는 문제를 낳으며 결국 "경험적이고 실증적인 지식만 정당한 것으로 인정하고 허용"(신광현, 180)하게 된다. 이런 논문은 논문의 저자를 합리적이고 논리적으로 사고하며 세계를 객관적으로 관찰하는 주체라고 전제한다.

서구의 이론들에 대한 추종은 논문쓰기에 있어서 권위에 대한 복종과 의존의 형태로 나타난다. 김영민(1996)은 이것을 '원전중심주의'라는 말로 표현한다. 서구의 유명한 이론이나 학자의 글을 논의의 출발이자 결론으로 삼음으로써 논문을 그럴듯한 것으로 포장하고 부풀려 광고하려는 심리가 논문쓰기를 지배하고 있다는 것이다. 권위 있는 이론을 하나 찾아내 그것에 결부된 연구문제나 가설을 만들고 잘 알려진 방법을 사용해 자료 수집과 분석을 하면 흠 잡을 데 없는, 그러나 동시에 독창성도 찾아볼 수 없는 논문이 완성된다. 권위 있는 이론을 하나 찾아 잘 정리하는 것만으로도 논문은 사실상 완성된 것이나 다름없는 결과를 갖기 때문에 원전에 대한 연구자들의 집착은 원전의 우상화로까지 이어진다. 이것은 "수입된 이론으로 본문을 채우고 수입된 원전과 이름들로 주(註)를 채워야 행세할 수"(김영민, 1996, 116) 있기 때문이다.

식민화된 지식인들은 자신의 언어로 사고하고 표현하지 못하기 때문에 자신과 자신이 속한 집단의 삶을 자신의 눈으로 관찰하고 이해할 수 없다. 이것은 한국사회와 사람들의 현실을 관찰, 분석하고 이해해야 할 연구자들이 사실은 자신의 연구대상과 완전히 유리돼 있음을 의미한다. 하지만 연구자들은 이것을 깨닫기는커녕 오히려 "이론은 보편적, 일반적인 것이고 한국의 사회현실은 특수적, 개별적이기 때문에 특수한 한국의 사회현실을 보편적인 이론을 적용하여 설명해야 하며 이를 위해서 한국의 사회과학은 선진이론을 수입해야 한다"고 말하며 "부지런히 서구의 최신이론들을 도입하여 그것을 한국사회에 적용하는 연구 활동을 지속적으로 수행"해 왔다(이기홍, 2004, 40). 그렇기 때문에 예를 들어 문헌정보학에서는 "뉴욕의 공공도서관이나 하버드대학 도서관을 전제로 생산된 이론들을 한국의 도서관에 그대로 적용한들 무슨 소용이 있겠는가?"(김정근, 김영기, 1995, 6-7)라는 자기비판이 제기돼 왔다. 행정학의 경우에도 "우리 사회와 유리되어 위기문제에 무관심하며, 사회분석 대신에 논문분석에 치중해 왔고, 객관적 지식을 만든다는 주장을 옹호하기 위해 도덕적 가치와 임무를 회피해 왔다"는 비판이 제기된다(권해수, 2011, 107). 현실의 연구대상과 유리된 연구는 결국 사회에서 유통되고 사람들과 소통하기 위한 것이 아니라 학위를 받기 위한, 취직과 승진을 위해 연구업적을 쌓기 위한 논문쓰기를 양산하는 결과를 가져온다.

### 2) 지식의 제도적 권력화 비판

논문쓰기는 제도 내 권력관계 속에서의 실천행위이다. 논문이란 것 자체가 학문이란 특수한 영역에 특화된 형식의 글이다. 논문이 유통되는 영역에는 대학, 연구소의 형태를 가진 기구들과 교수, 연구원, 대학원생, 대학생 등의 신분을 가진 사람들, 학회, 학술모임, 학과 등으로 표현되는 집단들, 그리고 학회지, 논문집, 연구서, 보고서 등의 이름을 가진 매체들이 있으며 이들은 유형적, 무형적 권력들이 서로 얽혀 있는 복잡한 관계망 속에서 정해진 규칙들에 따르거나 저항하면서 상호작용을 한다. 논문쓰기는 이 상호작용의 한 복판에서 각각의 행위주체들이 맺는 권력관계를 극적인 방식으로 드러낸다.

논문쓰기 관행에 대한 비판자들은 학문 영역에서 논문이 갖는 절대적 지위에 문제를 제기한다. 김영민은 "논문은 누구든지 자유롭게 선택하거나 폐기할 수 있는 '하나의(a)' 방식이 아니라 학자로 행세하려는 자라면 반드시 따라야만 하는 '하나뿐인(the)' 방식"(김영민, 1996, 19)으로 이해되고 있다고 비판하면서 "오직 논문을 통해서만 학문성이 보장된다는 지적 허위의식"(김영민, 1996, 39)을 '논문중심주의'라는 이름으로 고발한다. 논문중심주의가 문제가 되는 것은 논문이 정해진 형식이란 틀을 갖고 있고 그 틀에서 벗어난 글은 논문이라는 명칭으로 불릴 수 없으며 그와 동시에 논문에게 부여되는 모든 권리와 혜택을 받을 수 없기 때문이다. 논문이 가진 형식성은 경직성으로 이해되면서 연구대상에 대한 자유로운 탐구와 해석을 불가능하게 만들고 삶과 세계의 복잡성을 단선적 논리의 단순성으로 환원시킴으로써 학문의 풍요로움을 위축시킨다는 비판을 받는다.

형식은 나무랄 데 없지만 새롭고 특별한 내용을 갖추지 못한 논문은 손쉽게 논문심사를 통과하는 반면 내용의 독창성을 보여주지만 정해진 논문의 틀에서 벗어난 논문은 심사를 통과하기가 쉽지 않다는 지적들은 논문의 형식성에 대한 집착이 학문과 연구에 악영향을 미친다는 우려들을 나타낸다(박동숙, 2008). 논문의 형식이 중요한 만큼 논문심사의 형식도 중요하다. 논문심사에는 논문심사항목이 구분돼 있다. 연구목적의 명료성, 적용된 이론의 적합성, 연구방법의 타당성, 논의전개의 논리성, 문장의 독이성, 관련문헌의 취급, 연구결과의 의의, 논문의 독창성 등의 심사항목들은 특정한 형식으로 작성된 논문에게 유리하게 돼 있다. 재미있는 것은 이 항목들이 원래는 논문심사의 객관성과 공정성을 확보하기 위해 고안된 것이라는 점이다. 그러나 사실 논문심사는 특정한 글을 배제하기 위해 만들어진 제도이기 때문에 객관적이 될 수 없으며 태생적으로 편향적일 수밖에 없다.

논문의 형식성에 대한 문제제기가 강하게 이뤄지는 것은 논문이 심사라는 편향적인 제도적 장치를 통해 공개되기 때문이다. 심사를 통과해야만 논문이 사회적으로 유통될 수 있다는 것은 논문인 것과 논문이지 않은 것을 판단하는 권력이 존재하고 필연적으로 이 권력을 가진 자들과 권력으로부터 배제된 자들 사이의 투쟁이 있다는 것을 의미한다. 권력을 둘러싼 투쟁과 야합, 복종은 학위논문심사를 통해 적나라하게 드러난다. 김영민(1996, 28)은 "논문쓰기라는 형식은 학자의 문턱에 서성이고 있는 학생들을 지배하기 위한 기존 학자들의 통제장치로 전락한 느낌"이고 논문은 "누구나 인상을 찌푸리면서 통과의례를 치르지만 일단 통과하기만 하면 못 본채 하는 재래식 변소 같은 것"이라고 신랄히 비판한다. 조관희(1998)는 운전면허증을 따는 것과 같은 학위논문심사 과정에서 학생은 지도교수의 무지를 감안해 논문을 쓰지 않으면 지도교수가 퍼붓는 "수준이하의 황당한 질문공세"에 시달릴 수밖에 없으며 자신의 인생관과 세계관을 철저히 버리고 교수들을 잘 접대해야만 무사히 학위를 취득할 수 있다고 단언한다.

논문의 형식성이 학술연구활동이 지향하는 합리성, 논리성이라는 내재적 필요에 의해 만들어졌다하더라도 이제는 그것이 학문 영역안의 권력이 행사되는데 필요한 구체적 수단으로 전락했다는 것을 부인하기는 어려워 보인다. "권위로 무장한 형식과 합리성, 과학성, 객관성만을 강조"하는 글을 쓰지 않고 정해진 형식을 무시하는 '성찰적 글쓰기, 해방적 글쓰기 그리고 자신의 경험이 녹아 있는(inscribing of the self) 글쓰기"를 하는 연구자들의 "분노가 담긴 글, 가슴을 아프게 하는 글"은 등재학술지에 게재되는 것이 거부되며

업적평가의 대상이 될 자격을 갖지 못한다(장덕현, 2002). 이것은 곧 해당 연구자가 교수임용, 승진, 성과급 등에서 불이익을 받는다는 것을 의미한다. 이제 논문은 학벌사회에서 가장 강력한 권력의 재생산집단으로 자리 잡은 대학의 울타리 안으로 들어가는데 필요한, 그리고 그 울타리 안에서 살아남는데 필요한 가장 중요한 증빙서류가 됐으며 대학과 대학 밖의 세계를 나누고 대학의 권력을 공고히 하는 첨병 역할을 한다(장석주, 2002).

3) 논문쓰기 관행에 대한 비판의 한계

논문쓰기 관행에 대한 비판은 사람에 따라 혹은 격하고 신랄하게 혹은 차분하고 조리있게 가해지지만 공통적으로 서구의 근대적 합리성의 구현물인 논문이 서구 이론에 대한 추종과 권력의 재생산 과정에서 연구의 독창성과 창의성을 말살하는데 기여하면서 현실참여와 비판 기능을 상실해 버렸다는데 의견을 같이 한다. 나는 이 비판들에서 발견되는 문제의식들에 공감한다. 하지만 동시에 이 비판들이 뭔가 부족하다는 느낌을 지울 수가 없다. 비판들은 새로운 형식의 논문을 써야 한다고 주장하지만 무엇을 근거로 새로운 형식의 글쓰기가 가능할 것인지에 대해서는 명확히 밝히지 않기 때문이다.

비판들은 모두 학문 영역에서의 글쓰기를 문제 삼고 있다고 하지만 실제로 이들이 공격하는 것은 글쓰기라기보다는 그런 글쓰기를 가능하게 만드는 제도나 맥락이다. 학문 영역에서의 지배적인 글쓰기 결과물이 논문이기 때문에 겉으로 드러나는 비판의 대상은 우선적으로 논문이다. 그런데 논문에 대한 비판은 논문 생산에 개입하는 권력관계, 제도, 상황 등에 대한 비판의 모습을 띤다. 이것은 논문이 생산, 유통, 소비의 맥락에서 떨어져 나와 있는 독립된 개체가 아니라 역사적, 사회적, 문화적, 이데올로기적 맥락들이 복잡하게 얽혀 있는 학술적 연구라는 실천을 통해 만들어지는 담론구성물이기 때문에 어쩌면 당연한 결과일 수도 있다. 논문쓰기라는 것 자체가 사회적 실천이고 사회적 실천은 그것을 가능하게 만드는 맥락들로부터 자유로울 수 없기 때문이다. 하지만 문제는 논문의 생산, 유통, 소비에 개입하는 맥락들에 대한 비판으로부터 도출돼야 하는 대안을 다시 논문에서 찾으려하면서 발생한다.

앞에서 정리했듯이 논문쓰기에 대한 비판은 크게 보면 한국 학계의 식민성에 대한 비판과 대학으로 대표되는 지식인사회의 부조리한 권력 행사에 대한 비판으로 이뤄져 있다. 문제는 학문의 식민성과 지식의 제도적 권력화를 해결하기 위한 방법이 단순히 기존의 논문쓰기 관행에 대한 거부로 귀결될 수 있는가 하는 점이다. 오히려 논문쓰기 관행은 학문의 식민성이나 지식의 제도적 권력화의 원인이라기보다는 결과가 아닌가? 따라서 새로운 논문쓰기란 학문의 식민성이나 지식의 제도적 권력화를 타파하거나 변화시키는 수단이라기보다는 변화나 타파의 결과물에 더 가깝지 않는가? 하지만 비판자들은 논문쓰기와 그 논문쓰기를 가능하게 만드는 맥락 사이의 관계를 명확히 구분하지 않은 채 맥락과 결과물을 뒤섞어 뭉뚱그려 비판하고 단지 새로운 글쓰기를 해야 한다고 선언하고 마는 것처럼 보인다.

비판자들은 학문의 식민성과 지식의 제도적 권력화를 해결할 방법을 기존의 논문쓰기를 거부하고 새로운 논문쓰기를 채택하는 것에서 찾는다. 이것은 결국 논문을 불변의 고정된 실체로서 무소불위의 엄청난 권력을 가진 것으로 이해하게 되는 결과를 초래한다. 논문을 고정된 실체로 보기 때문에 비판자들은 논문의 형식에 집착한다. 그들은 서론, 본론, 결론으로 구성되는 구조, 인용 방법, 각주와 참고문헌의 표기 등과 같은 논문이 가진 형식적 특성들을 학문의 식민성과 지식의 제도적 권력화를 생산, 유지시키는 고정된 실체로 인식하고 그 형식에서 벗어나는 글쓰기가 결국 우리를 학문의 식민성과 지식의 제도적 권력화에서 벗어나도록 할 것이라고 믿는다. 비판자들은 오직 논문을 통해서만 학문성이 보장된다는 허위의식인 논문중심주의와 서구의 원전 몇 개를 논의의 출발과 종결로 삼는 원전중심주의를 비판하면서 논문의 형식을 따르지 않는 '잡된 글쓰기'를 대안으로 제시하기도 하고(김영민, 1996) 실제로 참여관찰과 심층면담 등을 이용한 질적 연구를 하면서 쉽고 재미있게 글을 씀으로써 원전중심주의와 논문중심주의에서 어느 정도 탈피하고 있음을 부분적으로 느끼기도 한다(김정근, 김영기, 1995).

하지만 논문중심주의와 원전중심주의는 논문 때문에 발생한 문제가 아니며 논문은 원전중심주의와 논문중심주의가 발현되는 특수한 형태의 텍스트일 뿐이다. 기존의 논문 형식에서 벗어난 잡된 글이나 양적 방법을 사용하지 않고 질적 방법을 사용한 글을 쓴다고 해도 그것들이 한국의 사회문화 현상이나 삶의 복잡성을 드러내 보여줄 수 있는 유일한 방법으로 강제될 때 그것은 또 다른 모습의 논문중심주의와 원전중심주의가 될 것이다. 논문을 형식이라는 관점에서 접근하게 되면 논문은 고정된 실체로서 인식된다. 비판자들은 "논문은 이런 형식을 가져야 한다"는 학계의 관행을 비판한다. 그렇지만 대안으로 "논문의 형식을 갖지 않은 잡된 글"을 써야 한다고 주장하기 때문에 그들 자신도 논문과 논문이 아닌 것을 형식으로 구분하는 기존의 관행을 인정해 버리는 문제에 봉착한다. 그들의 비판은 논문이 아닌 것도 학문적 가치가 있음을 인정해 달라는 수준에 머물게 되거나 또는 논문을 부정한 채 논문이 아닌 것에서만 학문성을 찾으려는 또 하나의 아집으로 귀결된다.

내가 보기에 질문은 어떤 형식의 글쓰기를 하느냐가 아니라 무엇을 어떻게 표현하고자 하느냐라는 방식으로 제기돼야 한다. 형식에 대한 고민으로부터 글쓰기가 이뤄지는 것이 아니라 내용에 대한 고민이 어떻게 형식을 통해 구체화될 것인지를 염두에 두면서 논문을 써야 한다. 형식만을 문제 삼는 것이 아니라 내용에 맞는 형식은 어떤 것이 돼야 하는지를 고민할 때 논문인 것과 논문이 아닌 것 사이의 구분은 무의미해지고 논문의 외연이 넓어질 것이다. 나는 조동일의 다음과 같은 글을 이런 관점에서 이해한다. “그런 글은 논문이 아니고 문학작품이라고 하면서 배격하지 말자. 문학작품이라도 좋다. 사상의 혁신과 표현의 혁신이 함께 이루어지면, 논문이 작품이고 작품이 논문이다. 그 둘을 엄격하게 갈라놓아 논문이 형식에 그치고, 작품이 공허해졌다”(조동일, 1993, 45).

학문의 식민성, 지식의 제도적 권력화는 단지 기존의 논문과 다르게 글을 쓰는 것으로는 해결되지 않는다. 미국에서 배운 양적 방법을 갖고 기존 논문쓰기 관행을 충실히 따르며 쓴 논문이라고 해서 한국적 현상에 대한 독자적 이론을 전개시킬 수 없는 것은 아니다. 예를 들어 강길호(2005)는 양적 방법을 이용해 한국적 이론을 만들어야 한다고 역설하면서 그 자신이 한국사회의 중요한 사회적 덕목으로 간주되는 공손 개념을 커뮤니케이션 관점에서 이론화하고(강길호, 1994) 한국적 공손 개념을 바탕으로 한국사회의 특징적인 현상들을 양적 방법을 이용해 설명(강길호, 김종옥, 1998; 강길호, 2007)하고 있다. 이런 식의 작업은 그것의 성공 여부를 떠나 학문의 식민성 등의 문제가 단지 논문 형식의 문제만은 아님을 보여준다.

학문의 식민성과 지식의 제도적 권력화의 문제를 해결하는 방법을 찾는 것은 다양한 차원에서의 문제제기와 논의를 필요로 하는 것이다. 단지 논문쓰기의 문제에만 국한해 이야기를 하자면 그런 거대한 맥락에 대한 비판에 뛰어들기 전에 연구라는 구체적 실천의 결과물을 어떻게 생산할 것인가라는 차원에서 논의를 전개하는 것이 더 생산적일 수 있다. 나는 논문쓰기와 관련된 기존의 논의가 거대한 맥락에 대한 비판을 중심으로 전개되기 때문에 결과적으로는 단지 논문을 다르게 써야 한다는 당위적 주장만을 되풀이하고 있다고 판단한다. 하지만 논문을 다르게 쓸 수 있는 보다 실천적인 방법을 제시하려면 거대한 맥락을 공격하기보다는 연구를 가능하게 만드는 것이 무엇인지에 대해 먼저 고민해야 한다고 생각한다.

논문은 연구의 결과물이다. 논문쓰기란 연구 대상에 대한 분석이나 해석이란 명목으로 연구자의 세계관을 드러내는 작업이다. 따라서 논문 형식의 문제는 연구를 관통해 흐르는 연구자의 세계관을 표현하는데 어떤 형식이 가장 적합한가라는 방식으로 제기된다. 연구자의 세계관은 방법론을 통해 가시화된다. 여기에서 나는 방법론을 단순히 방법에 대한 체계적 정리를 의미하는 좁은 의미로 사용하지 않는다. 나는 방법론이란 연구를 가능하게 만드는 것으로 연구자의 세계관을 표현하기 위한 전략이며 기획이라고 생각한다. 서로 다른 방법론은 각각 다른 형식의 논문을 요구한다. 특정 형식의 논문, 예를 들어 양적 방법을 사용한 연역적 형식의 논문이 모든 죄악의 근원으로 배척되고 폐기돼야 하는 것은 아니다. 그런 형식의 논문은 특정한 방법론에 적합하게 오랜 시간을 두고 정교히 다듬어진 결과일 뿐이다. 특정 형식의 논문이 문제인 것은 아니다. 문제는 세계관에 적합하지 않은 방식으로, 방법론을 반영하지 못하는 방식으로 논문을 쓰는 데 있다.

### 4) 방법론의 문제

한국의 사회과학계에서 주류를 이루는 양적 방법을 사용한 논문은 연역적 사고를 바탕으로 한 글쓰기의 결과물이다. 연역적 사고에 의해 작성된 논문은 먼저 현상을 설명할 수 있는 기존의 이론을 소개한다. 그리고 이론을 바탕으로 현상의 문제에 대한 답을 가설의 형태로 확립한 후 설문이나 실험 등의 방법으로 경험적 자료들을 수집한다. 이 자료들은 분석모형에 따라 변인들로 구분되고 통계 기술을 이용해 처리돼 가설을 인정하거나 기각하는 증거로 사용된다. 결국 이론에 근거한 가설을 통계적으로 처리된 자료를 통해 증명하고 결과를 해설하는 방식으로 논문은 작성된다. 사회과학에서처럼 명확한 가설 수립과 통계 처리 기술을 사용하지는 않지만 인문학 분야에서도 연역적 사고를 따르는 논문이 많다. 즉, 이론을 먼저 소개하고 구체적 현상이 그 이론에 부합하는지를 알아보는 것이다. 이 과정에서 사용되는 이론이 거의 대부분 서구의 것이기 때문에 서구의 이론에 한국의 현실을 꿰맞춘다는 비판이 가능해진다. 학문의 식민성과 지식의 제도적 권력화에 대한 비판이 주로 연역적 방법을 사용한 논문을 겨냥하는 것은 이 때문이다[4]. 그러나 앞에서 제시한 강길호의 예에서 볼 수 있듯이 양적 방법론에 입각한 연역적 형식의 논문 쓰기를 통해서도 학문의 식민성을 벗어나고자 하는 노력을 하는 것이 불가능하지는 않다.

양적 방법론을 반영한 연역적 형식의 논문쓰기가 문제인 것이 아니다. 문제가 되는 것은 양적 방법론에 적합하게 발전돼 온 기존의 논문 형식이 다른 방법론에 기반을 둔 논문에도 그대로 적용되고 강제된다는데 있다. 내가 논문쓰기의 관행에 대해 문제를 제기하는 것은 질적 방법론을 채택한 연구자로서 내가 가진 세계관에 적합하지 않은 형식의 논문쓰기를 강요받고 있으며 실제로 주위에서 흔히 볼 수 있는 많은 질적 방법론의 논문들이 사실상 양적 방법론의 세

4) 이기홍(2006, 7)은 연역적 방법은 "결론에 도달하기 위하여 전제들 속에 이미 담겨 있는 것만을 가공할 뿐 전제들을 넘어서는 새로운 것을 첨가할 수는 없는 방법이다. 즉, 이 방법은 과학적 연구를 새로운 지식을 생산하는 것이 아니라 단지 기존의 지식을 '가공'하는 것에 한정시키는 한계를 갖는다"고 지적하면서 이 "표준적인 과학적 방법"이 "한국 사회과학의 빈곤"을 가져왔다고 주장한다.

계관을 표현하는데 적합하도록 고안된 형식을 따라 작성되고 있다는 자각에서 비롯된 것이다.

사실 연구자가 자신의 연구방법론에 대한 비판적 인식을 바탕으로 논문쓰기의 문제를 고민하지 않는다면 양적 방법론의 논문이나 질적 방법론의 논문이나 형식이나 내용에 있어서 큰 차이를 보여주지 못한다. 실제로 질적 방법을 이용한 논문들도 서구 이론에 따라 한국현실을 해석하고 재단하는 경우가 많으며 논문의 형식에 있어서도 양적 방법을 사용한 논문과 큰 차이 없이 연역적 방식을 따르는 경우가 많다. 따라서 나는 논문쓰기에 대한 문제제기와 관련해서는 논문이 어떤 형식을 가져야 하느냐라는 질문보다는 논문이 어떤 인식론적 전제 위에서 어떤 대상에 어떻게 접근해야 하느냐라는 질문이 먼저 제기돼야 한다고 본다. 학술적 연구와 논문쓰기의 문제는 결국 어떤 방법론[5]을 채택하느냐의 문제이기 때문이다. 이것은 논문을 다른 장르의 글과 구분시켜주는 가장 중요한 것이다. 문학작품의 형식을 가진 글이라도 학술적 방법론에 입각해 작성된 것이라면 논문이며 논문의 관행적 형식을 가진 글이라도 학술적 방법론에 근거하고 있지 않다면 문학작품이라고 이해한다면 모든 것을 얼버무리는 철저한 허무주의(Anything goes)나 경직된 형식주의에 빠지지 않은 채 논문과 문학작품 사이에서 어느 정도 유의미한 구분을 할 수 있을 것이다.

양적 방법과 질적 방법은 현상에 대한 각각 다른 세계관을 바탕

5) 다시 말하지만 이것은 방법(method)이 아니라 방법론(methodology)의 문제이다. 여기에서 나는 방법론을 연구가 무엇을 위한 것이며 어떻게 진행돼야 하는지에 대한 관점으로 규정한다. 그것은 연구를 진행하기 위한 일종의 전략이며 연구의 청사진으로 연구를 가능하게 하는 인식론을 포함하는 것이다. 방법은 방법론에 따라 사용될 수 있는 자료 수집과 처리 기술이다. 동일한 방법이 여러 다른 방법론을 위해 사용될 수 있다(Potter, 1996). 예를 들어 양적 방법론에 입각해 연구를 진행하면서도 부분적으로 질적 방법을 사용할 수 있으며 그 반대도 가능하다.

으로 한 방법론을 실천하기 위해 고안된 것들이다. 질적 방법은 구체적인 사실에 대한 관찰에서부터 출발해 현상에 접근하는 탐색적 속성을 갖는다. 김정근, 김영기(1995)가 문헌정보학이 학문의 식민성에서 벗어나 실천성을 가질 수 있는 가능성을 질적 방법에서 찾은 것도 한국의 구체적 현상에 대한 조사부터 출발해 한국사회의 문제를 이해하고자 하기 때문이었을 것이다. 하지만 질적 방법을 이용하고자하는 세계관을 논문을 통해 제대로 이해하고 표현해내지 못한다면 단순히 다른 방법을 사용했다는 것 외에는 다른 의의를 발견하기 어려울 것이다. 그렇다면 질적 방법을 사용한 논문쓰기가 갖는 특징은 무엇이며 질적 방법을 가능하게 한 세계관은 어떤 글쓰기를 통해 표현될 수 있을까?

### 3. 문화연구 글쓰기의 인식론적 괴리

한국의 커뮤니케이션학 분야에서 질적 방법을 사용하는 연구자들은 주로 문화연구라고 느슨히 명명될 수 있는 것으로 자신의 연구 활동을 특징지으려는 경향을 갖고 있다. 따라서 여기에서는 문화연구에서의 논문쓰기란 주제로 논의를 진행하도록 하겠다. 사실 문화연구를 한마디로 정의내리는 것은 어려운 일이다. 문화연구는 방법론의 하나이면서 동시에 학문영역을 가리키기도 한다. 문화연구는 문학에서부터 역사학, 인류학, 사회학 등을 아우르는 학제간 연구의 성격을 띠고 있으며 철학, 기호학, 정신분석학 등의 개념뿐만 아니라 생물학, 물리학 등 자연과학의 개념들도 적극적으로 이용한다. 문화연구에서는 설문이나 실험을 통해 얻은 자료들을 통계적으로 처리, 분석하는 양적 방법보다는 텍스트 내용분석, 담론분석, 참여관찰, 심층면담, 포커스그

룹 면담 등의 질적 방법들이 주로 사용된다.

사회과학 분야에서 문화연구는 인종, 계급, 젠더 등으로 구분되는 사회집단들의 실천행위, 또는 대중매체 텍스트들을 통한 그 사회집단들의 재현의 문제에 주로 관심을 기울이고 있다. 또 문화연구는 페미니즘, 포스트모더니즘, 탈식민주의와 같은 사조들의 영향 하에서 논의를 전개하고 있으며 기본적으로 연구자의 역할은 실제로 존재하는 사회현실의 진짜 모습을 발견하는 것이라기보다는 언어(넓은 의미의 상징)를 통해 사회현실이 어떻게 구성되는가를 이해하는 것이라는 입장을 갖고 있다. 구성주의(constructionism)라고 부를 수 있는 문화연구의 이런 입장은 연구자가 체계적인 연구를 통해 사회현실의 실체에 대한 객관적 분석과 해석을 할 수 있다는 생각에 동의하지 않는다. 일상생활을 하는 사람들이 자신들의 사회현실을 주관적으로 구성하듯이 연구자들도 사회현실을 주관적으로 이해할 뿐이라는 것이 문화연구가 보여주는 인식론적 입장이다.

논문쓰기의 문제는 바로 이 인식론적 입장에서부터 시작된다. 사람들은 일상생활을 하면서 자신의 활동과 주위의 모든 사건, 사물들에 언어를 통해 의미를 부여한다. 의미를 부여하는 활동을 통해 그들은 자신과 세계를 특정한 모습을 가진 존재로 구성해 낸다. 그들이 그 모습을 어떻게 구성하느냐 하느냐하는 것이 곧바로 그들과 그들의 삶에 영향을 미친다. 연구자도 일반 사람들과 마찬가지로 언어를 통해 사회현실을 구성한다. 그런데 연구자가 구성해야 하는 현실은 그가 연구대상으로 삼은 것이다. 연구자는 사람들이 언어를 통해 자신과 사회를 구성하는 활동을 언어를 통해 (재)구성한다. 연구자의 활동은 사람들이 현실에 의미를 부여하는 활동에 대해 의미를 부여하는 활동이다. 즉, 그것은 재현에 대한 재현이다. 논문에서 드러나는 재현에 대한 재현은 어떤 형태를 가질 수 있는가? 문화연구에서 제기되는 논문쓰기의 문제는 바로 이 질문에서 출발한다.

문화연구에서는 사회현상의 의미가 사람들에 의해 주관적으로 구성되는 것이며 그 의미에 대한 연구자의 해석도 역시 주관적인 구성물이라고 본다. 연구자가 객관적으로 대상을 분석할 수 있다거나 연구대상의 분석을 통해 보편적 법칙을 재확인할 수 있다고 보지 않는 것이다. 이런 인식론적 태도를 갖고 있다면 보편적 법칙을 가진 이론을 근거로 연구를 시작하기가 힘들어진다. 객관적 법칙으로서의 이론은 기본적으로 상황의 변화에 관계없이 현상을 설명할 수 있는 보편성을 갖고 있는 것으로 간주되기 때문이다. 따라서 문화연구 논문의 경우, 문제제기 — 이론 검토 및 가설(또는 연구문제) 도출 — 연구방법 및 자료수집 — 분석과 해석 — 결론의 순으로 글을 쓰는 것은 연구가 전제하고 있는 인식론적 태도에 부합하지 않는 것이다. 그런 방식의 논문쓰기는 현상을 이론에 맞춰 객관적으로 설명할 수 있다고 믿는 실증적 연구에 적합한 것이다. 그렇지만 실제로는 문화연구에 속한다고 판단될 수 있는 많은 연구의 논문들이 이와 같은 방식으로 작성된다.

문화연구에서 실증적 연구와 같은 방식의 논문쓰기가 성행하는 것은 일차적으로는 연구자들이 자신의 연구가 갖고 있는 인식론적 토대를 정확히 인지하고 표현하지 못한 결과일 수 있다. 나는 연구자들의 인식론적 태도가 확고하지 못하게 된 이유를 우선 연구자들의 성장환경에서 찾을 수 있다고 생각한다. 국내에서 일정한 학위를 마친 연구자들은 대개 외국 유학을 통해 박사 학위를 획득함으로써 국내의 노동시장에서 유리한 위치를 차지하는데 도움이 되는 상징 자본을 얻고자 한다. 이때 가장 많은 연구자들이 유학할 곳으로 선택하는 국가는 미국이다. 결과적으로 한국 사회과학계에는 미국에서 박사학위를 취득한 연구자들이 다수를 차지하게 되고 특히 학문후속세대를 교육하는 대학교수의 경우 미국박사학위 소지자가 압도적 다수를 차지한다(권해수, 2011).

미국의 사회과학계에서는 실증적 연구가 지배적이고 양적 방법을 매우 체계적으로 교육시키기 때문에 미국에서 학위를 취득한 한국의 연구자들은 대부분 실증적 연구에 전념한다. 영어가 모국어가 아닌 유학생이 가진 언어적 한계도 수치와 표로 내용을 표현할 수 있는 양적 방법을 선호하게 만드는 요인일 수 있다. 아무튼 이 과정에서 연구자들은 미국에서 일종의 학문적인 선진문물을 배운다고 인식하게 되며 결국 미국 사회과학계의 지배적인 관행과 문화를 학문적 준거로 받아들이게 된다[6]. 연구자들은 미국의 실증적 연구 관행을 정상적이고 올바른 것으로 인식하고 미국식 실증적 연구논문 쓰기를 논문쓰기의 정전으로 체화한다. 결국 그들은 자신이 미국에서 배운 방법 외의 다른 방법은 학문적인 유용성을 갖기 어렵다는 생각을 굳힌다. 한국의 연구자 대다수가 미국에서 유학을 했거나 미국에서 유학을 한 교수에게서 배운 사람들이기 때문에 이런 생각은 거의 도전받지 않으며 정상적이고 당연한 것으로 인식된다.

커뮤니케이션학의 경우에도 사정은 크게 다르지 않아 실증적인 연구가 주류를 차지하고 있다. 문화연구는 상대적으로 소수자의 위치를 차지하고 있다고 볼 수 있다. 대학에서 이뤄지는 실증적 연구를 중심

6) 주변의 연구자들 중 이런 생각을 가진 사람을 발견하는 것은 그리 어렵지 않다. 예를 들어 내가 아는 연구자 중에 학문적 열정과 연구자로서의 자의식과 자존심을 가진 사람이 있다. 미국에서 박사학위를 취득하고 돌아 온 그는 한국의 사회과학계가 한국사회를 설명할 수 있는 독자적 이론을 만들지 못하고 외국에서 만들어진 이론들을 수입하는데 급급해 하는 것을 매우 안타까워한다. 하지만 동시에 그는 한국 사회과학계에서 그가 발견하는 많은 문제들을 미국의 경우와 비교하면서 미국에서라면 있을 수 없는 일이라고 분노한다. 그는 독자적 이론을 만들지 못하는 것을 포함한 한국 사회과학계의 많은 문제는 한국 학계가 미국 학계처럼 성숙하지 못하고 실증적 연구에 대한 치밀한 교육이 이뤄지지 못한 결과라고 생각한다.

으로 한 선별적 충원과 교조적 훈육은 실증적 연구가 가진 패권적 지위를 유지, 재생산하는 결과를 낳는다(김웅진, 2009). 이런 환경 속에서 문화연구자들은 다수자의 규범을 정상적인 것으로 체화하며 성장하고 그 규범에 자발적으로 복종하게 된다. 대학에 입학해 처음 배우는 방법론 강의는 양적 방법을 위주로 진행되며 방법론 강의 외에도 통계학 등이 권장 과목으로 추천된다. 그렇기 때문에 학사나 석사 학위, 나아가 박사 학위를 위한 논문 작성 시에는 양적 방법의 사용에 특화된 논문작성 방법이 정상적인 논문작성 방법으로 제시되고 학생들은 별다른 비판의식 없이 그것에 따르게 된다.

이런 상황에서 소수자로서의 문화연구자들의 딜레마가 발생한다. 문화연구자들은 일반적으로 소수자의 문화에 많은 관심을 갖고 있다. 문화연구자들이 주로 인용하는 학문적 자원들은 대개 사회가 정상이라고 말하는 것이 사실은 권력효과에 지나지 않는다는 것을 보여주려 하며 이를 통해 정상과 비정상, 다수자와 소수자 사이의 관계를 상대적인 것으로 이해하고자 하는 것들이다. 문화연구자들은 정상적인 것의 의미는 고정되고 고착된 것이 아니며 권력관계를 가진 사회적 맥락 속에서 구성되고 끝없이 미끄러져 부유한다는 생각을 공유한다. 문화연구자들의 이런 학문적 생각들과는 달리 문화연구자들이 그런 생각을 표현하기 위해 작성하는 논문들은 고정되고 고착된 의미를 전달하는 형식을 띤다. 결국 문화연구자들은 자신의 생각과 실천이 괴리돼 있는 것을 발견할 수밖에 없게 된다.

## 4. 가능한 글쓰기의 모색

### 1) 이론의 압박에서 벗어난 글쓰기

문화연구자들의 논문쓰기가 가진 문제들 중에서 문화연구의 인식론적 전제와 상충되는 가장 대표적인 것은 이론에 대한 지나친 의존이다. 이것은 이론을 객관적 법칙(적어도 반증되기 전까지는)으로 간주하고 이용하는 실증적 연구의 논문쓰기를 그대로 받아들인 결과이다. 실증적 연구의 논문은 이론에 입각해 가설을 세우고 설문이나 실험을 통해 수집된 자료들을 통계적으로 처리함으로써 가설을 증명하거나 부정하는 방식으로 구성된다. 실증적 연구는 보편적 규칙의 형태를 가진 추상적 명제를 구체적 사실 확인을 통해 증명하는 연역적 방식으로 진행되기 때문에 이론은 실증적 연구의 출발점이다. 실증적 연구논문의 초반부가 상세한 이론적 검토로 채워지는 것은 당연하다고도 볼 수 있다.

문화연구의 경우는 이와 다르다. 문화연구는 구체적인 현상들을 조사함으로써 그 현상에 대한 이해를 얻는 귀납적 방식으로 진행되기 때문에 가설을 세울 이유가 없다. 문화연구는 보편적 규칙이 특수한 집단이나 대상에도 그대로 적용되는지를 검증하고자 하는 것이 아니라 특수한 집단이나 사람의 사회적, 문화적 실천의 의미나 그 실천의 결과물로서의 텍스트가 갖는 의미를 이해하고자 하는 것이다. 따라서 문화연구에서 중요한 것은 이론의 검증이 아니라 구체적 텍스트, 사람 혹은 사건의 이해이다. 문화연구에서 이론은 현상의 여러 요소들 간의 관계맺음의 추상화로서 구체적 대상이나 현상을 이해하는데 도움을 줄 수 있는 개념들을 제공하는 수단이 되는 것이지 연구대상의 의미를 찍어내는 객관적 법칙이자 생각의 틀이 아니다. 구체적 대상이나 현상에 고정되고 고착된 단 하나의 의미는 존재하지 않으며 모든 의미는 맥락과 관점에 따라 유동적으로 변한다고 보는 문화연구의 정신은 어떻게 보면 객관적 법칙으로서의 이론에 대한 거부를 포함하고 있다고도 할 수 있다.

형식은 내용의 존재조건이고 내용은 형식의 존재실질이다. 형식은 내용을 규정하고 내용은 형식을 요구한다. 문화연구의 논문을 실증적 연구논문의 형식을 갖고 쓰게 되면 그 논문은 문화연구의 내용을 갖기 어려워진다. 하지만 대개의 문화연구자들은 실증적 연구논문처럼 논문을 구성한다. 서론을 쓰고 이론적 배경을 밝히고 이론에 맞는 연구문제를 적시한 뒤 구체적 대상을 이론에 근거해 재현한다. 가설을 사용하지 않았을 뿐 이미 문화연구자의 머릿속에는 논문의 결론이 이론에 맞게 정리돼 있는 것이다. 이것은 문화연구의 논문을 무척 따분하고 무미건조하며 척박한 것으로 만들어버린다. 도입부에 있는 이론적 배경을 읽고 나면 뒤에서 무슨 이야기를 할지가 뻔히 짐작되는 논문들이 양산되는 것이다. 예를 들어 부르디외(Bourdieu)의 아비투스나 장 이론을 이론적 배경으로 삼아 그 이론이 만들어낸 개념들을 갖고 구체적 대상을 이해한다고 주장하는 것은 이미 그 대상의 의미를 부르디외 이론의 틀 안에 고정시켰다는 것이다. 구체적 현상은 부르디외의 이론에 대한 알리바이로 이용된다.

문화연구의 논문을 통해 연구자는 사람들이 자신과 세상을 어떻게 재현하는지를 재현하기 때문에 문화연구에서는 특수한 재현의 형태, 즉 구체적인 주관적 구성물과 만나는 것이 연구의 출발점이 된다. 모든 주관적 구성물은 개별적 특성을 갖고 있으며 문화연구는 바로 그 개별적 특성을 이해하고자 한다. 연구자는 자신이 만날 주관적 구성물이 어떤 형태를 갖고 있을지 미리 알 수 없다. 단지 연구자는 일정한 선입견을 갖고 있을 뿐이다. 연구는 연구자가 구체적 대상과 만나면서 자신의 선입견을 발견해 가는 과정이라고 할 수 있다. 연구자는 오직 연구가 끝이 나고 연구대상이란 주관적 구성물을 주관적으로 (재)구성하는데 성공했을 때 비로소 그 형태를 이해할 수 있게 된다. 연구자가 알고 있는 기존의 이론은 연구자의 선입견을 구성하는 재료일 뿐이지 연구의 출발점으로서 연구대상의 의미를 미리 알려주는 근거가 아니다. 귀납적인 방식으로 진행되는 문화연구에 있어서 논문의 시작과 끝을 관통해 존재해야 할 이론이 반드시 필요하지는 않다. 즉, 문화연구의 논문에는 이론을 다루는 부분이 논문의 초반부에 굳이 큰 자리를 차지하고 있을 필요가 없다[7]. 이론이 등장해야 한다면 그것은 아마도 대상에 대한 해석 부분에서 연구자의 주관적 이해가 갖는 설득력을 증가시키고 그 이해를 사회적으로 공유하기 위해 기존의 이론을 수정, 재해석하거나, 또는 연구의 결과로서 현상 안의 여러 관계들을 추상화시켜 새로운 이론을 제시하는 과정에서일 것이다.

질적 방법을 사용하는 문화연구의 논문이 실증적 연구논문의 과학적 엄밀성을 버린 대신에 얻고자 하는 것은 구체적 현상에 대한 주관적 혹은 창의적 이해이다. 문화연구의 논문 하나가 제시하는 결과물은 일반화되기 어려우며 구체적 현상에 대한 탐색적인 특수한 해석으로 머문다. 귀납적 연구의 성격상 여러 사례들의 연구들이 축적되면서 추상적 일반화에 도달할 수 있지만 그런 추상화로

7) 연구자의 선입견을 미리 알려 줄 필요가 있다면 선입견의 근거가 되는 이론을 초반에 간략히 소개할 수는 있을 것이다. 그런 이유 없이 단지 관련된 이론을 장황히 설명, 요약하는 것은 학술적 권위를 과시하는 수단이 될 뿐 실제 논문의 이해에는 별 도움을 주지 않는다. 그러나 많은 연구자들은 학술적 권위가 얼마나 잘 드러나는가에 더 큰 관심을 갖는다. 이미 그 분야 전문가에게는 잘 알려진 이론들이 단지 상세히 요약되기 위해 논문의 초반부 절반을 차지하고 있는 문화연구 논문을 발견하는 것은 흔한 일이다. 그런 불필요한 이론 과다 설명을 지적하기는커녕 오히려 높이 평가하거나 요구하는 논문심사 관행도 이런 논문이 대량생산되는 이유 중 하나일 것이다. 해당 분야의 비전문가가 논문심사를 하는 일이 많은 학계의 실정도 이런 현상을 부추긴다.

도출된 이론도 객관적 법칙이 아닌 상대적 해석으로 머문다. 그런데 실증적 연구의 논문쓰기를 자신의 논문쓰기로 체화한 문화연구자들은 자신이 결코 가질 수 없는 과학적 엄밀성을 추구하면서 탐색적인 해석과 창의적 이해를 모호한 것으로 치부한다[8]. 하지만 문화연구의 가치는 새로운 현상을 발견하거나 현상을 새로운 관점에서 해석할 수 있는 가능성을 제시하는 탐색적 연구에서 찾을 수 있다. 연구자의 고민은 문화연구가 가진 탐색적 연구의 즐거움을 어떻게 논문으로 표현해 낼 것인가에 집중될 필요가 있다.

### 2) 재미있는 이야기로서의 글쓰기

문화연구의 새로운 글쓰기 방법을 찾는 과정에서 나는 자기민속지학에서 시도되는 실험적 형식의 글쓰기에 주목할 필요가 있다는 생각을 했다. 자기민속지학 연구자들은 전통적 사회과학의 글쓰기에서 벗어나고자 한다. 그것은 무엇보다도 전통적 사회과학 글쓰기가 자기민속지학의 인식론적 토대와 맞지 않기 때문이다. 자기민속지학 연구자들은 자기민속지학 연구의 성찰적 특성을 글쓰기를 통해서 그대로 드러내고자 한다.

문화연구도 사실 성찰적 특성을 갖고 있다. 문화연구자들은 일반적으로 문화연구가 실증적 연구와는 달리 객관적 의미나 보편적 법칙으로서의 이론을 추구하지 않고 현상에 대한 연구자의 주관적 이해를 전달하고자 하는 것이라고 주장한다. 하지만 실제로는 내가 보기에 실증적 논문의 형식을 따르는 많은 문화연구 논문들이 연구

8) 일반적으로 사회의 소수자는 다수자가 소수자를 타자화하는 관점에서 자신을 바라보도록 강제되는 상황에 놓인다. 실증적 연구논문의 형식을 스스로에게 강제하는 문화연구자들도 다수자인 실증적 연구자의 관점에서 자신과 자신의 연구를 바라보는 상황에 처해 있다고 할 수 있다. 따라서 기존의 이론을 현상을 설명할 하나의 법칙처럼 사용하고 연구자의 주관성이 드러나는 것을 금기시하며 정해진 형식대로 논문을 작성해 가는 문화연구자들을 보는 것은 어려운 일이 아니다.

자의 주관적 이해를 객관적인 것으로 포장하고 있다. 문화연구의 인식론적 전제를 충실히 따른다면 논문에 연구자의 주관적 이해가 드러나는 것은 당연한 일이다[9]. 그리고 논문에서 주관적 이해는 주관적인 것으로 표현돼야 한다. 그러려면 연구자가 논문에 명시적으로 자신의 모습을 드러낼 수밖에 없다. 연구자가 모습을 드러내는 가장 기본적인 형식은 일인칭 주어를 사용하는 것이다. '나'라는 주어를 사용하면 논문에 연구자의 생각, 감정, 판단 등을 드러내기 쉬워진다. 이를 통해 연구자는 논문에 자신의 위치와 편견 등을 드러내고 논문을 통해 제시하는 주관적 이해가 객관적 진리가 아님을 분명히 할 수 있다.

문화연구에 있어서 연구자의 자기성찰성은 연구의 핵심을 차지한다고 할 수 있다. 이것은 실증적 연구가 연구자를 객관적 관찰자나 조작자로 인식하고 대상과의 거리두기를 통해 격리시킴으로써 논문에서 연구자의 흔적을 완전히 지우려하는 것과 대조된다. 논문에 '나'를 드러냄으로써 연구자는 주관적이고 특수한 이해를 객관적이고 보편적인 해석으로 포장하려는, 실증적 연구의 가르침이 연구자에게 남긴 거의 무의식에 가까운 욕망에서 벗어날 수 있는 길을 발견할 수 있다.

문화연구의 논문은 연구자가 구체적 대상과 만남으로써 얻게 되는 이해를 기술한다. 문화연구자가 자신의 주관적 이해를 기술한다

9) 문화연구가 추구하는 주관적 이해의 일차적인 주체는 연구자이며 이차적으로는 독자에 의해 그 이해가 공유될 수도 있다. 문화연구자는 질적 방법을 사용할 경우 연구자의 주관을 최대한 배제하고 연구대상과 만나야 한다고 배운다. 이것은 물론 그 자체로 존중받아야 될 연구태도이다. 그런데 주목해야 하는 것은 연구자의 주관을 최대한 배제하는 것과 연구자의 주관에서 완전히 벗어나는 것은 다른 일이란 사실이다. 연구자는 주관을 최대한 배제하려 노력하며 연구대상에 다가가지만 주관을 완전히 버릴 수는 없다. 결코 버릴 수 없는 주관을 배제한 것처럼 위장하기보다는 남아있는 주관적 요소를 드러내는 것이 역설적으로 연구를 "객관적"인 것으로 만들 수 있다.

는 것은 자신이 만난 연구대상을 재현하는 일이다. 따라서 문화연구에서 논문쓰기의 문제는 연구대상을 어떻게 잘 재현할 것인가의 문제로 이해될 수 있다. 사람들은 일상생활 속에서 자신의 삶과 세상을 재현하기 위해 다양한 방법을 사용한다. 일기를 쓰기도 하고 트위터를 사용하기도 하고 페이스북이나 블로그를 만들기도 하고 동호회나 인터넷 카페에 가입하기도 하고 시나 소설을 쓰기도 하고 그림을 그리거나 사진을 찍거나 동영상을 제작하기도 한다. 이 모든 행위는 결국 사람들이 자신을 주인공으로 한 이야기를 만들어가는 것으로 이해될 수 있다. 자신의 이야기를 어떻게 만들어갈 것인지에 대한 형식은 정해져 있지 않다. 다만 많은 사람들이 좋은 이야기란 재미있는 이야기이라는 생각을 갖고 있다는 말 정도를 할 수 있을 것이다. 문화연구의 논문도 어떻게 본다면 연구자가 나름대로 재현하는 하나의 이야기이기 때문에 다양한 형식을 가질 수 있으며 가능하다면 재미있는 이야기가 된다면 좋을 것이다.

리차드슨(Richardson, 1994, 516-517)은 "30년 동안 나는 수많은 소위 모범적인 질적 연구들을 하품을 하며 지켜봐왔다. 셀 수 없이 많은 텍스트들을 절반은 읽고 절반은 대충 훑으면서 내버렸다. 나는 큰 기대를 갖고 새 책—내가 관심을 가진 주제를 다루는, 내가 읽고 싶은 저자의 책—을 주문하지만 결국 지루한 글을 발견할 뿐이다"라고 말한다. 하지만 일반적으로 우리는 논문이 재미있어야 한다는 생각은 잘 하지 않는다. 학술논문은 딱딱하고 재미없는 것이란 선입견을 일반인들뿐만 아니라 문화연구자 자신도 갖고 있기 때문이다. 그렇지만 사실 문화연구 논문과 같은 질적 연구의 글이 재미가 없다는 것은 심각한 문제이다. 질적 연구에서 글이 재미없다는 것이 심각한 문제가 되는 이유는 표와 요약문을 보는 것만으로도 충분히 그 의미를 전달할 수 있는 양적 연구 텍스트와는 달리 질적 연구 텍스트는 독자가 전문을 읽어야 만이 그 의미를 전달할 수 있기 때문이다. 독자가 전문을 읽지 않는 질적 연구 텍스트는 어떤 가치가 있는가? 짧게는 수개월, 길게는 수년의 연구를 한 결과물이 전혀 독자들에게 읽히지 않고 단지 연구자 개인의 만족이나 연구자의 승진을 위한 연구업적 목록을 채우는 수단으로 전락하는 것은 심각한 문제이다.

질적 연구 텍스트가 지루한 이유 중의 하나는 연구자 개인의 특성이 드러나지 않기 때문이다. 학문적 보상이나 징벌을 통해 표준화된 모습으로 사회화된 질적 연구자들은 개인적 목소리를 잃어버린 채 동질화돼 있다(Richardson, 1994, 517). 개인적 목소리를 잃어버린 연구자들은 천편일률적인 텍스트를 생산할 수밖에 없고 이런 텍스트를 처음부터 끝까지 다 읽는다는 것은 고역이다. 따라서 독자들이 읽고 싶은 마음이 드는 흥미롭고 재미있는 글을 쓰는 것은 질적 연구가 학문적 가치는 물론 사회적 가치를 갖기 위해서 반드시 필요한 일이라고 할 수 있다.

문제는 대부분의 사회과학자들이 특출한 문학적 소질을 갖고 있는 것이 아니기 때문에 시, 소설 등과 같은 다른 장르의 글을 쉽게 성공적으로 써낼 수 없다는 것이다. 단지 다른 방식으로 글을 쓰고 싶다고 해서 재미있는 글이 써지는 것이 아니다. 나 자신도 소설이나 희곡의 형식을 빌려 재미있게 글을 쓰고 싶은 생각은 갖고 있지만 그렇게 재미있게 글을 쓸 만한 능력을 갖고 있지는 않다. 현재 여러분이 읽고 이 글 자체가 사실 소설처럼 재미있다거나 아니면 화려한 문장들이 많아서 글 읽는 재미를 느끼게 해주는 글은 아니지 않는가? 나는 그저 조금이나마 덜 딱딱한 글을 쓰려 노력하고 있을 뿐이다.

신진연구자의 경우, 취업이나 승진을 위해 권위 있는 학술지에 논문을 발표해야 할 필요가 있는데 이때 안전하게 심사를 통과하기 위해 실험적인 글쓰기보다는 전통적인 글쓰기를 선호한다. 연구자의 창의력과 실험정신이 가장 왕성할 시기에 가장 관습적인 방식으로 글을 쓸 수밖에 없게 되며 이런 일이 반복되면서 실험적 글쓰기는 사실상 불가능해진다. 티어니(Tierney, 2002)에 따르면, 이 문제들을 해결하기 위해서는 문학적 글쓰기를 사회과학의 글쓰기 방법의 하나로 인정하고 그와 관련된 교육을 실시해야 한다. 또한 기존 학술지의 심사지평을 넓힘으로써 실험적 글쓰기가 학계에서 자리 잡을 수 있도록 해야 한다. 연구자들이 전통적 글쓰기 대신 문학적 글쓰기를 지배적 글쓰기 양식으로 내세우는 것이 중요한 것이 아니라 다양한 글쓰기 전략을 선택할 수 있도록 개방된 자세를 갖는 것이 중요하다.

리차드슨(Richardson & St. Pierre, 2005)은 사회과학 글쓰기에서 픽션과 논픽션의 고전적 구분은 더 이상 유효하지 않으며 각각의 글은 저자가 글을 통해 어떤 주장을 하고 수용자와 사회에 어떤 영향을 미치는가하는 부분에 있어서 차이를 가질 뿐이라고 주장한다. 그는 특히 질적 연구논문은 하나의 작품으로 처음부터 끝까지 읽혀질 때 의미를 갖는 이야기이기 때문에 재미가 있어야 한다고 생각한다. 나도 문화연구의 논문에서는 연구자가 연구대상을 만나 이해해 가는 과정이 흥미로운 방식으로 기술되는 것이 좋다고 생각한다[10]. 질적 방법론의 논문은 본문의 문장과 영상을 하나하나 읽어

10) 문화연구 논문은 이렇게 써야 한다는 정해진 지침서를 제시하기는 어려울 것이다. 다만 서론, 이론적 배경, 연구문제, 분석 결과, 결론으로 구성되는 기존의 정해진 형식에서 벗어나 연구자들이 다양한 형식을 실험할 수 있도록 허용하는 개방적 자세가 필요하다는 생각을 한다. 나는 얼마 전 한 학생이 자기민속지학을 이용해 한국사회의 양성평등의 문제를 다룬 석사학위청구논문을 읽으면서 놀라움을 느낀 적이 있다. 그 학생은 소설적 기법을 이용해 자신의 과거 기억을 기술하고 자신의 생각을 표현하기 위해 직접 시를 지어 삽입하기도 했다. 논문에 대한 교조적 훈육을 받은 사람의 입장에서 볼 때 이것은 충격적인 일일 수

가면서 구체적 대상에 대한 이해에 도달할 수 있도록 기술되는 것이 좋다. 연구자는 논문을 써 나가면서 연구대상에 대한 주관적 이해를 완성시켜 간다. 그런 의미에서 나는 글쓰기가 단지 연구결과의 마무리 작업에 머무는 것이 아니라 연구주제와 대상을 새롭게 발견하도록 하는 앎의 방법(a way of knowing)이라는 리차드슨의 말에 동의한다.

특정한 이론을 장황히 요약 설명하지 않고 나를 드러내며 다양한 형식을 실험하는 글을 쓴다는 것은 상당한 사회과학적 상상력과 창의력을 필요로 하는 작업이다. 연구자는 자유롭게 글을 쓰지만 사회과학 논문으로서의 역할도 잊지 않아야 한다. 연구자가 자신이 사용하는 질적 방법론의 인식론적 전제를 비판적으로 이해하고 실천하려 한다면 기존의 실증적 연구논문의 형식과 다른 방식으로 글을 쓰는 것은 그리 어렵지 않을 것이다. 새로운 형식의 논문이 어떤 모습을 가질 것인지 결정하는 것은 연구자의 몫이다.

실험적 글쓰기를 평가하는 기준과 관련해 리차드슨(Richardson, 2000)은 다섯 가지 기준을 제시한다. 첫째, 실질적 기여(substantive contribution)가 있는가? 즉, 우리가 사회생활을 이해하는데 논문이 실질적인 기여를 하는가? 근거가 있는 사회과학적 관점을 견지하는가? 둘째, 미적 가치(aesthetic merit)가 있는가? 즉, 대상을 해석하는 과정에서 글의 내용이 예술적이고 지루하지 않게 잘 구성돼 미적인 가치를 갖는가? 셋째, 성찰(reflexivity)이 있는가? 즉, 저자가 글을 통해 자신의 주체성을 드러내는 동시에 글쓰기의 결과로 주체성을 만들어 가는가? 넷째, 영향력(impact)이 있는가? 즉, 글이 독자에게 정서적, 지적으로 영향을 미치는가? 다섯째, 현실을 표현

있다. 하지만 이런 작업이 일정한 학술적 방법론을 내포하면서 한국사회의 양성평등 문제에 대한 깊이 있는 이해를 가능하게 해 준다면 논문으로서의 가치를 인정해야 하는 것이 아닌가하는 생각을 한다.

(expresses a reality)하는가? 즉, 글이 생생한 경험을 담고 있는가? 문화적, 사회적, 개인적 의미에서 실재를 믿을 만하게 보여주는가? 나중에 리차드슨(Richardson & St. Pierre, 2005)은 다섯 번째 기준을 첫 번째 기준과 합치면서 기준을 네 가지로 압축하지만 타당성, 신뢰성, 논리성, 참고문헌 등을 중요시하는 기존의 심사 기준과는 달리 보다 질적인 측면에서 사회과학 텍스트를 평가하려는 의도를 일관적으로 유지한다. 이 기준들과 우리 학계에서 논문심사에 사용하는 기준들을 비교해 보라. 둘 사이의 커다란 차이를 어떻게 뛰어넘을 것인가? 나는 이 질문에 대한 답을 찾는 것이 문화연구자들에게 주어진 과제 중의 하나라고 생각한다.

### 5. 에필로그

인간의 활동 중에 새로움이나 독창성의 추구를 발전의 내적 동인으로 가진 것들이 여럿 있다. 적어도 모더니즘의 시대에는 예술이 그런 활동들 중 가장 대표적인 것이었겠지만 지금은 학문이 대표의 자리를 차지한 것 같다. 사실 예술은 패러디나 패스티쉬란 이름으로 과거 것의 모방과 재활용을 창작 활동으로 합리화한지 이미 오래이지만 학문 영역의 경우 그것은 표절이란 이름으로 단죄된다. 연구 활동의 구체적이고 가시적인 성과물인 논문은 항상 이전 것과는 다른 것을 보여줘야 한다는 사실상의 강제적 규칙의 지배를 받는다. 논문이 이전에는 볼 수 없었던 완전히 다른 이론을 담고 있으면 가장 좋겠지만 이전의 이론을 그대로 사용하더라도 대상과 분석 자료 또는 해석이 다르거나 아니면 최소한 문장의 표현방식이라도 달라야 한다.

논문을 써야 하는 연구자의 수가 매년 늘어나는 것에 비례해 생산되는 논문의 양도 증가한다. 그 많은 논문들이 모두 뭔가 새로운 것을 말해야 한다는 강제적인 내적 규칙에 의해 평가받기 때문에 이제 논문은 인간과 사회 혹은 자연에 대한 이해의 폭을 넓히기 위해서라기보다는 그저 이전과는 다른 어떤 것을 말하기 위해 작성되는 경향이 있는 것처럼 보인다. 그리고 안타깝게도 많은 경우 그 다름의 차이는 매우 미미하다. 이것을 비판적인 시각에서 바라보면 많은 논문이 다른 어떤 목적보다도 단지 논문이 되기 위한 목적으로 작성된다고도 할 수 있을 것이다.

논문쓰기 관행에 대해 한국의 인문사회과학계에서 문제를 제기하기 시작한 것도 결국 너무 많은 논문 속에서 연구자들이 길을 잃어가고 있다는 두려움에서 비롯된 것일 수 있다. 많은 논문들이 이전 논문들과의 차이를 보여주기 위해 이전 논문들을 인용하고 변용하지만 그 과정에서 역설적으로 이전 논문들과의 차이는 점점 더 미미해진다. 논문쓰기에 대한 문제제기가 논문의 형식에 대한 비판에 집중돼 있는 것도 형식의 새로움을 찾는 것이 이전 논문들이 가하는 무거운 텍스트상호성(intertextuality)에서 조금은 벗어나 다름을 비교적 쉽게 가시적으로 드러낼 수 있는 수 있는 방법처럼 여겨졌기 때문일 수 있다.

논문쓰기 관행에 대한 비판자들을 포함한 많은 연구자들이 이전의 논문과는 다른 독창적인 논문을 써야 하고 그 논문의 독창성은 연구자에게서 나온다는 생각을 공유하고 있는 것처럼 보인다. 하지만 나는 그런 생각에 동의하지 않는다. 우리가 문화연구자로서 푸코(Foucault)나 쿤(Kuhn)이 말한 에피스테메나 패러다임 같은 개념들을 이해하고 텍스트상호성과 같은 개념에 기대 논문을 본다면, 그리고 우리 자신의 연구 결과물을 그것을 가능하게 한 역사적, 사회적 맥락 속에 위치시킬 수 있다면 논문의 독창성이나 연구자의 독창적 생각이란 것에 대해 조금은 비판적인 입장을 견지할 수 있을 것이다.

프랑스의 작가 엠마뉘엘 베를(Emmanuel Berl)은 어딘가에서 이렇게 말했다. “나는 내 생각을 말하기 위해 글을 쓰는 것이 아니라 내 생각을 알기 위해 글을 쓴다.”11) 나는 이 말을 논문과 관련해 다음과 같이 이해할 수 있을 것으로 본다. 연구자는 자신의 독창적 생각을 말하기 위해 논문을 쓰는 것이 아니다. 논문은 연구자가 연구대상과 만나는 작업의 결과물이며 만남을 해석하기 위해 인용되고 변용된 많은 이전의 연구결과물들을 담고 있다. 그렇기에 연구의 독창성이 있다면 그것은 연구자와 연구대상의 만남과 해석의 과정에서, 그리고 논문과 독자들의 만남과 이해의 과정에서 발견될 수 있을 것이다. 연구자는 자신의 독창적 생각을 논문으로 표현하는 것이 아니라 논문을 작성해가면서 자신의 생각을, 그리고 그 생각이 독창적인지 아닌지를 알게 된다. 문화연구의 논문처럼 사회에 대한 탐색적 연구의 결과물은 더더욱 독창성이란 것을 만남에서 찾아야 한다.

적어도 문화연구에 있어서 논문은 언어를 매개로 구성된 연구자와 연구대상의 만남이 독자에 의해 이해되는 장이다. 따라서 우화적으로 표현하자면 논문을 쓰는 것은 연구자이지만 논문을 완성시키는 것은 언어이다. 연구자와 연구대상, 독자는 논문 안에서 언어를 매개로 만난다. 연구자는 그 언어를 완전히 통제하지 못한다. 언어는 연구자 개인의 소유물이 아니라 역사적, 사회적 맥락이 만들어내는 약호이기 때문이다. 연구자는 언어를 소유하고 통제한다고

11) Je n'ecris pas pour dire ce que je pense mais pour savoir ce que je pense.

생각하지만 생각 자체를 사회적으로 존재할 수 있게 만드는 물질적 기반인 언어는 마치 자기의지를 가진 생물처럼 연구자와 대면한다. 논문을 쓰면서 연구자는 자신의 통제에서 계속 달아나는 언어가 만들어가는 생각을 자신의 생각으로 발견해간다. 그렇기에 우리는 논문을 쓰기 전의 연구자와 쓴 후의 연구자는 다른 사람이라고 말할 수 있다.

문화연구에서 논문을 쓰는 것은 생각의 결과가 아니라 생각하는 방식이며 세상을 알아가는 방식이다. 물론 연구자는 언어가 자신을 대신해 생각하는 것을 멍하니 보고만 있지는 않는다. 그는 언어를 통제하고 글쓰기를 지배하려고 노력한다. 하지만 그의 노력 자체가 이미 다른 텍스트들의 도움 없이는 불가능하다는 것을 깨닫는 순간 그는 온전하고 완성된 변하지 않는 생각의 소유자로서의 자신이 죽었음을 인정할 수밖에 없다. 논문쓰기를 통해 고정된 생각의 소유자로서의 연구자는 죽지만 또 다른 연구자가 생각의 실천자로 태어난다, 문화연구자의 글쓰기는 아마도 이 죽음과 탄생을 인정해야만 비로소 시작될 수 있을 것이다.

제4장

# 왜 나는 스파이더맨을 좋아하는가?

1. 스파이더맨과 나

2. 1970년대 말과 80년대 초의 경험들

3. 스파이더맨에 대한 호감과 관련된 여러 문제들

4. 자기민속지학에 대한 기대

제4장

# 왜 나는 스파이더맨을 좋아하는가?

## 1. 스파이더맨과 나

내 이메일 아이디는 spdm이다. 이 의미 없어 보이는 알파벳의 조합은 사실 spiderman에서 가져 온 것이다. 나는 한창 개인 홈페이지 만들기에 유행할 때는 스파이더맨 캐릭터 영상들을 이용해 디자인된 홈페이지를 운영했고 지금 이용하는 페이스북의 프로필 영상도 스파이더맨이다. 이 정도의 정보만으로 판단하더라도 내가 스파이더맨을 좋아하거나 스파이더맨에 많은 관심을 갖고 있는 것은 분명하다. 물론 집과 연구실에는 몇 개의 스파이더맨 피규어 제품들이 있고 몇 권의 만화책들도 있다. 그렇다고 해서 내가 스파이더맨 캐릭터 상품들의 열정적인 수집가이거나 스파이더맨에 대한 광적인 연구자인 것은 아니다. 하지만 내가 내 또래의 일반인들에 비해 스파이더맨에 많은 관심과 흥미를 가진 것은 사실이다. 나의 이런 취향은 현재 초등학교 저학년생인 두 아들들과도 공유되고 있다. 난 큰 아들이 두세 살 무렵일 때부터 스파이더맨 캐릭터 상품들을 사주었기 때문에 아이들은 자연스럽게 스파이더맨 캐릭터에 익숙해졌다. 그 후 스파이더맨 영화나 애니메이션 등을 보면서 아이들은 또래 아이들이 그러하듯이 캐릭터에 대한 애정을 갖게 됐다.

내 아이들이 스파이더맨만을 좋아하는 것은 아니다. 그들은 또래 친구들과 마찬가지로 미디어에 의해 소개되는 다양한 종류의 캐릭터들을 좋아한다. 나 또한 스파이더맨에만 특별히 빠져 있는 것은 아니다. 나는 스파이더맨 외에도 슈퍼맨, 배트맨 등의 슈퍼히어로 캐릭터들은 물론 마징가 제트, 그레이트 마징가, 철인 28호, 그렌다이저 등의 로봇 캐릭터들에도 애정과 관심을 갖고 있다. 그렇다면 왜 스파이더맨이 문제인가? 그것은 다른 캐릭터들과는 달리 내가 유독 스파이더맨에 대해서는 동일시의 감정을 갖기 때문이다. 나는 스파이더맨에 대한 마니아적인 관심을 가진 것은 아니다. 그럼에도 스파이더맨에 대한 나의 관심이 조금 유별나 보이는 것은 사회적 통념상 애니메이션 캐릭터를 좋아하는 것은 드러내놓고 다닐 만한 연령이나 직업을 갖고 있지 않기 때문일 것이다. 따라서 나는 종종 왜 스파이더맨을 좋아하냐는 호기심어린 질문들을 주변 사람들에게서 받는다. 그런 질문들을 받다보니 내 자신도 과연 내가 왜 스파이더맨을 좋아할까라는 의문을 품기 시작했다. 이 연구는 그런 질문과 의문에 대한 답변을 찾기 위해 시작된 것이다. 내 어린 시절 기억을 이야기로 풀어내면서 질문에 대한 답변을 찾아간다는 점에서 이것은 일종의 자기민속지학이라고 할 수 있을 것이다.

## 2. 1970년대 말과 80년대 초의 경험들

내가 스파이더맨을 좋아하는 이유를 찾기 위해 나는 내 어릴 적 경험들을 회상해 보기 시작했다. 사실 나는 스파이더맨뿐만 아니라 다른 애니메이션 캐릭터들도 좋아한다. 애니메이션을 보는 것도 아주 좋아한다. 이런 내 취향은 내가 어릴 적부터 갖고 있었던 것이다. 따라서 스파이더맨을 좋아하는 내 취향이 어디에서부터 비롯됐는지를 찾기 위해서는 내 어린 시절로 돌아갈 필요가 있다는 생각을 했다. 그런데 일기와 같은 구체적 자료 없이 단지 기억만으로 20-30년 전의 경험을 기술한다는 것은 매우 힘든 일이었다. 내 사적 경험을 공개한다는 것에서 오는 심리적 저항감에 덧붙여 정확한 날짜나 시기를 적시하며 기억을 재구성하기 어렵다는 현실적 어려움이 연구를 힘들게 했다. 긍정적이었던 것은 기억을 되살리는 과정에서 막연히 알고 있던 내 경험이 보다 명료하게 드러났다는 것이다. 내가 평소에 의식하고 있지 않았거나 애써 외면했던 과거의 경험이 드러나면서 스파이더맨에 대한 내 호감의 실체가 보다 구체적으로 드러나는 것을 느꼈다.

### 1) 만화 캐릭터들과의 접촉

미국의 슈퍼히어로들[12]이 언제 한국에 등장했는지는 알 수 없다. 1945년 해방 이후 미군이 한국에 들어오고 한국전쟁을 거치면서

12) 1938년 미국의 만화출판사인 디시 코믹스(DC Comics)의 만화잡지에 처음 등장한 슈퍼맨은 출간과 동시에 미국 어린이들 사이에서 큰 인기를 얻으며 성공을 거뒀다. 슈퍼맨의 성공에 자극받은 여러 출판사들이 곧 초인적 힘을 가진 비슷한 유형의 캐릭터들을 내세운 만화책들을 경쟁적으로 내기 시작하면서 슈퍼히어로의 전성시대가 도래했다. 다양한 슈퍼히어로들을 내세운 만화책들은 주로 어린이들에게, 때로는 성인들(제2차 세계대전 참전군인들)에게 폭발적 인기를 얻었고 1년에 수천만권이 팔리며 1950년대 초까지 소위 황금시대(Golden Age)를 구가했다.

주둔하게 되면서 그들이 보던 만화책들이 다른 물건들과 함께 시중에 유통되면서 처음으로 슈퍼히어로들의 존재를 접하게 됐을 확률이 높다. 실제로 1959년 등장해 당시 어린이들 사이에서 최고의 인기를 구가했다는 '라이파이'의 작가 김산호는 당시 미군부대에서 흘러나온 만화책들에서 본 슈퍼맨과 일본만화 아톰의 영향을 받아 '라이파이' 캐릭터를 구상했다고 증언한다. 슈퍼맨 가슴에 'S'가 있으니 라이파이 가슴에는 'ㄹ'을 그려 넣었다는 것이다[13].

나는 1968년생이고 만화책을 보기 시작한 것은 초등학교에 들어간 후이니 '라이파이'에 대한 기억은 전혀 없다. 내가 처음 만화방을 드나들기 시작한 것은 초등학교 2-3학년 경으로 기억된다. 내가 살던 곳은 전라남도 장성읍이었다. 제일 큰 길이 읍내를 가로지르는 좁은 2차선 신작로이었던 곳으로 전라남도에서도 꽤 낙후된 곳이었다. 만화방이라야 아주 작은 가게였고 검은 고무줄을 친 벽에 몇 권의 만화책이 꽂혀 있는 것이 고작이었다. 당시 아버지는 만화가 아이들에게 나쁜 영향을 미친다는 이유로 내가 만화를 보는 것을 엄하게 금지하고 있었다. 나는 항상 아버지의 눈을 피해 몰래 만화방을 드나들었고 그러다 들키면 혼 줄이 나곤 했다. 용돈을 받지 않았던 나는 만화책을 보기 위해 부모님 주머니를 뒤져 수십 원씩을 훔치곤 했으니 들키면 정말 큰일이었다. 그렇게 야단을 맞으면서도 만화책 보는 것을 그만 둘 순 없었다. 그 당시 보던 만화책에 슈퍼맨과 같은 캐릭터물이 있었는지는 기억나지 않는다.

당시 텔레비전 방송은 저녁 6시부터 시작됐는데 첫 프로그램으로 어린이를 위한 애니메이션을 하곤 했다. 즐겨봤던 애니메이션은 MBC에서 하던 '마린보이'와 '마징가 Z'였다. 내가 살던 곳에서는 KBS와 MBC만을 수신할 수 있었다. 서울지역에서 애니메이션을 많

13) http://www.damool.net/scp/board_v.asp?intno=4440&page=1&ikno=1

이 방송해 주던 TBC는 있는 줄도 몰랐고 KBS, MBC도 특정 요일에는 지역 자체 프로그램을 방송했기 때문에 많은 애니메이션들을 볼 기회가 없었다. 특히 '황금박쥐', '요괴인간' 등 당시 서울지역 어린이들이 좋아하던 애니메이션은 전혀 볼 수 없었다. 이 경험의 공백 때문에 나는 지금도 친구들과 옛날 애니메이션 이야기를 하는 경우에 대화에 낄 수 없는 어색함과 거북함을 느낀다. 이 시절 내가 좋아했던 캐릭터는 타잔이었다. 집 뜰에 있는 나무들에 매놓은 줄을 타고 "아아아" 소리를 지르며 뛰어내리곤 했다.

1977년 초등학교 4학년 2학기에 나는 서울로 전학을 갔다. 이것은 나에게 상당히 큰 문화적 충격을 줬다. 가장 큰 길이 차 두 대가 간신히 비켜나가는 신작로이고 가장 높은 건물이 2층짜리였던 곳에서 살던 내가 어느 날 갑자기 도로 위에 난 고가도로 위로 자동차가 달리는 공상과학 수준의 도시로 옮겨 간 것이다. 서울역에 내려서 그 앞에 있는 엄청나게 큰 건물[14]과 고가도로를 보며 너무나 놀랐던 기억이 아직도 남아있다.

작은 읍내에서 살다 막 상경한 어린 아이의 눈에 비친 서울은 놀라운 신세계였다. 우선 텔레비전에서 그동안 볼 수 없었던 많은 애니메이션들과 시리즈물들을 볼 수 있었다. '짱가', '그레이트마징가', '육백만불의 사나이', '독수리 오형제', '우주소년 케산'등이 이때 인기가 있던 것들이다. 또 하나는 조립식 장난감의 발견이다. 학교 앞 문방구에서는 많은 조립식 장난감들을 팔았다. 보통 프라모델이라 부르는 이것은 전에 살던 읍내에서는 접할 수 없던 것이었다. 전학을 위해 학교 선생님과 상담하기 위해 아버지를 따라 학교에 간 나는 교실에 있던 탱크 프라모델을 무척 신기한 눈으로 바라봤다. 탱크, 비행기,

14) 이 건물은 현재 서울스퀘어라고 불리는 대우빌딩이었다. 나는 한동안 이 건물이 당시 한국에서 제일 높은 건물이라던 삼일빌딩인 줄 알았다.

군인 등의 전쟁관련 조립품들과 당시 인기 있던 애니메이션 캐릭터들의 조립품들을 사서 만들고 노는 것은 정말 재미있는 일이었다. 그리고 '어깨동무', '소년중앙'과 같은 어린이잡지들과 다양한 만화책들을 접할 수 있게 된 것도 아주 즐거운 경험이었다.

애니메이션이나 만화책, 장난감에 몰두했던 것은 내가 당시 처해 있던 상황과도 무관하지 않다. 나는 부모님과 함께 온 가족이 다 서울로 이사를 온 것이 아니었다. 나 혼자 이른바 "서울 유학"을 온 것이었다. 부모님과 떨어져 서울에 올라온 나는 처음에 작은아버지 집에서 살았다. 친척집이었기 때문에 집에 있을 때와는 달리 자연히 행동은 조심스러워졌다. 게다가 사투리를 심하게 쓰는 전학 온 아이였기 때문에 친구도 없었다. 또 내가 살던 곳은 강남구 도곡동이었는데 당시 한창 개발 중이어서 계속 인구가 유입되고 있었다. 덕분에 초등학교에는 하루에도 수십 명의 전학생들이 몰려들었고 학기 중에 반을 쪼개 늘여 나가는 분반을 하고 오전반과 오후반으로 시간을 나눠 등교를 했다. 이런 어수선한 환경에서 나는 서울 생활에 적응하는데 어려움을 겪었고 결국 대부분의 시간을 혼자 방에서 책을 읽거나 장난감을 갖고 놀며 지내게 됐다. 읍내에서는 골목대장 노릇을 하며 천방지축 뛰어다니던 내가 서울에서는 꽤나 말이 없고 내성적인 아이가 된 것이다.

당시 아이들 사이에서 가장 인기 있던 것은 일본 애니메이션들이었지만 미국 애니메이션이나 시리즈물들도 큰 인기가 있었다. 미국산 슈퍼히어로들과의 만남도 이때 쯤 이뤄졌다. 슈퍼맨, 배트맨, 원더우먼, 아쿠아맨 등이 총출연한 '슈퍼특공대', '왕거미'라는 이름으로 소개된 스파이더맨 애니메이션이 방영된 것이다. 그리고 무엇보다도 영화 '슈퍼맨'이 1978년 상영됐다.

초등학교 6학년이 되면서 나는 친척집에서 나와 아버지가 구해준

집에서 외할아버지, 외할머니와 함께 살기 시작했다. 나는 더 이상 눈치를 볼 필요가 없었고 별다른 간섭을 받지 않게 됐다. 친구들도 여럿 생겼지만 여전히 집에서 조립식 장난감을 만들고 만화책을 보며 노는 것을 좋아했다. 그중에서도 특히 '마징가 Z', '그레이트마징가', '그렌다이저', '그로이저 X' 등의 일본 로봇 조립품들을 갖고 놀았다. 장난감을 들고 공상하며 휴일오후를 보내곤 했다.

초인적인 힘을 가진 캐릭터들에 대한 관심도 꾸준히 유지하고 있었다. 슈퍼맨은 여전히 가장 좋아하는 캐릭터여서 중학생이 된 후 나온 영화 '슈퍼맨2'를 본 후 너무 흥분해서 아버지에게 슈퍼맨이 우주에서 온 악당들과 도시에서 싸우는 장면을 열을 내며 설명하던 기억이 난다. 이때까지만 해도 스파이더맨에 대해서는 별다른 애착을 갖고 있지 않았다. 스파이더맨은 그냥 좋아하는 많은 만화캐릭터들 중의 하나였을 뿐이다.

스파이더맨에 대해 내가 처음으로 열광한 것은 중학교 2, 3학년 무렵에 텔레비전에서 방송한 시리즈물을 보면서였다. 당시 MBC에서 방영한 이 시리즈물은 애니메이션이 아니라 배우들이 직접 출연한 실사영화였다. 배우가 스파이더맨 복장을 입고 빌딩을 타고 오르고 뛰어올라 천정에 달라붙는 장면들이 실감나게 묘사됐다. 나는 이 시리즈물을 무척 좋아했고 실제 스파이더맨처럼 벽을 타거나 천정에 달라붙는 흉내를 내며 스파이더맨이 되는 것을 상상하곤 했다.

안타깝게도 이 시리즈물은 매우 짧은 기간 동안 방영되고 끝이 났다. 거의 같은 시기에 내가 아주 좋아했던 다른 시리즈물은 MBC에서 방영했던 '날으는 슈퍼맨, 위대한 영웅'이었다. 이것은 외계인이 준 빨간 타이즈 옷을 입고 슈퍼맨이 되는 평범한 남자의 활약을 그린 것이었다. 좌충우돌 실수 연발 슈퍼맨 캐릭터를 선보였는데 이 캐릭터를 아주 좋아해서 시장에 가 빨간색 쫄쫄이 티셔츠를 샀을 정도다. 결국 중학생 시절에도 슈퍼맨에 대한 동경은 여전했지만 나는 처음으로 스파이더맨의 매력에 빠져 들었다. 영어 학습용으로 판매되던 미국의 스파이더맨 만화책을 사 본 것도 이 때쯤이다. 연습장에 로봇 등을 그리며 낙서를 하던 내가 스파이더맨을 그리기 시작한 것도 역시 이때였다.

고등학교와 대학교 때 스파이더맨을 비롯한 슈퍼히어로들에 열중했던 기억은 없다. 그러기엔 대학입시나 학생운동과 같은 현실적 문제가 내 일상을 가득 채우고 있었다. 스파이더맨에 대한 관심이 다시 살아난 것은 1990년대에 내가 프랑스로 유학을 오면서이다. 프랑스에서는 미국의 만화책들이 번역돼 판매되고 있었다. 프랑스에는 미국과 견줄 정도는 아니지만 비교적 큰 팬덤을 형성할 정도로 슈퍼히어로 만화책 시장이 형성돼 있었다. 한국의 현실과 격리된 채 일종의 유예 공간 속에 있던 나는 시내 만화책서점에서 스파이더맨을 발견한 후 즉시 어린 시절의 추억을 되살리고 스파이더맨 캐릭터에 빠져들었다. 자주 서점에 가 만화책을 뒤적였고 엽서나 모형과 같은 캐릭터상품들을 샀다.

### 2) 스파이더맨의 수용 형태

70년대 중반부터 80년대 초반까지 아동기를 보내면서 나는 텔레비전이나 영화, 만화책 등을 통해 접한 다양한 캐릭터들을 좋아했다. 또래 아이들이 그랬듯이 타잔을 흉내 내며 나무에서 뛰어내리고 육백만불의 사나이 스티브 오스틴이 텔레비전에서 보여주듯이 문을 열 때마다 '드드드드' 소리를 내며 천천히 문고리를 돌리곤 했다. 슈퍼맨처럼 보자기를 둘러매고 팔짝 팔짝 뛰기도 하고 원더우먼처럼 팔찌를 차고 총알을 막아내는 흉내를 내기도 했다. 로켓펀치가 발사되는 로봇 장난감을 갖고 놀았다.

하지만 당시의 모든 어린이들이 동일한 경험을 한 것은 물론 아니다. 우리가 일본이나 미국에서 만들어진 캐릭터들을 만날 수 있는 가장 일반적인 수단은 바로 텔레비전이었다. 텔레비전은 1970년대 들어와 본격적으로 보급되며 1975년에 2백만대, 1980년에 6백6십만대로 급속히 보급대수가 증가했지만 텔레비전을 보유하지 못한 가구 수는 여전히 많았다. 게다가 모든 지역에서 동일한 방송을 볼 수 있었던 것도 아니다. 경제적으로 가정형편이 어려웠던 아이들이나 시골에 사는 아이들은 대도시의 중산층 아이들이 누리던 많은 것을 누리지 못하고 살았다. 나는 당시 아이들 사이에게 인기가 많았던 영화 '로보트 태권브이'를 보지 못했다. 내가 살던 곳에 극장이 없었기 때문이다. 몇 년 후에 개봉한 '로보트 태권브이와 황금날개의 대결'을 어느 날 저녁 읍내에 들어 온 천막 친 간이극장에서 가마니를 깐 바닥에 앉아 본 기억이 있을 뿐이다. 태권브이에 대한 기억이 별로 없으니 지금도 태권브이에 대한 애착이 거의 없다.

70년대 후반 어린 시절을 보낸 사람들이 흔히 공유한다고 하는 '황금박쥐', '요괴인간', '로보트 태권브이' 애니메이션에 대한 기억을 나는 갖고 있지 않다. 내가 서울로 전학 가 살지 않았다면 그 외에도 더 많은 것들에 대한 기억을 갖지 못하고 살았을 것이다. 내가 '황금박쥐' 이야기를 들을 때 느끼는 당혹감을 '그레이트마징가'나 '스파이더맨' 이야기를 들을 때 느끼는 내 또래의 사람들이 있을 것이라는 것은 확실하다. 결국 내 기억과 경험은 서울에서 70년대 말과 80년대 초에 초등학교와 중학교 생활을 한, 적어도 집에 텔레비전을 갖고 있던 아이들의 것일 뿐이다. 텔레비전 외에 다른 매체를 통해서는 그다지 접할 기회가 많지 않았던 스파이더맨을 기억하는 사람들은 더욱 한정될 수밖에 없을 것이다.

70년대와 80년대 초에 미국에서는 스파이더맨을 주인공으로 한 텔레비전 영상물로 2개의 애니메이션 시리즈와 1개의 TV시리즈가 제작됐는데 이것들은 약간의 시차를 두고 모두 국내에 수입, 방영됐다[15]. 하지만 당시 국내 방송사에서는 외화 시리즈의 모든 에피소드를 다 방영하는 일이 드물었다. 스파이더맨 시리즈도 예외는 아니어서 몇 편의 에피소드들만이 부분적으로 방영됐던 것으로 기억한다. 이것은 스파이더맨이 가진 명성에 비해 실제로 한국 내에서 스파이더맨을 접할 기회는 극히 적었다는 것을 의미한다. 간헐적으로 방영된 스파이더맨 관련 시리즈물들은 다른 수많은 애니메이션과 외화 시리즈물들 속에 섞여 단순한 볼거리의 하나로만 소비됐다. 내가 무척 좋아하던 스파이더맨 TV시리즈의 방영 기간은 너무나 짧아서 그런 시리즈물이 방영됐다는 것을 기억하는 사람조차 드물 정도다.

미국에서 수입한 스파이더맨 시리즈물이 극히 짧은 시간 방영되고 남은 긴 공백을 메워준 것은 공식 저작권 계약 없이 제작된 소위 해적판 만화와 장난감들이었다. 이것은 당시 어린이용 문화상품의 상당수가 그러했듯이 일본에서 제작된 스파이더맨 관련 상품들의 영향을 받은 것으로 생각된다. 일본에서는 1970년대에 미국 마블 코믹스와의 정식 계약을 통해 스파이더맨 만화와 TV시리즈물을 자체적으로 제작했다. 따라서 스파이더맨 캐릭터상품들도 제작, 판매되고 있었다. 일본문화상품의 수입이 금지돼 있는 상태였지만 이런 것들이 비공식적인 경로를 통해 한국에도 일부 유입됐고 해적판을 통해 변형된 만화, 사진, 장난감 등이 유통됐다. 스파이더맨의

15) 1970년대 후반쯤에 '왕거미'라는 이름으로 텔레비전에서 방영된 애니메이션은 미국에서 1967년에서 1970년까지 방영됐던 애니메이션 시리즈를 수입한 것으로 추정된다. 그리고 1980년대 초반에 TV시리즈로 잠깐 방영된 스파이더맨은 1978년과 1979년에 미국에서 방영된 TV시리즈물 'The Amazing Spider-Man'을 수입 방영한 것이다. 1981년 미국에서 방영된 또 다른 스파이더맨 애니메이션도 80년대 중반쯤에 수입 방영된 것으로 기억한다.

경우에도 내가 긴 실이 달린 팔만 움직이는 플라스틱으로 된 조잡한 프라모델을 갖고 놀았던 기억이 있는 것으로 봐 해적판 스파이더맨 파생 상품들이 있었다.

미국에서처럼 수많은 부수가 팔리는 만화책 시장을 바탕으로 스파이더맨 캐릭터에 대한 대중의 기억이 형성되고 이것이 TV나 영화, 장남감과 같은 2차적 생산물을 통해 확대 재생산되는 과정이 적어도 70-80년대의 한국에서는 전혀 일어나지 않았다. 스파이더맨 만화책은 사실상 존재하지 않았고 간헐적으로 소개된 스파이더맨 TV 시리즈물들은 수많은 다른 프로그램들 사이에서 별다른 주목을 받지 못하며 큰 의미가 부여되지 않은 채 소비됐다. 해적판으로 제작된 스파이더맨 만화책이나 장남감 등의 2차적 파생 상품들이 있긴 했지만 그것이 대중의 집단 기억에 영향을 미칠 정도는 아니었다. 이것은 '마징가 Z', '캔디', '은하철도 999' 등 수많은 일본 애니메이션들이 텔레비전, 만화책의 형태로 되풀이돼 소개되면서 인기를 끌었고 그것들에 대한 기억이 현재까지도 이어지면서 일본 애니메이션에 대한 팬덤을 형성하는데 일조하고 있는 것과는 대조되는 것이다.

마징가 Z로 대표되는 일본 애니메이션 캐릭터들에 비한다면 당시 한국에서 스파이더맨은 확실히 존재감이 크지 않은 캐릭터에 불과했다. 한국에서 스파이더맨을 포함한 미국산 슈퍼히어로들은 어린이를 대상으로 한 수많은 문화상품 캐릭터들 중의 하나로 존재했을 뿐이고 대중매체를 통한 노출빈도도 상대적으로 낮은 것이었다. 스파이더맨, 슈퍼맨 등으로 대표되는 미국산 슈퍼히어로는 그저 꾸준히 기억되는 캐릭터일 뿐이었다.

## 3. 스파이더맨에 대한 호감과 관련된 여러 문제들

나는 어릴 적 경험에 대한 기억을 토대로 내가 스파이더맨을 좋아하게 된 이유를 발견하려 시도했다. 먼저 머리에 떠오른 것은 내가 슈퍼히어로나 로봇과 같은 공상의 캐릭터를 좋아했다는 것이다. 그런 캐릭터에 대한 관심은 주로 텔레비전 프로그램의 시청에서 비롯됐다는 것을 알게 됐다. 그리고 특히 스파이더맨에 관심을 갖기 시작한 것은 중학생이 된 이후였다는 것도 발견했다. 이런 발견들을 바탕으로 내가 스파이더맨을 좋아하게 된 이유를 좀 더 체계적으로 정리해 보자.

### 1) 심리적 동일시의 문제

스파이더맨과 같은 만화 캐릭터를 좋아하는 이유를 생각할 때 가장 먼저 떠오르는 생각은 모든 어린이가, 아니 모든 사람이 그런 만화 캐릭터를 좋아한다는 것이다. 누구나 좋아한다는 말은 조금 극단적이긴 하지만 초능력을 갖고 선한 일을 하는 만화 캐릭터가 세계 각국에서 인기를 끌고 있는 것은 사실이다. 나는 슈퍼히어로 캐릭터가 사람이 바라는 어떤 보편적인 것을 건드리기 때문에 큰 인기를 끄는 것이 아닌가하는 생각이 든다. 실제로 슈퍼히어로가 상업적으로 성공한 이유를 인간이라면 누구나 갖고 있을 법한 환타지를 구현한다는 점에서 찾는 사람들이 많이 있다. 그것은 아주 단순히 이 세상에는 우리가 현재 보는 것 외에 뭔가 다른 것이 더 있을 것이라는 우리의 환타지에서 비롯된 것일 수도 있으며(Fingeroth, 2004, 29) 궁극적인 유년시절의 꿈을 그림으로 재현한 것일 수 있다(Steranko, 1970, 40).

슈퍼히어로에 대한 대중의 열광은 많은 연구자들의 관심을 끌었고 인기의 이유를 설명하려는 시도들이 있었다. 내가 보기에 텍스트 분석의 관점에서 슈퍼히어로들이 갖는 매력에 대해서는 크게 디자인의 측면과 내용의 측면에서 설명될 수 있다. 우선 사람들은 슈퍼히어로의 외형이 제공하는 미적 쾌감 때문에 슈퍼히어로를 좋아한다. 대부분 강렬한 원색으로 돼 있는 슈퍼히어로의 복장은 독자들의 시선을 끌며 복장에 새겨진 문자나 도상도 역시 시각적 관심을 불러일으키는 기능을 한다. 슈퍼히어로를 상징하는 망토[16)]도 슈퍼히어로를 시각적으로 돋보이게 만든다.

슈퍼히어로에 대한 기억은 기본적으로 어린 시절에 접한 텍스트에 의해 유지된다. 이 기억은 아주 오래 전에 좋아했던 캐릭터에 대한 파편적 기억이다. 이 기억에 영향을 미치는 것은 텍스트의 구체적 내용이 아니라 캐릭터의 단편적 이미지이다. 어린 시절 내가 슈퍼히어로를 좋아했던 것은 육체적 한계를 뛰어넘어 하늘 높이 날아오르고 싶은 환타지를 슈퍼히어로를 통해 대신 충족할 수 있었기 때문이다. 텍스트의 구체적 내용은 중요한 것이 아니었다. 그저 그들이 슈퍼히어로의 옷을 입고 하늘 높이 날아오르는 것을 보면 대만족이었다. 정말 갖고 싶었던 것은 슈퍼맨의 빨간 망토였다. 스파이더맨의 줄무늬 가면과 옷은 나를 흥분시켰다. 몸을 웅크린 채 빌딩 벽에 붙어있는 스파이더맨의 모습을 따라했다. 아이들의 경우, 영상의 내용적 측면보다는 시각적 측면에 더 열광한다는 관찰결과(전규찬, 1996)는 적어도 내 경험 상 충분히 근거가 있는 것이다.

슈퍼히어로 텍스트의 내용은 독자가 슈퍼히어로에 심리적으로 동일시하도록 유지하는 장치들을 갖고 있다. 디자인 측면에서도 중요

16) 애니메이션 "인크레더블(The Incredibles, 2004)"에 나오는 슈퍼히어로 망토에 대한 풍자에서처럼 망토는 사실 실용적인 것과는 거리가 멀다. 하지만 슈퍼히어로하면 가장 먼저 떠오르는 것이 망토이다. 망토는 초능력과 연결된 상징적 기능을 한다. 만 세 살이 된 내 아들은 슈퍼맨의 망토를 날개라고 부르며 망토가 하늘을 나는 능력을 준다고 생각한다.

한 기능을 하는 가면은 현실의 허약한 존재가 초능력을 가진 압도적 존재로 변신하는 것을 가능하게 하는 장치이다. 대부분의 슈퍼히어로가 이중신분이란 서사적 요소를 매우 중요하게 사용한다.

슈퍼히어로의 속성 중 또 하나 흥미로운 것은 가족 관계가 여러 가지 이유로 손상돼 있다는 것이다(Mahoney, 1997). 많은 슈퍼히어로들이 부모, 아내, 자식 등 가족 구성원을 잃었거나 가족과의 관계가 정상적이지 않은 상태에서 혼자 독립된 삶을 산다. 내 경우, 어릴 적부터 부모와 떨어져 살았기 때문에 이런 속성을 통해 슈퍼히어로와 동일시하기가 쉬웠다.

슈퍼히어로들이 대단히 강한 도덕률을 갖고 있지만 먼저 주도권을 갖고 문제를 해결하려 하지는 않는다는 것도 주목할 만하다. 사건을 저지르는 것은 항상 악당이고 슈퍼히어로는 그를 막는 역할을 한다. 이런 점에서 레이놀즈(Reynolds, 1992, 50-51)가 지적했듯이 슈퍼히어로는 항상 수동적이다. 그는 악당이 현 상태를 위협하고 부서뜨리기 전에는 절대 먼저 움직이지 않는다. 변화를 이끌어내는 능동적 인물은 악당이고 슈퍼히어로는 이에 맞서 현 상황 유지에 전력하는 수동적 인물인 셈이다. 이것은 독립활동을 추구하지만 현실적으로는 어른의 주도하에 수동적으로 움직일 수밖에 없는 어린 독자의 처지와 잘 연결된다.

스파이더맨은 이런 속성들을 공유하면서도 그만의 독특한 속성을 보여준다. 우선, 스파이더맨은 최초의 청소년 슈퍼히어로이다. 이전의 슈퍼히어로들은 대부분 성인이거나 성인 슈퍼히어로를 보조하는 어린이였다(Pustz, 1999). 1960년대 초반에 청소년 슈퍼히어로가 등장한 것은 만화 독자들의 연령층이 높아진 것과 관계가 있다. 1960년대 초에 청소년으로 성장한 베이비붐 세대는 영화와 팝음악 등 대중문화 전반에 청소년 스타들을 배출하기 시작하며 대중문화의 주요 소비자로 떠올랐다. 그들은 자신들의 이야기를 해줄 수 있는 슈퍼히어로를 원하고 있었다(Fingeroth, 2004, 139-154).

1962년 처음 모습을 드러낸 스파이더맨은 단순히 나이만 청소년이었던 것이 아니라 실제 청소년들이 학교와 사회에서 겪고 느끼는 고민들을 말하는 매우 "사실적인" 슈퍼히어로로 묘사됐다. 당시 청소년들 중 만화책의 주 독자층은 조용하고 내성적인 학생들이었다. 운동선수들에게 시달림을 받고 치어리더들을 선망하며 사는 이 평범한 학생들은 아주 쉽게 피터 파커(스파이더맨)와 자신을 동일시할 수 있었다(Gresh & Weinberg, 2002, 67-69).

스파이더맨에게는 자신의 정체성 문제, 여자친구나 주위사람와의 관계에 대한 고민이 끊이지 않는다. 그는 이런 고민들을 자신에게 묻는 질문과 대답, 생각을 통해 드러내놓는다. 이것은 가히 존재론적 고민이라고까지 할 정도이다. 실제로 팔럼보(Palumbo, 1983)는 스파이더맨이 존재론적 영웅의 특성을 거의 그대로 보여준다고 주장한다. 심지어 사적인 욕심을 죄의식을 통해 버리고 선을 실천하게 되는 스파이더맨의 고민에 찬 결단은 기독교 정신과 비교되기까지 한다(Richardson, 2004).

스파이더맨이 등장한 시대상황도 흥미롭다. 1960년대와 70년대는 미국 사회의 세대 간 격차가 크게 느껴지던 시기였으며 베트남전, 쿠바, 인종문제 등과 같은 주요한 사회적 이슈에 대해 미국사회의 여론이 나뉘어져 대립할 때였다. 청소년인 스파이더맨이 맞서 싸우는 악당은 모두 중년의 성인들이다. 스파이더맨이나 악당들은 모두 과학실험의 예기치 않은 결과로 초능력을 얻게 된다. 스파이더맨이 사회정의를 위해 그 능력을 발휘하기로 결심하는 반면 중년의 성인들은 자신의 사리사욕을 위해 능력을 사용하고자 한다. 잘못된 선택을 하는 윗세대에 맞서 젊은 세대가 미국의 전통적 자유주의 정신에 입각해 개인의 권리를 되찾고 합의에 이르도록 하는 것이 스파이더맨이 전하는 메시지라고 몬델로(Mondello, 1976)는 주장한다.

스파이더맨이 인기를 끄는데 기여한 이런 속성들은 내가 스파이더맨을 좋아하게 된 이유가 되기도 한다. 내가 스파이더맨을 본격적으로 좋아하게 된 것은 중학생 때이다. 어린 시절 나는 슈퍼맨을 좋아했지만 중학생이 된 이후에는 노골적으로 자신의 능력을 과시하는 슈퍼맨보다는 어두운 건물 벽에 쪼그리고 붙어 앉아 자신의 문제에 대해 끊임없이 고민하는 스파이더맨의 왜소함과 소극성에 끌렸다. 중학생일 때 내가 일종의 정신적 방황기를 거치며 자신의 정체성에 대해 가장 깊이 고민을 했었다는 것이 이런 관심에 영향을 미쳤을 것이라 생각한다.

2) 사회적·경제적 환경의 문제

보통 어린이들을 겨냥해 제작되는 만화 캐릭터들을 나이가 마흔이 된 사람이 관심을 갖고 지켜본다는 것은 일반적인 상식으로 본다면 조금은 이례적인 것인 것일 수 있다. 심리학적으로 본다면 심리적 퇴행성을 의심할 수 있다는 점에서 피터팬 신드롬을 떠올릴 수도 있다. 하지만 내가 두 아이의 아버지이자 직업인으로서의 과제를 수행하며 사회생활을 한다는 점, 다른 일은 제쳐 두고 스파이더맨 캐릭터상품들을 수집하고 집착하는 마니아가 아니라는 점에서 피터팬 신드롬을 의심할 필요는 없는 것으로 보인다. 나는 스파이더맨을 좋아하지만 스파이더맨의 열렬한 팬이나 캐릭터상품을 사 모으는 마니아는 아니다. 그저 스파이더맨 캐릭터를 좋아하기 때문에 관련 상품들이 있으면 관심을 한번 기울여 보는 성인 남성일 뿐이다. 아들들과 함께 종종 스파이더맨 만화영화나 영화를 보지만 어렸을 때 느꼈던 것과 같은 강한 재미를 갖고 몰입하며 보지는 않는다. 그 텍스트들의 서사구조가 내가 재미를 느끼기에는 이젠 조금 단순하다는 것을 깨닫기 때문이다.

인터넷 블로그들을 탐사해 보면 성인이지만 나처럼 거대로봇이나 슈퍼히어로 만화 캐릭터들에 호감을 가진 사람들은 상당히 많다. 이들은 대부분 어렸을 적 소비한 만화나 텔레비전 프로그램에 대한 좋은 기억을 바탕으로 그런 호감을 표현한다. 적극적으로 관련 상품을 수집하고 정보를 모아 만화 캐릭터 관련 정보를 제공하는 식으로 블로그를 운영하는 사람들도 많다. 이런 사람들은 최근 들어 점점 증가하는 추세에 있는 것처럼 보인다. 언론에서는 이들을 키덜트(kidult)라고 명명하고 있고 기업에서는 이들을 겨냥한 다양한 캐릭터상품들을 출시하고 있다. 수집, 전시 가치가 있는 정교한 캐릭터상품들은 상당히 고가이기 때문에 사실 경제적 능력이 없는 어린이나 청소년들이 상품을 구입한다는 것은 매우 어렵다.

개인의 기호를 능동적으로 충족시킬 사회적, 경제적 능력을 가진 성인들은 대중매체가 제공하는 슈퍼히어로 텍스트를 수동적으로 소비하는데 머무르지 않는다. 그들은 자신들이 좋아하는 캐릭터 정보를 집하고 관련 상품들을 사 모으면서 캐릭터상품의 주요한 소비자층을 형성한다. 일부는 동호회를 결성하기도 하고 나아가 코스프레 행위와 같은 행사에 참여하기도 한다. 능력이 되는 사람들은 직접 만화나 영화와 같은 캐릭터 텍스트를 생산하거나 제작하기까지 한다. 이런 성인들은 심리적 퇴행을 보여준다기보다는 취미활동의 하나로 능동적 쾌락을 추구한다고 볼 수 있다.

내가 보기에 성인이 슈퍼히어로 캐릭터를 좋아하고 그것을 표현하는 것은 개인적, 사회적으로 상당한 경제적, 문화적 자본이 축적돼 있지 없다면 불가능한 일이다. 우선 어릴 때부터 지속적으로 슈퍼히어로 텍스트를 접할 수 있어야 한다. 그러려면 다양하고 풍부한 슈퍼히어로 텍스트들이 대중매체를 통해 공급돼야 하고 그 텍스트들을 소비할 경제적 능력을 갖고 있어야 한다. 사회적으로는 만화 산업이나 방송영상 산업의 하부구조가 구축돼 있어야 하고 개인적으로는 만화책이나 잡지를 사고 영화와 텔레비전을 시청할 경제적 자본을 소유하고 있어야 한다.

어린 시절 나는 작은 읍내에서 살았다. 당시는 텔레비전을 갖고 있지 않는 가정이 많았다. 다행히도 우리 집은 텔레비전을 소유할 정도의 경제적 능력이 있었다. 덕분에 잦은 정전에도 불구하고 주요한 만화영화들을 시청할 수 있었다. 하지만 지방의 작은 읍내가 가진 지역적 특성 상 서울에 사는 또래들과 동일한 시청 경험을 할 수는 없었다. 황금박쥐와 같은 중요한 만화 캐릭터에 대한 기억을 동년배와 공유할 수 없었다. 영화관이 없었기 때문에  태권브이에 대한 기억도 공유하지 못했다.

내가 계속해서 작은 읍내에서 성장하고 사회생활을 했다면 황금박쥐나 태권브이에 대한 기억의 부재는 중요한 공백으로 느껴지지 않았을 것이다. 친구들이 모두 비슷한 경험을 했을 것이기 때문이다. 그리고 아마 만화 캐릭터에 대한 관심을 이처럼 유지하지도 않았을 것이다. 하지만 나는 초등학교 4학년 때 서울로 전학을 왔고 읍내에 남은 친구들과는 다른 경험을 하게 됐다. 결국 읍내의 친구들과도, 서울의 친구들과도 부분적인 기억들만을 공유하게 된 셈이다.

상층계급을 향한 계급상승을 노리던 중산층이 모여 살던 서울 강남에서의 생활은 내가 슈퍼히어로 캐릭터를 유희와 미적 대상이라는 측면에서 받아들이고 성인이 돼서도 캐릭터상품에 관심을 갖는 데 영향을 미쳤다. 중학교 때 아주 친했던 친구들 중의 한명은 압구정동 현대아파트에 살고 있었다. 그의 아버지는 항공기 조종사였는데 그의 집에 가면 아버지가 일본에서 사다 준 다양한 캐릭터 관련 상품들을 갖고 놀 수 있었고 일본서적들도 접할 수 있었다. 그때나 지금이나 일본의 캐릭터상품은 종류가 많고 질이 좋기로 유명하다. 일본 문화상품을 직접 접하기가 쉽지 않았던 당시 그런 상품들은 아이들에게 선망의 대상이었다. 화려한 색과 유려한 형태를 지닌 그것들은 멋지고 아름다운 물건들이었다. 그런 문화상품들을 계속 접하면서 나는 캐릭터상품과 관련된 일정한 미적 취향을 갖게 됐음을 부정할 수 없다.

지금 내가 간혹 집에서 만화영화를 보거나 캐릭터 모델을 만지고 있는 것을 부모님이 보면 부모님은 "네가 아직 철이 들지 않았구나"라고 말한다. 부모님이 보기에 만화 캐릭터와 관련된 모든 것은 어린이의 영역에 속하는 것이다. 만화 캐릭터에 대한 기억을 별로 갖고 있지 않은 60대의 부모님 입장에서 그것은 당연한 평가이다. 하지만 어린 시절 텔레비전을 통해 접한 만화 캐릭터를 좋아한 기억을 가진 사람이라면 자신의 기억 속의 캐릭터가 아름다운 모습으로 재현된 것을 볼 때 느끼는 즐거움을 이해할 수 있을 것이다. 내 아버지가 세 살 된 내 아들과 놀아주면서 장난감 로봇이나 공룡을 들고 "쾅 슈욱" 소리를 내며 싸우는 시늉을 하는 것을 볼 때 사람은 나이가 든다하더라도 어린이의 유희적 감성을 여전히 간직할 수 있다는 생각이 든다. 그 유희의 감성이 캐릭터상품의 구매, 수집과 같은 미적 취향의 실천으로 이어지기 위해서는 사회적, 경제적 조건들이 개입한다.

지방의 작은 읍내와 서울 사이의 문화적 환경 차이의 경험, 텔레비전, 프라모델, 만화책 등을 향유할 수 있었던 경제력, 외국 유학을 통한 슈퍼히어로 텍스트 재발견의 기회 등 다양한 경제적, 사회적 조건들 속에서의 내 경험이 결국 특정한 취향을 발전시켰다고 볼 수 있다. 그런 점에서 내가 스파이더맨을 좋아하는 것은 부르디외(Bourdieu, 1979)가 지적하듯 계급적 아비투스의 결과일 수 있다. 이와 관련해 얼마 전에 거의 10년 만에 만난 한 친구가 나를 보고 전형적인 서울 강남에서 자란 아이의 이미지를 갖고 있다고 말한 것은 주목할 만하다. 이 말을 듣고 나는 깜짝 놀랐다. 사실 나는 10살 이후 10년 이상을 서울 강남에서 살았지만 읍내 생활에 대한 기억 때문에 내 자신을 서울 강남의 아이로 완전히 인정하지 않고 있었기 때문이다. 오히려 강남에서 자란 아이들이 갖는 특유의 분위기를 싫어하는 편이었고 그것을 떨치고 싶어 했다. 그 친구는 나도 모르게 내 몸에 밴 아비투스를 간파했을까? 내 기억을 재구성하면서 발견한 것은 내가 스파이더맨을 좋아하고 간혹 캐릭터상품을 구입하는 행위와 서울 강남에서 중산층으로 살면서 겪은 내 경험 사이에는 일정한 상관관계가 있다는 것이다. 내가 경험했거나 경험하고 있는 사회적, 경제적 환경은 만화 캐릭터와 관련해 내가 특정한 미적 취향을 갖는데 일조한 것으로 보인다.

### 3) 이데올로기 개입의 문제

슈퍼히어로 텍스트는 인종, 성, 국가와 관련된 편견을 확대 재생산한다는 지적을 많이 받는다. 봉코(Bongco, 2000, 118)는 슈퍼히어로는 자신을 통제할 줄 아는 선의를 가진 백인성인남성이라고 한다. 슈퍼히어로들에게서 공통적으로 발견되는 덕목은 양심(도덕), 초인적 힘, 경제적 독립이다. 이것은 슈퍼히어로의 덕목인 동시에 성인남성들에게 요구되는 덕목이다. 슈퍼히어로 텍스트에서 여성은 슈퍼히어로와 미묘한 감정적 관계를 유지한다. 봉코에 따르면, 슈퍼히어로 만화에서 여성과의 관계가 모호하게 표현되는 것은 주 독자층이 청소년남성이기 때문이다. 실제로 청소년남성들은 일반적으로 여성과의 관계를 능숙하게 관리하지 못하는 모습을 보여준다. 슈퍼히어로의 남성성이 강조되는 것도 청소년이 아직 충분한 남성적 힘과 능력을 갖추고 있지 않기 때문이다.

여성의 입장에서 본다면 세계를 구하고 악을 물리치는 슈퍼히어로가 모두 남성이고 여성은 그저 부수적인 사랑의 대상이자 위기에 빠져 도움을 요청하는 힘없는 존재로 표상되는 것은 큰 문제이다. 그런 텍스트들을 보고 자라는 여자아이들은 결국 여성으로서의 자신의 정체성을 남성의 시각에서 갖게 되는 것은 아닐까? 게다가 백인 여자아이들은 비록 그 수가 많지 않기는 하지만 원더우먼과 같은, 페미니즘의 시각에서 만들어진 여성 슈퍼히어로들을 접할 기회라도 있지만(Robinson, 2004) 백인이 아닌 다른 인종의 여자아이들은 성과 인종이라는 두 가지 핸디캡을 갖고 슈퍼히어로를 보는 것은 아닌가?

인종차별의 희생자였기 때문에 인종 문제에 특히 민감한 흑인들은 백인 슈퍼히어로와 흑인 독자의 관계에 대해 일찍부터 문제를 제기해 왔다. 슈퍼맨을 흉내 내며 자라는 흑인 독자에게는 정체성과 관련된 어떤 문제가 생길 것인가? 아들을 데리고 만화책 가게에 온 흑인 여성은 이런 말을 한다. "아이가 때로는 자신의 피부색과 같은 슈퍼히어로 만화를 읽는 것이 중요하다고 생각해요." 아이콘(Icon)과 같은 흑인 슈퍼히어로 흉내를 내기 때문에 "이제 내 아이가 슈퍼맨이나 배트맨 또는 다른 백인 슈퍼히어로인척 하지 않아서 좋아요."(Brown, 2001, XV). 하지만 슈퍼히어로가 흑인이라고 해도 문제는 여전히 존재할 수 있다. 여전히 백인의 시각에서 피부색에 대한 편견이 슈퍼히어로 텍스트를 통해 재생산되고 결국 흑인은 백인의 눈으로 자신을 바라볼 수밖에 없게 될지도 모르기 때문이다(Singer, 2002).

어린이와 청소년이 슈퍼히어로를 보면서 자신의 정체성을 만들어 간다면 인종과 성에 관련된 문제는 매우 심각한 것일 수 있다. 백인 슈퍼히어로를 좋아하며 성장한 나는 어떤가? 나는 과연 백인남성에 대한 무의식적인 동경심을 갖게 됐나? 이것은 대답하기 어려운 질문이다. 내 무의식을 내 스스로 알아내기는 어렵기 때문이다. 하지만 적어도 의식의 측면에서 나는 백인 슈퍼히어로와 나를 동일시하며 백인남성을 동경한 적은 없다. 정확히 말하자면 나는 슈퍼히어로의 인종적 특성을 의식해 본 적이 없다. 슈퍼히어로가 이미 인간의 영역을 벗어난 존재이기 때문에 인종적 특성은 텍스트 수용 과정에서 중요한 요소가 아닐 수 있다. 예를 들어 흑인 슈퍼히어로가 나오는 영화 '블레이드(Blade)'를 볼 때 나는 그의 피부색에 영향을 받지 않고 동일시한다. 내가 어릴 적 좋아했던 '마이티 마우스'(슈퍼맨과 같은 초능력을 가진 쥐)도 그것이 쥐라는 사실이 전혀 동일시에 문제를 일으키지 않았다. 그렇다고 내가 실제 쥐를 좋아하게 된 것도 물론 아니다. 나는 쥐가 귀엽거나 예쁘다고 생각해 본 적이 없다.

주체의 능동성을 강조하는 입장에서 본다면 슈퍼히어로 텍스트를 통한 인종, 성과 관련된 표상에 대한 염려는 지나친 것일 수 있다. 슈퍼히어로 텍스트의 해석은 장르의 관습적 요소들, 텍스트상호적 간섭들, 생산자와 수용자 사이의 상호작용 등 다양한 요소들이 개입하는 복잡한 과정이다. 게다가 슈퍼히어로 텍스트는 상상력과 판타지가 많이 개입하는 분야이다(Brown, 2001, 189-201). 상상에는 경계가 없다. 상상 속에서 인종, 성, 국가와 같은 현실의 장벽은 큰 문제가 되지 않을 수 있다. 현실의 억압 때문에 상상력을 제대로 발휘하지 못하는 것이 문제이지 상상력에 호소하는 텍스트가 문제인 것은 아니라고 생각한다.

여자아이들의 경우, 사회적 학습의 결과로 슈퍼히어로 텍스트에 열중하는 여자아이들의 수가 매우 적고 슈퍼히어로가 되기보다는 슈퍼히어로의 사랑을 받는 여주인공이 되려는 경향이 많다. 하지만 그러한 경향조차도 학습 조건을 조금만 바꿔주면 아주 다르게 변할 수 있다(Marsh, 2000). 여자아이들도 얼마든지 슈퍼히어로와 자신을 통일시하면서 악당을 물리치고 사건을 해결하는 영웅이 되고자 한다. 내가 원더우먼 팔찌로 총알을 막는 것을 흉내 냈듯이 여자아이들도 슈퍼맨의 힘이나 배트맨의 무기를 여성 슈퍼히어로의 것으로 응용해 놀이할 수 있는 것이다.

인종, 성과 관련된 문제 외에도 슈퍼히어로가 그를 만들어낸 미국사회의 가치를 반영하는 "소리 없는 프로파간다"로 기능하기 때문에 슈퍼히어로를 무비판적으로 받아들이는 것은 소위 "정신의 미국화"로도 이어질 수 있다는 지적이 나올 수 있다. 내가 대학 다닐 때 유행하던 문화제국주의론이 제시한 암담한 상황이 슈퍼히어로 텍스트의 수용에 적용될 수 있다. 화면 전체를 뒤덮으며 펄럭이는 미국 국기를 스파이더맨 영화에서 보는 것은 미국인이 아닌 사람들에게 확실히 언짢은 일이다.

사실 미국의 슈퍼히어로 텍스트는 다른 어떤 문화상품보다도 노골적으로 미국의 국가주의를 드러낸다. 하지만 그것이 노골적인 만큼 그것을 경계하고 비판하는 사람도 많다. 물론 텍스트를 수용한 직후의 즉각적인 반응은 문화상품 안에 내재된 메시지에 의해 영향을 받을 수 있다(이오현, 2002; 최민재, 2004). 하지만 다른 나라의 문화상품을 수용하는 과정에 대한 몇몇 연구들에 따르면 수용자는 비판적 거리를 두면서 다른 가치가 내재된 문화상품들을 받아들일 능력을 갖고 있다(이수연, 1995; 윤경원, 나미수, 2005). 나는 스파이더맨 영화를 보면서 미국의 패권을 인정하고 우월성을 받아들이는 사람을 본적은 없다. 오히려 노골적인 미국 찬양에 반감을 품는 사람들을 많이 봤다.

어린 시절 나는 스파이더맨을 이데올로기의 관점에서 이해할 기회가 별로 없었다. 내게 있어서 스파이더맨은 미국의 영웅이 된 백인남성이 아니라 그저 스파이더맨이었다. 미국에서 만든 스파이더맨이나 일본에서 만든 스파이더맨이나 나에겐 어떤 차이도 없었다. 성인이 된 나는 스파이더맨 이야기 속의 성, 인종, 국가와 관련된 이데올로기적 요소들을 발견할 수 있는 능력을 갖췄지만 여전히 스파이더맨 영화의 개봉을 기다렸고 재미있게 봤다. 그것은 아마도 고든(Gordon, 2001)의 주장대로 과거에 봤던 슈퍼히어로 텍스트들에 대한 기억이 노스탤지어가 돼 새로운 슈퍼히어로 영화들을 소비하는 쾌락을 만들어냈기 때문인지도 모른다. 그러나 그것은 미국인들처럼 원작만화에 대한 기억과 비교해가며 얻는 쾌락이 아니라 어린 시절의 환타지가 만들어낸 모호한 이미지를 떠올리며 추억에 젖는 쾌락일 것이다. 성인이 돼 갖게 된 보다 정교한 미적 판단능력과 비판능력이 영화가 제공하는 시각적 스펙터클을 그 자체로 즐겁게 받아들이는 것을 조금 방해했지만 말이다.

### 4. 자기민속지학에 대한 기대

처음 나는 내가 왜 스파이더맨을 좋아하는지에 대해 알고자 했다. 어린 시절의 기억을 재구성하고 관련 자료들을 찾으면서 나는 최초의 질문에 대해 답하려고 노력했다. 하지만 나는 처음 제시한 질문 자체가 잘못된 것이었다는 것을 나중에야 깨달았다. "왜 나는 스파이더맨을 좋아하는가?"가 아니라 "어떻게 나는 스파이더맨을 좋아하게 됐는가?"라는 질문이 제시됐어야 했다. 자기민속지학은 인과관계를 밝히는데 적합한 방법론이 아니다. 그것은 경험을 기술하고 그것으로부터 독자의 동의를 구하는 방법이다. "왜?"라는 질문으로부터 연구를 출발한 것 자체가 아직 내가 전통적인 사회과학의 사고틀에서 벗어나지 못했다는 것을 보여준다.

나의 어린 시절과 지금의 경험을 사회과학적 이해의 대상으로 삼는 것은 자기민속지학에 속하는 작업이라고 할 수 있다. 자기민속지학은 개인의 경험을 기술하면서 문제를 보다 구체적이고 생생하게 드러냄으로써 문제에 대한 이해를 독자와 공유하는 것을 추구한다. 개인의 경험이 풍부하고 미적으로 흥미를 일으킬 수 있는 방식으로 기술될 때 독자를 정서적, 지적으로 자극하고 나아가 사회현상에 대한 이해를 돕게 된다. 이 글은 30년이 넘은 과거의 파편적 기억들을 토대로 작성됐기 때문에 경험을 생생하고 깊이 있게 재구성하는 데는 한계를 갖고 있다고 평가될 수 있다. 내가 가진 기억의 불완전함과 불충분함 때문에 내 스스로도 기억을 재구성해 내는데 적지 않은 어려움을 겪었다.

글을 쓰는 동안 나는 기억을 재구성하면서 1970년대 말 지방의 낙후된 작은 읍내에서 한창 개발 중에 있던 서울의 강남으로, 부모님과 살던 집에서 친척집에서의 더부살이로 옮겨가면서 급격한 환경변화를 겪은 경험과 한국은 물론 외국 미디어와의 접촉이 가능했던 도시 중산층의 생활이 스파이더맨 캐릭터를 좋아하는 취향을 만들어줬을 가능성을 발견했다. 그리고 텍스트가 가진 이데올로기의 영향이 그리 크지 않을 것이라는 생각에 도달했다. 이 연구의 결과를 바탕으로 나와 비슷한 환경에서 성장한 다른 사람들도 비슷한 취향을 가질 것이며 외국 텍스트의 수용이 갖는 이데올로기 문제가 그리 심각하지 않다는 일반화된 결론에 도달하기는 어렵다.

연구결과의 명증함과 일정한 일반화를 요구하는 사회과학의 입장에서 본다면 이런 점들은 자기민속지학의 약점이 된다. 인과관계가 밝혀지는 결과를 요구하는 양적 연구자나 사회현상의 정치문화적인 함의를 밝혀내는 묵직한 결과를 원하는 질적 연구자가 보기에 개인적 경험을 나열하고 마는 자기민속지학 텍스트는 수박겉핥기처럼 보일 수 있다. 하지만 전통적인 사회과학의 관점에서 벗어나 좀 더 유연한 사고를 한다면 자기민속지학을 상당히 흥미로운 것으로 받아들일 수 있을 것이다. 자기민속지학은 우선 연구자의 자기성찰이라는 사회과학의 기본적 자세를 실천할 수 있는 계기를 마련해준다. 우리는 자신의 경험을 기술한 글을 통해 자신의 주체성을 드러낸다. 동시에 그것은 주체성을 발견하고 형성하는 기회이다. 이것은 일종의 치료 효과를 가져 올 수도 있다. 남을 분석하고 사회 문제를 발견하고 해결책을 제시해야만 하던 연구자가 처음으로 사회 문제를 자신의 것으로 발견하는 기회를 갖게 되기 때문이다. 실제로 내가 기억을 되살리며 글을 쓰는 도중 느낀 것은 내가 글을 쓰는 것이 아니라 글이 나를 쓰고 있다는 것이다. 내가 막연히 생각할 때는 전혀 기억하지 못하던 것을 글을 쓰면서 다시 기억할 수 있었고 내가 모르던 나의 모습을 발견했다. 이 글이 없었다면 아마 이 글 속에 나타난 나의 모습도 없었을 것이다.

자기민속지학은 사실 사회과학 연구자만 사용할 수 있는 배타적 연구방법이 아니다. 이것은 오히려 누구나 자신의 삶과 문화를 이해하고자 할 때 사용할 수 있는 방법이다. 그래서 자기민속지학은 사회를 관찰, 분석해 진리를 발견해내는 연구자와 그렇지 못한 일반인 사이를 나누는 분할선 자체를 부정하는 것이라고 할 수 있다. "사회과학 저널의 페이지들에 있는 분석과 이론작업은 의식적이거나 무의식적으로 세상을 빛을 보는 사람들과 어둠에 갇혀 있는 사람들로 나누는 전문가 엘리트계급의 영역이다. 자기민속지학(autoethnography)은 위계와 분할을 조장하는 글쓰기 관습들을 잘라내는 일을 돕는다"(Ellis & Bochner, 2006, 436). 기자나 PD가 신문사, 방송국 내에서 자신이 경험하고 있는 것을 자기민속지학을 통해 다룬다거나 교수가 자신의 경험을 통해 학회 내의 커뮤니케이션 문제를 다룬다거나 학생이 직접 블로그를 운영하고 댓글을 단 경험을 기술하며 인터넷 문화를 다룬다고 생각해보라. 교수나 연구자라는 전문가 딱지를 붙인 사람들만이 아니라 모든 사람들이 자신의 삶을 기술하면서 사회와 문화에 대한 깨달음을 얻는 것, 이것이 바로 진정한 의미의 사회학이 아닐까?

제5장

# 우리는 한복 입은 여성인가?

1. 기호학의 문제
2. 도상해석학과 기호학의 주관성
3. 직관적 앎을 고려한 영상 해석 방법
4. 한국 홍보포스터에 대한 해석
5. 나의 직관적 앎과 이데올로기의 문제

제5장

# 우리는 한복 입은 여성인가?

## 1. 기호학의 문제

나는 대학을 졸업한 후 프랑스로 유학을 갔다. 보통 미국으로 유학을 가는 경우가 많았지만 나는 미국에는 가고 싶지 않았다. 당시 나는 한국이 미국의 사실상 식민지라고 간주될 정도로 여러 분야에서 종속이 심하다고 생각하고 있었는데 학문분야도 예외는 아니라고 판단하고 있었다. 어린 마음에 그런 미국으로 공부를 하는 것은 왠지 영혼을 팔러가는 것 같아 거부감이 들었다. 결국 유럽이 대안으로 떠올랐는데 나는 영상에 많은 관심을 갖고 있었기 때문에 왠지 영상 분야의 연구가 발달한 것 같았던 프랑스를 선택했다.

내가 영상에 관심을 갖게 된 것은 어릴 때부터 미술이나 만화, 영화에 관심이 많았기 때문이다. 그림이나 만화를 그리는 것을 좋아했고 잠깐이나마 미대에 진학하는 것을 희망하기도 했다. 또 중학교 때 아버지가 사 준 자동카메라로 사진을 찍으면서 사진촬영을 좋아하게 됐다. 결국 대학에 들어가자 나는 사진 동아리에 가입을 했다. 사진

동아리에서 활동하던 학생들은 소위 말하는 '예술사진'에 관심을 갖고 있었다. 동아리 방에서 정기적으로 열린 사진품평회 시간에 학생들은 각자 찍은 아름다운 풍경이나 사물들의 사진을 보면서 빛이나 구도 등을 논하고 아름다움에 대해 말했다. 나는 그런 말들이 너무 추상적이고 관념적이라 느꼈다. 내가 대학을 다니던 80년대는 독재 하에서 현실의 문제에 대한 학생들의 고민과 저항의식이 치열하던 시기였기 때문에 나는 사진동아리 학생들의 말들이 완전히 현실과 유리된 것이라고 생각한 것이다. 당시 유행하던 표현에 따르자면 지나치게 '부르주아적'인 사진동아리의 활동에 적응하기 힘들었던 나는 동아리 활동을 점차 게을리 하기 시작했다. 1학년을 마칠 무렵 동아리 선배 중 한 명이 나에게 대학신문 사진기자를 해 볼 것을 권유했다. 별다른 성과 없이 대학 1년을 보내면서 내 자신의 무기력함에 대해 심각히 고민하던 나는 당시 상황의 출구가 되길 기대하며 그 제안을 받아들였고 대학신문에 들어갔다.

대학신문 사진기자로서 나는 당시의 치열한 학생운동 현장에 항상 있을 수밖에 없었다. 나에게 사진을 가르쳐 준 신문사의 선배와 함께 일을 하면서 나는 사진을 현실에 참여하는 문화운동의 하나로서 이해하기 시작했고 기존 학교 사진동아리의 '부르주아스러움'에 맞서 현실 참여적 사진을 지향하는 대안적 사진동아리, '선언'을 만드는데 참가했다. 80년대 후반의 한국사회에서는 사진, 영화, 노래, 미술패들을 중심으로 한 문화운동이 활발하게 일어나고 있었다. 사진의 경우에도 '사회사진연구소', '사진통신' 등의 사진패들이 생겼다. 나는 '사진통신'에서 대학을 졸업할 때까지 활동을 했다. 대학을 졸업한 후 난 프랑스 유학을 결심했다. 사진을 포함한 영상 일반에 대한 이론적 공부를 하고 싶었기 때문이다.

프랑스에서 영상이 사회적으로 어떻게 생산되고 어떤 의미를 갖고 유통되며 어떤 효과를 갖는지에 대한 연구를 하는 과정에서 나는 기호학을 중요한 연구방법으로 택하게 됐다. 나는 상당한 시간을 할애해 기호학 공부를 했다. 특히 기호학을 이용해 영상을 분석하는 부분에 집중해 공부를 했다. 프랑스의 기호학은 구조주의 기호학이 주류를 이루고 있었다. 특히 바르트의 경우에는 내가 관심을 가진 사진과 관련된 중요한 연구들을 남겼기 때문에 나는 매우 큰 흥미를 갖고 구조주의 기호학에 빠져들었다. 구조주의 기호학은 과학의 객관성을 표방한다. 텍스트에 대한 주관적인 인상비평이 아니라 텍스트를 구성하는 요소들 사이의 관계를 밝힘으로써 숨겨진 의미를 드러내 보이는 객관적 분석을 표방한 것이다. 이 과정에서 기호학자는 기호의 구성과 작용을 꿰뚫어 보는 전지적 분석자로서 군림한다. 그는 기호를 사용하는 사람들 자신은 결코 알지 못하는 것을 홀로 깨닫고서 무지한 대중에게 그 의미를 폭로하는 선지자의 역할을 자처한다.

하지만 나는 기호학에 대한 공부를 해나갈수록 기호학자가 밝혀내는 텍스트의 의미라는 것이 텍스트의 구조가 필연적으로 은폐하고 있을 수밖에 없는 의미라기보다는 기호학자의 주관적 해석의 결과물에 더 가깝지 않은가하는 생각이 점점 더 강하게 드는 것을 피할 수 없었다. 만일 그렇다면 기호학자의 역할은 숨겨진 의미를 폭로하는 것이 아니라 그런 의미를 폭로하는 과정에 기호학자의 주관성이 어떻게 개입하는지를 밝히는 것이 돼야 하지 않을까? 이것은 기호학자도 결국 다른 일반인들과 마찬가지로 텍스트의 의미를 구성하는데 참여하는 한 명의 사회구성원에 불과하다는 것을 인정해야만 가능해진다.

## 2. 도상해석학과 기호학의 주관성

### 1) 도상해석학의 개요

도상해석하과 기호학에 대한 내 생각을 말하기 전에 먼저 도상해석학의 기본 개념들에 대한 간단한 소개를 해야 할 필요가 있을 것 같다. 도상해석학에 대한 파노프스키의 생각을 압축해서 보여주는 글로 평가받는 '도상해석학 연구(2001)'의 서문에서 파노프스키는 도상해석학 방법을 다음과 같이 정리하고 있다. 그는 미술작품이 갖는 의미를 크게 세 개로 구분한다. 일차적(자연적) 의미, 이차적(관습적) 의미, 본래(내재적) 의미가 그것이다. 자연적 의미와 관습적 의미가 현상적인 것이라면 내재적 의미는 본질적인 것이다.

먼저 일차적 의미, 자연적 의미 또는 재현적 의미를 파악하는 것은 우리의 일상적인 시지각 활동과 연관돼 있다. 미술작품에 나타난 형태들을 식별해 내는 작업이 바로 이 일차적 의미를 파악하는 작업이다. 일반적으로 일차적 의미는 관객의 일상적 경험으로부터 축적된 지식에 근거해 파악된다. 파노프스키는 미술작품에 등장한 요소들의 형태를 파악하고 양식사적 지식의 도움을 받아 그 형태들이 일차적으로 지시하는 것이 무엇인지를 알고 그 요소들의 의미를 열거하는 것을 전-도상학적(pre-iconographical) 기술이라고 했다.

다음, 이차적 의미는 미술작품이 생산되고 유통되는 사회에서 반복해 사용되면서 축적된 관습에 대한 지식을 바탕으로 파악되는 의미이다. 그래서 관습적 의미라고도 한다. 이차적 의미는 재현된 형상이 나타내는 특정한 자세나 특정한 물건이 어떤 이야기나 우화 등에 등장하는 특정한 인물이나 사물, 사건을 지시한다는 것을 파악하는 작업과 관련돼 있다. 이차적 의미를 파악하기 위해서는 미술작품 안에서 반복해서 생산되는 형상들의 유형에 대한 지식이 있어야 한다. 미술작품에서 나타나는 유형을 파악하고 분류하는 것을 도상학적 분석이라고 한다.

마지막으로 본래 의미는 어떤 시대나 사회, 계급, 종교, 철학 등이 갖고 있는 기본 이념과 관계가 있는 것이다. 이것은 미술작품이 가진 내재적 의미이며 본질적 의미이다. 또 이데올로기적 의미라고도 볼 수 있다. 미술작품의 본래 의미를 파악한다는 것은 미술작품을 이야기나 우화의 사건이나 인물을 재현하는 것으로만 보지 않고 미술작품이 생산된 시대나 사회의 다양한 가치나 이념들을 드러내는 것으로 본다는 것이다. 따라서 미술작품의 본래 의미를 파악하기 위해서는 도상학적 분석 외에도 미술작품이 갖고 있는 상징 가치에 주목해야 한다.

파노프스키는 상징 가치를 발견함으로써 본래 의미를 밝히기 위해서는 우선적으로 종합직관(synthetic intuition)이라고 부를 수 있는 연구자의 정신적 자질이 필요하다고 본다. 종합직관에 의한 해석을 수정하고 검증하기 위해서는 문화적 징후 또는 상징의 역사라고 부를 수 있는 것에 대한 지식이 필요하다. 이 지식은 미술작품과 연결된 문학, 철학, 종교, 사회, 정치에 대한 다양한 텍스트들과 상황에 대한 연구를 통해 얻어진다. 이처럼 작품이 갖는 본질적 의미를 발견하는 것을 도상해석학적 해석이라고 한다.

### 2) 해석자의 주관성 문제: 바르트의 기호학과 도상해석학

도상해석학이란 용어는 미술 분야에서만 특수하게 논의돼 왔기 때문에 이것을 미술작품이 아닌 정보나 오락을 위한 영상물에 적용하는 것에 대한 반사적인 거부감이 있을 수 있다. 하지만 조금 더 면밀히 살펴보면 도상해석학이란 방법 자체가 현대 영상물의 분석에 자주 사용되는 기호학 방법과 그리 다르지 않다는 것을 알 수 있다. 실제로 파노프스키는 "미술사의 소쉬르"라고 불릴 정도로 기호학 연구의 선구자로 간주되기도 하며 그가 사용한 개념들과 기호학 개념 사이의 유사성이 거론되기도 한다(Hasenmueller, 1978).

나는 여기에서 파노프스키가 구분한 도상해석학의 세 단계를 바르트(Barthes)가 초기에 제시한 기호 의미작용의 세 층위와 비교하고자 한다. 바르트는 신화의 개념을 설명하면서 신화의 기호학적 의미작용(signification)을 세 층위로 정리한다(Barthes, 1957, 195-202). 의미작용의 첫 번째 층위는 일차적인 기표와 기의의 관계로 구성된 것이다. 예를 들어 프랑스 국기에 경례하는 흑인병사의 사진은 프랑스 국기에 경례하는 흑인병사를 보여주는 것, 혹은 지시하는(denote) 것이다. 두 번째 층위는 첫 번째 의미작용을 갖는 기호가 기표로 기능하면서 그 기호가 사용되는 상황에 맞는 기의와 연결되는 것이다. 이때 기의는 함축된(connoté) 것이다. 흑인병사의 사진은 프랑스에 충성하는 군인이라는 기의와 연결된다. 세 번째 층위는 두 번째 층위의 기표와 기의가 하나의 기호로 연결됨으로써 발생한다. 이것을 바르트는 신화라고 한다. 흑인병사의 사진은 프랑스는 위대한 제국이며 프랑스의 청년들은 인종 차별 없이 제국을 위해 충성을 바친다는 신화를 갖는다. 이것을 도식화하자면 〈표 1〉과 같다.

〈표 1〉 신화의 의미작용에 관련된 기호학적 체계

<table>
<tr><td>기표</td><td>기의</td><td></td></tr>
<tr><td colspan="2">기표</td><td>기의</td></tr>
<tr><td colspan="3">기호</td></tr>
</table>

바르트의 신화 분석에서 첫 번째 층위와 두 번째 층위의 기의들이 파노프스키의 도상해석학에서의 자연적 의미와 관습적 의미에

각각 비교된다면 세 번째 층위의 의미작용, 즉 신화는 내재적(본래) 의미에 비교될 수 있다. 바르트가 생각한 신화는 도상해석학적 해석을 통해 얻게 되는 내재적 의미와 유사한 점이 있다. 우선 신화는 기호가 전달하는 문화적 의미라고 할 수 있다. 바르트는 이 신화를 부르주아 사회의 지배 이데올로기를 정당하고 자연스러운 것으로 만드는 의미작용이라고 주장했다. 파노프스키에게 있어서 내재적 의미는 작품이 생산된 사회가 갖고 있던 시대정신이며 이데올로기이다.

바르트의 기호학과 파노프스키의 도상해석학을 비교하면서 내가 특히 주목한 것은 신화와 내재적 의미가 모두 기호나 미술작품을 보는 개인의 주관적 해석에서 비롯된다는 것이다. 바르트는 신화의 특성 중 하나로 바로 나를 불러 세우는(interpellatoire) 속성을 들고 있다. 신화는 역사적 개념에서 출발하고 우발적 사건들로부터 직접 생겨난 것인데, 이 신화가 찾는 것은 바로 '나'이다. 신화는 나를 지향하고 나를 불러 세우고 나에게 그것의 의미를 발견하도록 명령한다(Barthes, 1957, 210-211). 한편, 도상해석학에서 미술작품의 내재적 의미는 관찰자의 종합직관에 의해 파악된다. 즉, 나의 통찰력이 다른 분석적 방법을 통해서는 발견되지 않았던 작품의 본질적 의미를 파악하도록 만들어주는 것이다. 이렇게 볼 때, 신화와 내재적 의미는 모두 나에 의해 파악되는 주관적 의미라는 공통점을 갖는다.

바르트에 따르면, 신화는 부르주아 사회의 속성들을 상징하는 것도 아니고 사람들을 속이기 위해 그 속성들에 대한 알리바이를 제공하는 것도 아니다. 신화는 부르주아 사회의 속성을 자연스러운 것으로 만드는 것이다. 다시 말하면, 우리가 신화를 이데올로기적 상징이나 선전수단으로 인지한다면, 그것은 이미 신화가 아니다. 신화는 그 자체로 너무나 자연스럽고 당연한 것으로 여겨지며, 조작된 기호가 아니라 존재하는 사실처럼 인식된다. 파노프스키에 따르면, 미술작품의 내재적 의미도 작가나 당시의 관람자들에 의해 명시적으로 이해되고 의도된 것이 아니다. 내재적 의미는 너무나 자연스럽고 당연하게 여겨지던 것이기 때문에 의도적으로 조작될 필요 없이, 또 표현하겠다는 의도 없이 그냥 작품 안에서 드러나는 것이다. 이처럼 너무나 자연스럽고 당연한 것으로 여겨지는 것이기 때문에 기호나 미술작품 안에서 신화나 내재적 의미를 발견하는 것은 우선적으로 특정한 분석적 도구가 아니라 관찰자인 나의 직관에 의존하는 작업이 된다.

바르트는 첫 번째 층위와 두 번째 층위를 언어학적 체계에 속하는 것으로 이해했다. 다시 말해 이 두 층위의 의미는 언어학적 체계에 의해 결정된다는 것이다. 그 의미는 논리적이며 문법적이며 관습화된 체계에 의해 고정된다. 그렇기 때문에 이 두 층위의 의미에 대해서는 기호학자가 개입할 필요가 없다. 기호학자의 개입은 두 번째 층위의 기표와 기의 사이의 상관관계가 제공하는 의미작용을 파악하는 세 번째 층위에서 이뤄진다. 바로 신화를 파악하는 층위이다.

바르트에 따르면, 신화는 관습적인 체계에 의해 결정된 의미가 아니라 아주 자연스럽고 당연한 것으로 나에게 제시되는 것이다. 신화를 파악하기 위해서는 신화가 만들어지는 사회로부터, 신화를 소비하는 사람들로부터 떨어져 나와야 하며 그들이 자연스럽고 당연한 것으로 알고 있는 것을 완전히 파괴해야 한다. 신화를 드러내 보여주는 기호학자의 작업은 결국 사회를, 역사를, 그리고 현재를 파괴하는 작업이며 사회와 역사를 주관적으로 파악(saisie subjective)하는 작업이다(Barthes, 1957, 244-247). 바르트가 신화를 파악하는 기호학자의 작업을 객관적인 분석도구를 사용한 기계적인 작업이 아니라 기호학자의 의지와 직관적인 앎에 의존하는 작업으로 본 것은 어쩌면 당연한 일이다. 신화 자체가 그 속성상 자연스럽고 당연한 것으로 소비되는 것이기 때문에 그러한 자연스러움과 당연함으로부터 벗어나기 위해서는 기호학자 개인의 통찰력에 의존할 수밖에 없기 때문이다.

기호학자가 폭로하는 신화는 자신이 속한 사회와 시대에서 만들어지는 것이다. 반면 도상해석학자는 과거 미술작품의 의미를 해석하는 일을 한다. 파노프스키(1997, 132-134)에 따르면 미술작품의 깊은 의미는 본질에 관한 내용에 기초한다. 본질적 의미를 파악하는데 있어서 작가의 의도성을 인지했는가는 중요하지 않다. 또한 어떤 시기에 어떤 민족에 의해 어떤 문화 속에서 작품이 제작됐는가도 그다지 중요하지 않다. 중요한 것은 세계관의 에너지가 얼마나 작품을 통해 형상화돼 있는가 하는 것이다. 모티브, 구성, 붓질의 기법 등 작품을 구성하는 모든 요소들을 세계관적 에너지의 증언으로 보는 것이다. 다시 말해 작품은 그 자체로 그것이 생산된 시대의 정신을 담고 있다. 이 시대정신을 발견하기 위해서 해석자는 작품의 심층부에 침투할 수 있는 통찰력을 가져야 한다.

시대정신 혹은 이데올로기라고 할 수 있는 미술작품의 내재적 의미는 작가도 의도하지 않았던 것이다. 너무도 자연스럽고 당연한 것이었기에 작가가 의도적으로 표현할 필요를 느끼지 못했던 것을 후대의 해석자가 해석해 내기 위해서 가져야 할 통찰력을 파노프스키는 종합직관이라고 불렀다. 종합직관은 파노프스키의 도상해석학에 있어서 중요한 위치를 차지하고 있는 것이지만 파노프스키가 제시한 다른 체계적이고 합리적인 개념들과 접근방법에 비교해 본다면 놀랄 정도로 비합리적인 것이다. 게다가 더욱 당황스러운 것은 파노프스키 자신이 이 모호한 개념에 대해 명확한 설명을 하지 않는다는 것이다. 파노프스키 자신도 이것이 논란의 여지가 있는 개념이란 것을 인정하면서도 구체적으로 개념을 설명하려 하지 않는다.

파노프스키는 종합직관이 갖는 주관성을 인정하면서 종합직관에만 의존할 경우에는 잘못된 해석이 나올 수 있다고 생각한다. 그는 해석의 오류를 바로잡고 정확한 해석을 얻기 위해서는 객관적 보완수단이 필요하다고 주장한다. 그것이 바로 전승돼 온 역사, 즉 전승사(Überlieferungsgeschichte)에 대한 지식이다. 전승사는 철학, 역사, 종교, 문화, 사회에 대한 다양한 저작물들을 통해 파악할 수 있는 인간 정신의 보편적인 흐름의 역사이다. 특정 시기의 미술작품이 가진 시대정신을 파악하기 위해서는 그 시대정신을 포착하는 해석자의 통찰력을 그 시기의 많은 사람들에 의해 서술되고 연구된 지적 결과물들에 대한 지식을 통해 보완할 필요가 있다고 주장하면서 파노프스키는 종합직관이란 개념이 야기할 수 있는 비판을 피해가려 한 것처럼 보인다.

바르트 또한 초기의 약간은 모호했던 신화학에서 벗어나 텍스트의 객관적 의미를 밝히기 위해 기호학적 방법을 보다 정교하게 가다듬으면서 합리적이고 체계적인 개념들에 의존하려 했다(Barthes, 1964). 하지만 바르트는 나중에 다시 기호학의 합리적 개념들보다는 개인적 감정이나 직관과 같은 비합리적인 것들에 주목한다(Barthes, 1980).

### 3. 직관적 앎을 고려한 영상 해석 방법

파노프스키가 생각한 미술작품의 내재적 의미란 인간 정신의 본질적이고 일반적인 속성이 구체적 형상을 통해 표현된 것이며 특정 시대의 사회, 문화적 이데올로기를 담고 있다. 따라서 미술작품의 내재적 의미는 어떤 시기에 어떤 해석자에 의해 밝혀지든 항상 동일한 것이다. 즉, 미술작품의 내재적 의미는 객관적으로 존재하는 단일한 의미이다. 해석자는 종합직관을 통해 이 내재적 의미를 포착하고 전승사의 지식을 통해 보완하는 것이다. 이렇게 볼 때 미술작품의 심층부에 담겨 있는 불변의 시대정신을 바로 포착할 수 있는 해석자의 종합직관이란 것도 결국은 극히 개인적이고 가변적인 것이라기보다는 인간정신의 본질적인 속성이 특별히 계발된 타고난 특출한 능력이라고 할 수 있다.

하지만 나는 미술작품의 내재적 의미의 일반성과 보편성을 강조하는 파노프스키의 생각에는 동의하지 않는다. 해석자가 자신의 특수한 사회문화적 조건을 초월한 종합직관의 능력을 갖고 미술작품이 가진 불변의 의미를 발견한다는 것은 너무 이상적인 생각이기 때문이다. 나는 종합직관의 문제에서 파노프스키가 배제하고자 했던 주관성을 인정하는 것이 미술작품에 대한 해석이 갖는 사회문화적 특수성을 이해할 수 있는 길이라고 본다. 하버마스(Habermas, 1968)가 주장하듯이 텍스트를 해석하는 행위 자체가 특수한 이해관계를 내포하고 있기 때문이다.

사실 도상해석학에서 전-도상학적 기술과 도상학적 분석의 단계는 일상적 시각 경험을 기술하거나 관습적 의미를 밝히는 것이기 때문에 비교적 논란의 여지가 적은 부분이다. 이것은 마치 기호학에서 지시 의미(denotation)를 식별하는 것과 같은 차원의 작업이라

할 수 있다. 도상해석학에서 핵심적인 부분은 바로 내재적 의미를 해석하는 부분이다. 이 단계에는 해석자의 직관이나 통찰력, 창의력과 같은 개인적인 능력이 요구되기 때문에 주관성이 가장 크게 개입한다고 할 수 있다. 이 과정에서 파노프스키가 주장하듯이 전승사적 지식이 해석의 객관성이나 보편성을 보장해 주지는 못할 것으로 보인다. 왜냐하면 전승사적 지식 자체도 기계적으로 적용되는 것이 아니라 다른 텍스트와 마찬가지로 해석자에 의해 해석되고 재구성돼야 하기 때문이다. 그렇다면 결국 도상해석학의 방법을 사용할 때 반드시 해결해야 하는 것은 바로 해석자의 주관성을 어떻게 이해할 것인가 하는 문제가 될 것이다.

내가 특정한 영상 텍스트를 선택해 해석하기로 결정할 때 그 결정 행위에 개입하는 것은 무엇인가? 우선적으로 특정 영상물에 대한 나의 관심이 그러한 결정을 유도할 것이다. 특정 영상물에 대한 관심이 생긴 이유는 매우 다양할 것이다. 그 관심은 나의 미적 취향에서 비롯될 수도 있고 개인적 경험에 대한 기억이나 인간관계 등으로부터 비롯될 수도 있다. 관심의 이유는 다양하겠지만 그 관심이 결국은 사회적, 문화적, 역사적으로 조건된 것이라는 점은 동일하다.

특정 영상물에 대한 관심이 해석 행위로 연결되기 위해서는 그 영상물에 대한 앎이 필요하다. 영상물에 대한 완전한 무지나 백지의 상태에서는 관심 자체가 유발될 수 없기 때문에 어떤 영상물에 관심을 가졌다는 것은 그 영상물에 대한 일정한 앎이 있다는 것을 전제한다. 그 앎은 본격적인 해석 행위가 시작되기 전에 해석의 내용에 영향을 미치거나 해석을 유도할 수 있는 일종의 선(先)해석으로 작용한다. 이러한 앎은 분석이나 논증을 통해 얻어진 것이 아니라 경험을 통해 형성된 비체계적이고 비논리적인 앎이라는 특징을 갖는다. 나는 이 앎을 직관적 앎이라고 부르고자 한다.

직관적 앎은 사유에 의한 분석으로 얻게 된 앎과는 다르다. 직관적 앎은 단계적이고 체계적이며 선적인 과정을 거쳐서 얻어지는 것이 아니라 비체계적이고 총체적이며 단숨에 획득되는 특징이 있다. 따라서 직관적 앎을 논리적이고 구체적인 방식으로 전달하는 것은 어렵다. 나는 뭔가를 알고 있지만 그것이 무엇이며 어떻게 알고 있는지를 명확하고 체계적으로 설명하기 어려운 것이다. 그렇다고 해서 내가 갖고 있는 이 앎의 확실함이 흔들리는 것은 아니다. 왜냐하면 직관적 앎은 나의 일상생활 속에서 적극적으로 활용되고 실제적인 도움을 주기 때문이다. 그래서 직관적 앎은 일상적인 경험에 영향을 미치는 것이며 동시에 일상적 경험을 통해 획득되고 수정되는 것이라 할 수 있다. 결국 직관적 앎은 총체적이며 실천적인 것이다.

특정 사회, 특정 문화 안에서 외부 환경이나 타인들과의 상호작용을 통해 형성되는 직관적 앎은 그렇기 때문에 본질적으로 편견과 선입견으로 가득 찬 앎이다. 중요한 것은 편견과 선입견의 앎이 모든 면에서 거짓되고 왜곡된 앎은 아니라는 점이다. 그것은 특정한 관점에서 바라 본 특정한 대상에 대한 일리 있는 평가를 포함한 앎이다. 나는 직관적 앎이 갖고 있는 편견의 속성을 인정하면서 그것을 영상물을 해석하는 과정에서 출발 지점과 도착 지점에 자리 잡은 중요한 수단으로 사용하고자 한다.

파노프스키가 미술작품의 내재적 의미를 밝히는 과정에서 우선적으로 의존한 종합직관도 직관적 앎의 능력이라고 할 수 있다. 직관이란 말 앞에 종합이란 말을 첨부함으로써 파노프스키는 분석적이고 체계적인 성격을 가진 직관이라는 의미를 강조하려 했을 수 있다. 어쩌면 파노프스키는 고도로 분석적인 사유를 하는 사람이 순수하고 진정한 직관을 소유할 수 있다는 헤겔(Hegel, 1971, 192-200)의 주장에서 인지 수단으로서의 종합직관의 근거를 찾으려 했는지도 모르겠다. 하지만 파노프스키 자신이 종합직관이란 용어에 대한 명확한 설명을 제시할 수 없었다는 사실이 보여주듯이 종합직관은 분석적 사유의 관점에서 본다면 여전히 비합리적인 속성을 갖는다.

나도 직관이 분석적 사유를 배제한다고는 생각하지 않는다. 사실 직관적 앎은 분석적 사유의 산물이자 동시에 분석적 사유를 위해 필요한 것이라고 할 수 있다. 사회 문화적 실천 행위를 통해 획득되는 지식인 직관적 앎은 분석적 사유 없이 행위에 대한 판단과 결정이 이뤄지지는 않는다는 점에서 분석적 사유를 바탕으로 형성되는 것이다. 또한 대상에 대한 분석적 사유를 요구하는 최초의 관심 자체가 직관적 앎의 영역에 속한다는 점에서 직관적 앎은 분석적 사유를 유발하는 출발점이 된다. 하지만 분석적 사유와 일정한 관계를 맺고 있음에도 여전히 직관적 앎 자체는 총체적이고 비체계적이며 비합리적인 것으로 머문다. 직관적 앎이란 "척보면 아는 것"이기 때문이다(주형일, 2008a).

나는 앞에서 바르트와 파노프스키의 방법론을 설명하면서 기호학과 도상해석학의 방법을 이용해 영상을 분석하는 것이 상당 부분 개인적 통찰력이나 직관에 의존하는 것이라고 했다. 사실상 분석의 핵심적인 부분인 내재적 의미의 파악을 개인의 주관성에 의존하면서도 기호학이나 도상해석학은 각각 언어학적 도구들과 전승사적 지식을 이용해 분석의 결과물을 객관적이고 보편적인 것으로 포장하려 시도한다. 분석자나 해석자가 누구냐에 따라 분석의 결과물이 달라질 수밖에 없음에도 분석이 영상의 숨겨져 있는 객관적인 의미를 밝히는 작업이라 주장하면서 분석을 통해 영상의 감춰진 의미를 밝히지 못하는 것을 분석자의 개인적 능력이나 자질의 문제로 돌리는 모순이 기호학과 도상해석학에 내재해 있다는 나의 판단이다.

본질적으로 편견의 반영물일 수밖에 없는 해석의 결과물을 객관적인 것으로 포장하고자 하는 시도는 적어도 1970년대까지 인문 사회과학 내부에 확고히 자리 잡고 있던 과학주의적 태도의 결과라고 할 수 있다.

내가 도상해석학의 종합직관이란 개념에 주목하고 강조하고자 한 것은 직관의 비합리성, 비체계성, 주관성을 온전히 드러내면서 영상을 분석하고 해석하고자 하기 때문이다. 과거의 기호학이나 도상해석학을 사용한 연구자들이 텍스트 안에 숨겨진 단 하나의 심층적 의미를 객관적으로 파악할 수 있다고 믿었다면 나는 텍스트가 갖고 있는 단 하나의 심층적 의미는 존재하지 않으며 해석자에 따라 다양한 심층적 의미들을 발견할 수 있다고 생각한다. 따라서 기호학이든 도상해석학이든 텍스트의 의미를 발견하기 위해 사용되는 방법들은 단 하나의 객관적 진리를 밝히는 측정 도구가 아니라 텍스트의 생산과 수용에 관련된 다양한 인간 행위들에 대한 이해를 돕는 보조 수단으로 기능해야 한다고 본다.

이해의 문제는 특히 해석학과 현상학적 사회학에서 중요한 개념으로 제시돼 왔다. 하지만 이때 이해는 텍스트의 생산자나 사회적 행위자의 주관성을 이해한다는 차원에서 머무를 뿐 해석자나 사회과학자는 이해의 주체로서 여전히 객관적 진리를 파악할 수 있는 텍스트 외적, 사회 외적 존재처럼 인식된다. 이미 객관적 위치를 점하고 있는 해석의 주체가 텍스트 생산자나 행위자의 심리적 상태와 사회문화적 속성 등을 이해함으로써 텍스트의 의미나 행위의 의미에 대해 평가와 판단을 내리는 작업인 것이다.

해석자는 본질적으로 편견과 선입견으로 가득 찬 직관적 앎을 통해 텍스트의 의미를 구성해 간다. 따라서 텍스트의 의미를 해석하는 연구는 단지 텍스트의 최종적 의미를 제시하는 것에서 끝나서는 안 된다. 텍스트의 최종적 의미가 그렇게 구성될 수밖에 없는 이유도 드러내야 한다. 그러기 위해서는 우선 직관적 앎이 가진 편견을 그대로 드러내야 한다. 다시 말해 나에 대한, 나와 연구대상의 관계에 대한 충실한 기술이 필요하다. 이러한 기술 과정을 통해 직관적 앎의 편견이 구체적으로 드러나게 되며 결국 나는 나와 연구대상에 대한 이해에 도달하게 된다.

나, 연구대상 그리고 나와 연구대상의 관계에 대한 충실한 기술을 하기 위해 나는 다른 연구들로 얻어진 지식들이나 자료들을 외면할 이유가 없다. 오히려 그것들을 최대한 참고해야 한다. 그 자료들이 가진 또 다른 편견들을 기술하는 것은 나, 그리고 나와 연구대상의 관계에 대한 폭넓은 이해를 가능하게 만들기 때문이다. 세밀한 관찰을 바탕으로 한 풍부한 기술, 그리고 다른 자료들을 바탕으로 한 체계적 설명은 사회적, 문화적 편견으로 형성된 나의 모습을 가능한 한 총체적으로 드러내 보여줌으로써 타인들이 나를, 연구대상을, 나와 연구대상의 관계를 이해할 수 있는 가능성을 높인다. 내가 연구대상을 이해하는 것에서 한걸음 더 나아가 나, 연구대상 그리고 나와 연구대상의 관계에 대해 타인들이 이해하도록 만드는 것은 감정이입이나 공감을 통해 가능하다. 이 감정이입과 공감을 가능하게 해주는 것이 바로 세밀한 관찰, 풍부한 기술, 체계적 설명을 통한 직관적 앎의 구체화라고 할 수 있다.

도상해석학은 전-도상학적 기술과 도상학적 분석의 단계에서 영상 텍스트에 대한 세밀한 관찰과 기술을 요구한다. 이것은 연구자 개인의 경험과 지식을, 그리고 동시에 사회문화적 관습들에 대한 지식을 필요로 하는 것이다. 도상해석학적 해석의 단계에서는 본격적으로 연구자의 주관이 개입한다. 연구자는 직관적 앎을 통해 영상 텍스트의 내재적 의미의 핵심을 막연하게나마 알고 있으며 다른 전승사적 지식과 자료를 이용해 그것을 명확하게 만드는 작업을 하기 때문이다. 결국 도상해석학적 해석은 연구자의 주관적 판단의 명료화라고도 할 수 있다. 이런 점에서 먹시(Moxey, 1995)가 도상해석학 연구를 사회문화적으로 한정된 연구자의 특정한 시각을 드러내는 작업이라고 본 것은 타당한 지적이다.

결국 도상해석학을 통해 텍스트를 해석하는 작업이 연구자가 텍스트의 의미를 밝히는 작업에서 벗어나 연구자와 텍스트 사이의 관계를 이해하고 연구자와 연구자가 속한 사회의 일정한 모습을 이해하는 차원으로 전개되려면 기존의 도상해석학 연구와는 달리 연구자의 개인적 삶과 직관적 앎을 상세히 밝히고 그것이 영상 텍스트에 대한 해석에 미치는 영향을 드러내는 방식으로 진행돼야 할 것이다.

## 4. 한국 홍보포스터에 대한 해석

### 1) 전-도상학적 기술

내 관심을 끈 포스터는 한국관광공사에서 1995년에 제작한 것이다. 이 포스터는 한 장의 사진으로 만든 것이다. 사진 우측 상단에 'Korea'란 글자가 크게 표기돼 있고 좌측 하단에는 작은 글씨로 '한국관광공사'라는 제작자 명칭이 표기돼 있다. 이 포스터는 문자 언어보다는 영상 언어를 통해 대부분의 메시지를 전달한다. 'Korea'란 문자는 명확히 국가명을 제시함으로써 혹시 있을지 모르는 혼돈을 방지하는 역할을 한다. 따라서 한국을 홍보하기 위한 메시지는 거의 전적으로 영상에 의해 제공된다고 할 수 있다.

포스터(그림 3)의 조형적인 부분을 기술해 보자. 사실 전-도상학

〈그림 3〉
1995년 홍보포스터

적 기술의 단계에서 순수하게 조형적인 차원에서만 영상을 묘사하는 것은 불가능하다. 어떤 식으로든 해석자의 사회적 경험에 의한 지식을 통한 영상의 묘사가 개입하기 때문이다. 특히 영상으로 재현된 대상에 대한 친밀함 정도는 전-도상학적 기술의 상세함이나 정확함의 정도에 큰 영향을 미친다. 한국을 알지 못하는 외국인에게는 그저 빨간색, 노란색, 파란색으로 된 천일 뿐인 것이 한국인에게는 친숙한 전통혼례복이며 외국인에게 머리를 장식한 검은색의 네모난 모양의 통으로 보일 것이 한국인에게는 족두리라는 명칭의 특수한 기능을 가진 물건으로 인지된다. 외국인이 보기에는 단지 여자의 얼굴에 있는 빨간 동그라미들일 뿐인 것은 한국인에게는 곤지라는 이름으로 이해된다. 이런 조형적 요소들을 통해 한국인들은 이 영상에 재현된 것이 전통 혼례를 치르는 신부의 모습이라는 것을 쉽게 안다. 심지어는 영상에서 불분명하게 나타나는 배경도 전통 한옥의 모습이라는 것을 한국인이라면 어렵지 않게 알아차릴 수 있다.

전-도상학적 기술의 단계에서는 조형적인 차원에서의 형태에 대한 묘사뿐만 아니라 개인적, 사회적 경험을 통해 축적한 지식을 바탕으로 재현된 대상이나 사건에 대한 재현적 의미도 서술해야 한다. 이와 동시에 영상의 제작 기술과 관련된 묘사도 필요하다. 이 포스터의 경우는 사진을 이용한 것이다. 사진의 기술적 효과들과 특성들에 대한 지식을 이용한다면 이 영상의 배경으로 제시된 흐릿하고 불분명한 형상은 추상적인 무늬가 아니라 한옥의 모습이 흐릿하게 재현된 것으로 이해된다.

이런 지식들을 이용해 이 포스터 영상을 전-도상학적으로 묘사하면 다음과 같다. 이 영상은 한국의 전통혼례복, 족두리, 곤지, 비녀, 댕기를 갖춘 젊은 여자(신부)가 고개를 약간 기울인 채 두 손을 들어 뒤에 있는 비녀의 한 쪽 끝을 만지려는 모습을 재현하고 있다. 여자는 치아를 드러내며 밝게 웃고 있으며 눈은 앞에 있는(있다고 가정된) 신랑을 보고 있는 듯하다. 여자는 한국의 전통적인 가옥을 배경으로 그 가옥의 마당에 서 있는 것으로 이해된다. 정리하자면, 이 영상은 한국의 전통적인 집의 마당에서 전통적인 방식의 혼례를 치르는 한 여자의 모습을 재현하고 있다고 말할 수 있다.

### 2) 도상학적 분석

일반적으로 도상학적 분석은 미술작품에 나타나는 도상들의 유형을 구분하고 관습적으로 그것들에 부여된 의미를 발견하는 것을 목적으로 한다. 도상학에서 유형이란 여러 다른 작품들에서 반복적으로 나타는 비슷한 형상의 시각적 요소로 재현적 의미를 뛰어넘어 관습적으로 부여된 의미를 전달하는 기능을 하는 것이다. 〈그림 3〉의 영상에서 발견되는 유형은 우선 사진영상의 기술적 특성에서 비롯된다. 사진 장치가 갖는 기계적 특성 때문에 만들어진 특정한 형태의 영상들은 일종의 수사적 표현으로 사용되면서 특수한 관습적 의미들을 부여받는다.

〈그림 3〉의 경우, 사용된 렌즈의 기술적 특성에 의해 특수한 형태의 영상이 만들어진 것을 확인할 수 있다. 이 사진은 망원렌즈를 이용해 촬영된 것이다. 망원렌즈를 사용해 촬영하면 렌즈의 기술적 특성 상 피사계 심도가 얕아져서 배경이 흐리게 재현된다. 또 인물을 비롯한 전체 영상이 원근감이 별로 드러나지 않고 평면적으로 재현된다. 사진에서 망원렌즈를 사용하는 것은 대개의 경우 배경이

흐려지는 아웃포커스 효과를 통해 중심이 되는 대상의 모습이 부각되도록 하고 평면적인 화면을 구성함으로써 정적이고 부드러우며 낭만적인 분위기를 제공하기 위해서이다. 인물사진을 촬영할 때 망원렌즈의 사용이 일반적으로 권장되는 것은 바로 이런 이유에서이다. 〈그림 3〉의 영상도 망원렌즈를 사용한 전형적인 인물사진의 형태를 보여준다. 사진가는 배경을 아웃포커스로 처리함으로써 인물을 촬영장소로부터 분리시켜 관객의 시선을 인물에게 집중시키고 전체적으로 평면적이고 부드러운 영상을 만들어냈다.

또 이 사진에서는 인공조명을 사용해 여자의 얼굴이 밝게 드러나게 재현했다. 자연조명(태양광선)이 여자의 뒤에서 비추기 때문에 그대로 촬영을 한다면 여자의 얼굴과 의상이 지나치게 어둡게 재현되고 풍부한 세부묘사가 불가능했을 것이다. 또한 태양광이 직접 닿는 머리와 어깨 위만이 지나치게 밝게 재현될 가능성이 크다. 따라서 인공조명을 이용해 밝음과 어둠 사이의 대조(contrast) 효과를 최대한 억제하고 얼굴과 의상의 세부가 잘 묘사되도록 처리했다. 자연조명이 역광인 상황에서 인공조명을 사용하는 것은 야외에서 인물사진을 촬영할 때 권장되는 기법이다. 이것은 특히 눈동자에 조명을 반사시킴으로써 인물의 눈동자가 반짝이는 효과를 만들며 인물의 머리와 어깨 등의 윤곽선이 자연조명에 의해 밝게 빛나는 후광효과를 발생시킴으로써 인물을 돋보이게 한다. 따라서 이 포스터 영상은 렌즈의 특성과 조명을 이용한 인물사진의 관습적인 표현 기법을 충실히 이용하면서 화사하고 부드러운 여성의 이미지를 재현한다고 할 수 있다.

〈그림 4〉 광고사진

이 영상이 전형적인 인물사진의 유형을 따르

〈그림 5〉 1930년대 사진엽서

는 것은 렌즈와 조명의 사용에만 국한되지 않는다. 인물의 자세도 전형적인 인물사진의 형태를 갖는다. 더구나 이 자세는 여성적인 매력을 강조하는 자세이다. 영상 속의 인물은 머리를 좌측을 향해 기울이고 있으며 약간 머리를 숙인 상태에서 눈은 조금 위를 바라보고 있다. 또 두 손을 모은 상태로 얼굴 왼쪽을 향해 들어 올린 상태로 장신구인 비녀를 살짝 만지고 있다. 이것은 현대의 영상들에서 다소곳하면서도 은근히 남자를 유혹하는 여자의 모습을 재현할 때 많이 보여주는 자세이다. 많은 광고영상들이나 연예인의 홍보 영상들 또는 일반인의 인물사진이나 웨딩사진에서 자주 볼 수 있는 유형화된 자세이다(그림 4, 그림 5).

마지막으로 우리가 주목하는 관습적 의미는 바로 족두리나 한복 등의 도상이 갖는 관습적 의미이다. 족두리나 한복과 같은 요소들은 우리의 현대 생활에서 일상적으로 접할 수 있는 것이 아니며 현대의 영상들에서도 쉽게 접할 수 있는 것이 아니다. 이 요소들은 특수한 상황에서 발생하는 특수한 사건과 행위를 의미할 때만 사용된다. 즉, 이것들은 명절, 전통 사상, 의례 등과 같은 특수한 사건들을 의미할 때 사용된다. 그것들은 한국적인 것, 전통적인 것을 의미할 때 관습적으로 사용된다.

이상의 분석을 바탕으로 파악된 포스터 영상의 관습적 의미를 정리하면 다음과 같다. 이 영상은 적어도 20세기 초부터 반복돼 생산돼 온 인물사진의 유형을 충실히 따르고 있다. 특히 인물의 자세와 표정 등은 이것이 여자를 재현하는 전형적인 인물사진이라는 것을 말해준다. 영상에서 재현된 자세와 표정은 수줍음과 유혹이라는 여자의 이중적 속성을 의미한다. 그리고 족두리, 비녀, 댕기, 곤지, 혼례복 등의 시각적 요소들은 한국의 전통, 혹은 전통적 한국을 의미한다. 영상의 우측 상단에 표기된 'Korea'라는 문자가 영상의 관습적 의미를 명확하게 정박시킨다.

### 3) 도상해석학적 해석

이 포스터 영상은 젊은 여자의 이중적 속성을 재현하는 인물사진이며 동시에 전통적인 한국의 모습을 상징하는 홍보사진이다. 여기에서 우리는 여자의 이중적 속성을 재현하는 인물사진이 어떻게 한국을 홍보하는 의미를 갖게 되는지에 대해 의문을 제기할 수 있다. 이 의문에 대한 답변은 한국을 소개하거나 홍보하는 영상의 기원을 찾는데서 출발할 수 있을 것이다.

한국을 소개하는 초기의 영상들은 한국을 방문한 외국인들이 촬영한 사진들이었다. 19세기 말 한국을 방문한 유럽인들과 미국인들은 그들 입장에서는 낯선 이국의 경치와 사람, 풍물들을 사진으로 촬영했다. 이 사진들과 사진을 바탕으로 제작된 목판화 등은 유럽이나 미국의 신문, 잡지, 서적 등을 통해 출판됨으로써 외국인들에게 한국을 소개하는 기능을 했다. 또 19세기 말부터 유럽과 미국 전역에서 인기를 끌게 된 사진엽서와 그림엽서도 한국을 소개하는 주요한 매체로 기능했다. 그리고 1920년대에 본격적으로 제작된 관광팸플릿도 한국을 영상으로 소개하는 주요한 매체였다.

19세기 말에서 20세기 초 한국이 세계 여러 나라에 본격적으로 알려지기 시작할 무렵에 한국을 소개하는데 사용된 영상들이 모두 외국인들이 촬영한 사진 등을 바탕으로 했다는 것은 매우 중요한 결과를 초래했다. 그것은 한국의 경치, 풍물, 사람들에 대한 영상을 바탕으로 형성된 한국에 대한 표상이 특정한 방식으로 고정됐다는 것이다. 그것은 우월한 권력을 가진 자가 자신이 미개하거나 이상하다고 생각하는 자들을 바라보는 방식이다.

19세기 말 한국을 방문한 서양인과 일본인들이 찍은 사진들 속에서 한국인은 항상 전신을 다 보여주는 방식으로 재현됐다. 이것은 특이한 대상의 외형적 특성을 잘 보여주기 위해 사진을 찍을 때 사용하는 방식이다. 사진 속의 한국인들은 아주 일상적인 장소에서, 거칠게 표현하자면 아무데서나 전신을 관찰하기 위한 대상처럼 촬영됐다. 심지어는 더 세밀한 관찰을 위해 스튜디오 안에서 연출된 사진들도 눈에 띤다. 이미 푸코(Foucault, 1975, 186-229)가 지적했듯이 이런 인류학적 관찰의 시선은 지배와 통제를 목적으로 개인을 묘사하고 기록하는 근대의 시선이었다.

사진기를 보유하고 촬영하는 한국인들이 극히 드문 상황에서 사진기를 직접 보유하지 못했던 절대다수의 한국인들은 사진엽서 등의 형태로 유통되는, 외국인들이 찍은 사진을 통해 자신들의 모습을 봐야했다. 이것은 한국인들이 초기 사진 수용과정에서 외국인의 시선을 자신의 것으로 내면화하기 시작했다는 것을 의미한다고 할 수 있다.

여행가, 외교관, 선교사 등의 신분으로 한국을 찾은 많은 서양인들은 귀국 후 출판한 그들의 여행기에서 지저분하고 게으르며 미개해 보이지만 어떤 면에서는 놀라울 정도의 지적 능력을 가진 것처럼 보이는 한국인이라는 동양의 타자에 대해 때로는 동정심을 때로는 우월감을 사진을 통해 공공연하게 표시했다(주형일, 2003). 사진기는 사진기 앞에 놓인 한국인에 대한 그들의 우월한 위치를 확인시켜 주는 도구였다. 능동적인 행위자로서의 서양이 수동적인 반응자인 동양의 모든 측면에 관한 관찰자이자 재판관이고 배심원의 지위를 차지하는 오리엔탈리즘(Said, 1999)이 사진과 사진 촬영 행위

〈그림 6〉 러일전쟁 관련 프랑스 신문삽화. 일본에 겁탈당한 한국

를 통해 구체적으로 드러나는 것이다.

오리엔탈리즘이 영상을 통해 시각적으로 드러난 대표적인 경우는 바로 동양이 여자로서 재현되는 경우이다. 유럽과 미국을 중심으로 발전한 제국주의나 식민주의 담론 자체가 지배자에게는 남성성을, 피지배자에게는 여성성을 부여한다. 이 제국주의와 식민주의 담론이 오리엔탈리즘과 맞물리면서 영상을 통한 동양의 재현에 있어서 다양한 변형들을 만들어냈다. 그런데 오리엔털리즘은 양가성(ambivalence)을 갖고 있다. 즉, 동양은 에로틱하고 나약한 여성이거나 발육이 미약한 야만적인 남성으로 재현된다. 예를 들어 유럽인들이 보기에 일본은 게이샤로 상징되는 아름답고 신비로운 나라이면서 동시에 조선을 지배하고 청나라, 러시아와 전쟁을 벌여 승리하는 왜소한 제국주의 국가였다. 일본이 동양과 서양의 사이에 선 채 근대성을 획득하기 위해 매진하는 "놀라운 작은 민족"이었다면 한국은 전근대성의 표본이 되는 야만적인 나라로 유린의 대상이었다(그림 6). 한편 유럽의 제국주의 담론을 그대로 수용하면서 근대화에 박차를 가한 일본은 스스로를 "동아시아의 영국"이라 부르며 주변국, 특히 한국을 지배하고 개명시키겠다는 야망에 불탔다(박지향, 2003).

19세기 말부터 20세기 중반에 이르기까지 한국은 동양의 어리석은 야만국으로서 근대 제국주의 국가들에 의해 타자로서 재현됐다. 이 시기, 한국의 재현을 특징짓는 것이 바로 기생의 영상이다. 기생의 영상은 사진엽서, 신문, 잡지, 사진첩, 포스터, 박람회 등을 통해 유통됐다. 특히 수천여종이 제작된 사진엽서는 기생을 대표적인 조선풍속의 하나로 소개했으며 광고나 포스터 등에서는 기생이 대표적인 조선의 여성상으로 제시됐다(이경민, 2005).

〈그림 7〉 가슴을 드러낸 여자

서양인과 일본인들이 가장 많이 촬영한 인물사진이 기생의 사진이었다는 사실은 일본과 서구 열강이 한국을 바라보던 시각을 잘 보여준다. 가슴을 드러낸 여자나 장옷을 입은 여자를 보여주는 사진과 함께 기생의 사진은 동양이라는 전근대적인 타자를 여성화하는 제국주의적 시각을 잘 보여주는 사진이다(그림 7). 기생 사진들은 1900년대에 들어서면서 우편엽서라는 매체를 통해 저렴한 가격에 생산, 소비됐다(권행가, 2002).

가슴을 드러낸 여자나 장옷을 입은 여자의 사진들이 19세기 말의 한국이 갖는 야만성과 전근대성을 재현하는 영상으로 사용됐다면, 기생의 사진들은 일본에 의해 식민지화된 20세기 초의 한국이 갖는 이국적 매력을 강조하기 위해 사용됐다. 이런 영상들은 사진엽서의 형태로 수백만 장이 인쇄돼 세계 각국에서 판매됨으로써 한국의 이미지를 고착시켰다. 일본에 의한 한국지배가 공고하게 되면서 사진엽서 등은 단순히 이국적인 풍물을 소개하는 것에서 벗어나 관광 홍보 목적으로 제작되기 시작했다. 이 과정에서 기생의 영상은 특히 매춘과 관련된 유흥 문화를 알리기 위해 적극적으로 사용되기 시작했다(권혁희, 2005). 기생의 영상은 초기의 무표정한 표정의 서있는 정면 모습을 촬영한 인류학적 관찰 사진에서 벗어나 점차 몸의 자세와 표정 등에 변화를 주는 인물 사진으로 변화했다. 일제 식민지배 기간 동안 많은 인기를 끌며 생산, 유통된 기생사진엽서들에서 기생들이 항상 한복을 입은 모습으로 재현됐다는 것은 일본인 남성에게 이국적인 성적 대상으로 소개됐다는 것을 뜻한다 (Kawamura, 2002, 274-295).

〈그림 8〉 공진회 포스터

1915년 조선총독부 주최로 경복궁에서 열린 '조선물산공진회'라는 일종의 산업박람회를 홍보하기 위해 일본과 한국의 각 지역에 배포된 포스터는 기생의 영상이 단순한 전근대성의 재현 기능을 넘어 섰다는 것을 보여준다(그림 8). 이 포스터의 특징은 산업박람회 홍보를 위한 포스터임에도 산업제품이 아닌 기생의 영상을 전면에 부각시켰다는 것이다. 천연색으로 표현된 이 포스터의 배경은 크게 세 부분으로 나뉘어져 있다. 맨 윗부분에는 황혼 무렵의 어두운 경회루의 풍경이 단풍에 둘러싸여 재현돼 있고 가운데 부분에는 밝은 대낮의 박람회의 풍경이 꽃으로 둘러싸여 재현돼 있다. 그리고 맨 아랫부분에는 검은색 바탕에 흰 글씨로 박람회에 대한 정보가 문자로 표기돼 있다. 전근대적 쇠락(경회루, 단풍, 황혼)과 근대적 부흥(박람회장, 꽃, 대낮)의 대조를 보여주는 가운데 화려한 복장에 족두리를 쓴 기생의 모습이 전면을 차지하고 있다.

이경민(2005, 148)은 이런 기생의 영상이 에로티시즘과 엑조티시즘이 결합한 형태로 일본 남성들의 성적 욕망을 자극해 한국으로의 이주와 관광을 유발하려는 유인책으로 사용됐다고 주장한다. 또한 한국인들에게도 박람회의 공개적인 장소에서 누구나 기생을 볼 수 있다는 기대를 갖게 함으로써 기생문화를 대중화했다고 주장한다. 결국 이 포스터는 기생을 당시 한국을 대표하는 영상으로 각인시키

〈그림 9〉 20세기 초 기생 사진

는 결정적 계기가 됐고 박람회의 꽃이 기생이라는 암시를 주게 됐다는 것이다.

박람회 포스터의 기생 영상은 일제 식민지배 기간 동안 사진엽서나 포스터, 홍보책자 등을 통해 꾸준히 생산된 기생 영상들 중에서 가장 자주 발견되는 형태의 것이다(그림 9). 초기 사진들에서 무표정하게 춤을 재현하던 기생들은 일제시대 말 잡지의 사진이나 엽서 등에서는 얼굴에 미소를 짓고 손을 모으거나 난간에 기댄 다소곳한 자세를 취하는 모습으로 변했다(그림 5). 단지 시선의 대상이던 무표정한 기생이 곧 적극적으로 시선을 유혹하는 자세와 표정을 갖춘 여성으로 재현됨으로써 모델의 모습은 홍보포스터(그림 3)와 점점 유사해지는 것을 볼 수 있다.

김성혁(2005)은 한국 홍보포스터를 이용한 관광 상징 연구에서 1995년도의 포스터를 한국을 대표하는 상징인 한복을 재현한 것으로 이해하면서 이 포스터가 한국을 관광한 적이 없는 외국인(호주인)에게 한국을 대표하는 상징으로 받아들여지고 있으며 그들의 한국방문욕구에 긍정적 영향을 미친다는 연구결과를 발표했다. 한복을 입은 젊은 여자의 영상이 김성혁 뿐만 아니라 한국을 모르는 외국인에게 아직도 한국을 대표하는 상징으로 인식되고 있다는 것은 1900년대 이후로 지속적으로 재생산돼 온 영상이 여전히 한국의 상징으로 기능하고 있다는 것을 보여준다. 홍보포스터의 영상이 점차 다양화되고 있

〈그림 10〉
2001년 홍보포스터

는 것(이해만, 2004)은 사실이지만 한복을 입고 다소곳이 타자의 시선에 몸을 맡긴 매력적인 여성의 영상은 여전히 국가의 공식 홍보포스터로 사용된다(그림 10).

### 5. 나의 직관적 앎과 이데올로기의 문제

외국인을 위한 한국 홍보포스터에 대한 나의 최초의 기억은 내가 유학을 하고 있을 때로 거슬러 올라간다. 그때 여러 가지 서류 처리를 하기 위해 종종 찾아가던 한국 대사관의 영사과 사무실에 붙어 있던 홍보포스터를 기억한다. 8년이 넘는 시간을 영사과 사무실을 드나드는 동안 나는 아마도 여러 개의 홍보포스터들을 봤을 것이다. 하지만 내 기억에 확실히 남아 있는 것은 하나이다. 그것은 바로 여기에서 분석하고 있는 신부의 사진으로 된 포스터이다.

이 포스터에 대한 기억이 지금까지 남아 있었던 이유는 무엇일까? 그것은 포스터 자체의 인상이 강렬했다기보다는 그와 비슷한 형태의 영상들을 그 전부터, 또 그 이후로 계속해서 접했기 때문이다. 좀 더 멀리 시간을 거슬러 올라가자면 내가 초등학교에 다닐 때 아버지가 어디에선가 가져와 육면체의 유리 진열장에 담긴 채 오랫동안 집의 방 한구석을 장식하고 있었던 한복을 입은 여자 인형에 대한 기억이 남아 있다. 또 유학 시절에 한국 음식점을 가면 흔히 볼 수 있었던 역시 한복을 입은 여자 인형에 대한 기억이 있다. 그리고 한국의 도로 위에서 종종 볼 수 있던 대형 광고판 위의 한복을 입은 여자들(주로 가야금을 켜거나 장구를 치고 있는 모습)의 사진이나 그림에 대한 기억들이 있다. 이런 비슷한 유형의 영상들에 대한 반복된 기억들이 영사관 사무실에서 봤던 홍보포스터에 대한 기억을 강화시키고 그에 대한 호기심을 불러일으켰다고 생각한다.

이 유형의 영상들은 특정한 지역이나 문화에 대한 홍보 내지는 광고의 목적을 갖고 있었다. 특정 지역이나 문화를 홍보하기 위해 전통복장을 입은 여자의 영상을 사용한다는 것은 여성에 대한 사회적 재현의 문제와 맞닿아 있으며 권력의 문제가 개입하는 것이라는 것이 나의 판단이고 의견이다. 이런 나의 판단과 의견은 어디에서 오는 것인가? 표면적으로 봤을 때 그것은 나의 개인적 경험에서 온 것이다. 어린 시절 집에서 매일 봐야만 했던 한복을 입은 여자 인형에 대한 경험, 외국이란 특수한 환경에서 보던 한복 입은 여자 인형들에 대한 경험, 그리고 대사관의 홍보포스터에 대한 경험과 국내의 도로변에서 종종 접하던 광고판 영상들에 대한 경험들이 그런 판단을 가능하게 했다고 할 수 있다.

하지만 동시에 그런 개인적 경험들에 개입하는 사회적 요인들에 대한 고려를 잊어서는 안 된다. 여자 인형, 여자 영상에 민감하게 반응했다는 것은 사회 속에서 내가 남자로 성장했기 때문이며 한국 홍보포스터에 주목했던 것은 외국에서 장기간 거주하며 생활할 수 있었던 나의 사회적 조건 때문이었다. 시각적인 쾌락을 느낄 수 있도록 예쁘게 재현된 여자의 인형과 영상들은 특수한 방식으로 여자에 대한 미적 판단을 내리도록 교육받은 나의 감성을 자극했다고 할 수 있다. 또한 외국에서의 생활이란 특수한 상황은 내가 한복을 입은 여자의 인형이나 영상을 자연스럽고 친숙한 것이 아니라 낯설고 어색한 것으로 받아들이게 했다고 볼 수 있다.

사회적으로 형성된 나의 선입견은 결국 홍보포스터에 대한 나의 직관적 앎에 영향을 미쳤다. 한국관광공사에서 제작해 해외에 배포하는 홍보포스터들에는 한복을 입은 여자뿐만 아니라 자연경관, 문화재, 민속놀이 등 다양한 모습을 재현한 영상들이 사용되고 있음에도 불구하고 홍보포스터의 대표적인 영상으로 유독 한복을 입은 젊은 여자의 영상에 주목한 것은 나의 선입견이 개입한 결과라고 할 수 있다.

여자를 성적 대상으로 바라보도록 만드는 나의 남성성, 외국에서 오랜 시간 체류하면서 홍보포스터를 친근하면서도 어색한 영상으로 접하게 만든 사회경제적 조건 등은 전통예복을 입은 신부를 재현한 홍보포스터에 대한 내 개인적 관심의 배경이 됐다. 이것은 결국 적어도 19세기 말과 20세기 초에 한국을 바라보던 제국주의적 시선의 연장선상에 내가 서있었다는 것을 의미한다. 월등한 경제력과 기술력, 무력을 바탕으로 힘이 약한 다른 나라, 다른 민족, 다른 문화를 이국적 볼거리로서 바라보고 관찰하고 평가를 내리면서 어린아이나 여성으로 재현하는 제국주의적 시선의 일부를 내 자신도 공유하고 있을 수 있다는 말이다.

이런 점은 내가 '모던일본 조선판'을 읽으면서 느낀 것이기도 하다. 1930년대 일본의 유명 월간지 '모던일본'이 1939년 발행한 조선판 특집호는 당시 30만부가 매진되는 놀라운 기록을 세웠다. 여기에 실린 두 편의 일본 단편소설, '여수(旅愁)'와 '평양'을 읽으면서 나는 소설 속에서 한국을 여행하는 일본인들이 기생을 보던 시선이 그다지 낯설지 않음을 느꼈다.

> 내려다보니 오른편 언덕에 붉은색과 녹청색으로 채색한 조선풍의 높은 정자가 있었다. 아주 훌륭한 건물로 역시 식당의 일부인 듯 했다. 그 붉은 난간에 기대어 순백색의 저고리와 치마의 여자가 강물을 바라보며 노래하고 있었다. 어디선가 본적이 있는 듯한 여인이었다. 하얀 얼굴, 아름다운 코, 가는 눈썹의 쓸쓸한 듯한 모습이 낯익은 얼굴이었다('여수' 중에서. 모던일본사, 2007, 72).

사토부윤이 주섬주섬 최근 평양의 눈부신 발전모습을 말했다. 박인수 군이 기생에게도 기벌이라는 것이 있는데 평양이 가장 높다고 설명했다. 고이즈미 씨는 그저 빙그레 웃고 있었다.

"이거 뭐라고 하지?"

K군은 아름다운 이XX의 저고리 이음새에서 리본처럼 내려온 가는 천을 가리키며 물었다.

"고름."

"이건? 머리에 꽂은 쇠로 된 장식같은 거 말이야."

"이건 비녀라고 합니다."

"좋은데. 간소하면서도 조화롭고 멋이 있어."

그런 것들에 남들보다 예민한 감각을 지닌 K군은 이리저리 보면서 감탄했다. 나도 조선여인의 복장이 참 좋다고 여겨졌다('평양' 중에서. 모던일본사, 2007, 93).

"'모던일본' 조선판은 일본인이 조선에 대해 아는 것이라고는 기생과 금강산뿐이라는 천편일률적인 일본인의 조선인식을 비판하며 보다 폭넓은 조선이해를 도모하기 위해 일본인 독자를 대상으로 기획되었다"(모던잡지사, 2007, 514)고 한다. 하지만 실제로는 내용의 상당부분을 기생에 할애하고 있다. 이 잡지에는 세 편의 일본 단편소설이 실려 있는데 그중 두 편은 한국에 여행 온 일본남자가 기생들을 만나며 경험하는 일들을 다루고 있고 나머지 한 편은 한국에 여행 온 일본남자가 자신의 죽은 부인과 닮은 한국여자의 뒤를 쫓는다는 내용이다. 소설 외에도 기생의 아름다움에 대한 수필, 기생학교에 대한 소개, '춘향전', 평양 기생의 좌담회 등의 내용과 함께 많은 기생사진들이 실려 있다. 1930년대에 가장 인기 있었던 이 잡지가 재현하는 한국의 모습을 정리하자면, 조선을 대표하는 것은 역시 기생이며 조선의 아름다움은 한복(물론 여성용 한복)에서 찾을 수 있다는 것이다.

당시 이 잡지가 일본뿐만 아니라 한국에서도 인기가 높았다는 것은 이 잡지의 내용을 많은 한국인들이 자연스럽게 수용하고 있었다는 것을 의미한다. 실제로 잡지에는 일본인들뿐만 아니라 많은 한국인들의 글과 그림이 실려 있다. 이 잡지는 일본인이 바라본 한국과 한국인의 모습이 어떠했는지를 보여준다. 그것은 일본인 남성이 바라본 한복을 입은 기생의 모습이었다. 그리고 잡지의 주 독자층을 구성했을 한국인 남성은 일본인 남성의 시선을 자신의 것으로 받아들였다고 할 수 있다.

결국 식민지를 여성으로 재현하는 제국주의적 시선과 여성을 성적 대상으로 삼는 남성의 시선이 하나로 수렴되는 과정에서 한국인 남성은 일본인 남성과 함께 남성적 시선을 공유하면서 제국주의의 시선을 내면화하게 된 것이라 볼 수 있다. 제국주의의 식민지배와 가부장적 사회의 남성적 지배가 기생이라는 이국적이면서도 에로틱한 이미지를 통해 자연스럽게 만나게 되고 기생의 영상을 통해 구체화된 지배자의 시선은 남성적 지배의 모습을 띠고 식민지 남성의 정신에 별다른 저항 없이 스며들 수 있었다. 그리고 그것은 식민지의 가부장적 사회의 전반적 시대정신의 일부가 됐다.

내가 '모던일본' 조선판의 단편소설들을 읽으며 기생에 대한 묘사를 큰 거부감 없이 받아들일 수 있었던 것은 그것이 매력적인 여자를 보는 남자의 시선으로 치장돼 있었기 때문이다. 사실 이들 소설을 읽으며 갖게 되는 나의 감정은 이중적인 것이다. 하나는 일본인 남자가 "우리의" 여자를 성적 대상으로 바라본다는 점에 대한 불쾌함이고 다른 하나는 매력적인 여자를 바라보고 희롱하는 상황에 대한 남자로서의 감정적 동일시이다. 바바(Bhabha, 2002)의 표현을 따른다면 이것은 식민지배에 대한 기억을 갖고 있는 사람이 보여주는 양가성과 혼성성이 표현된 결과일 수도 있다. 또는 포스트식민주의 페미니즘에서 말하듯이 민족주의와 가부장제의 공모를 통해 여성을 바라보는 남성지배적 시선의 표현일 수도 있다(이향미, 2002; 임옥희, 2003; 하수정, 2002).

일본제국주의에 의한 식민 지배를 겪으면서 한국은 기생의 영상을 통해 재현됐다. 기생은 춤과 음악, 문학 등에 능한 예술인 그리고 매춘을 하는 창녀라는 이중적 이미지로 재현됐다. '모던일본' 조선판에서 기생은 매력적인 여성으로 표현되지만 잡지 곳곳에 등장하는 많은 성병약 광고들은 기생이 단순히 매력적인 여성만은 아니라는 것을 암시한다. 실제로 일제 식민지배 기간은 물론 그 이후에 일본인 남성들이 쓴 많은 글 속에서 기생은 매춘부로 묘사된다(Kawamura, 2002). 때로는 매력적인 선망의 대상으로, 때로는 성병을 가진 위험한 창녀로 재현된 기생이 한국을 대표했다는 것은 식민지배자였던 일본이 조선에 대해 가졌던 평가가 양면적이었다는 것을 잘 보여준다. 실제로 당시 일본은 한국을 위생관념이라곤 없는 더럽고 낙후된 나라라고 보는 한편 질소(質素)한 기풍을 가진 사람들과 비옥한 국토를 가진 나라라고도 평가하는 양가적 시선을 갖고 있었다(함동주, 2006).

식민지배 기간 동안 일본에 의해 만들어진 이 제국주의 지배자의 시선이 가진 남성성은 그대로 식민지 주민들(남자들)의 것으로 내면화됐고 해방 후에 군사독재를 보내면서 민족주의 담론을 통해 강화됐다(최정무, 2001; 문승숙, 2001). 군사정부가 만든 한국관광공사가 추진한 외국인을 위한 한국 홍보사업에서 전통적인 농촌 사회의 모습이나 한복을 입은 젊은 여자의 모습을 담은 영상들을 위주로 포스터가 제작돼 온 것은 결국 일제 식민지 시대부터 내면화된 식민지배자의 시선이 그대로 드러난 것이라고 볼 수 있다. 한국을 여성의 모습으로 재현하는 관행이 제국주의와 식민주의 시선이 내면화된 결과라면, 그 여성이 항상 한복을 입고 전통문화를 상징하는 역할을 맡는 것은 여성에게 피지배자의 문화와 전통을 계승하고 보존하는 임무를 부여하는 가부장적 민족주의가 개입한 결과라고 할 수 있다.

제국주의와 가부장적 민족주의의 시선은 한복 입은 여성을 재현하는 다양한 상품들 안에서 구현됐다. 내가 어렸을 때 집에 있었던, 한복을 입은 젊은 여자의 인형은 다른 집이나 가게에서 흔히 볼 수 있는 것이었다. 그 인형은 내가 외국에서 생활하면서 종종 가던 한국식당들에서 여전히 동일한 모습으로 한 자리를 차지하고 있었다. 인형과 함께 어디에서나 쉽게 볼 수 있었던 한복 입은 젊은 여자의 영상들은 결국 내 안의 있는 남성성을 끊임없이 자극했다. 한국사회에서 사회적 자본이나 경제적 자본을 많이 가진 계급일수록 남성성은 훨씬 더 가부장적이고 공격적인 성향을 보인다(김 일레인, 2001). 한국사회를 지배하는 가부장적 남성우월주의 속에서 형성된 나의 남성성은 나의 계급적 속성 안에서 강화되면서 문제의 홍보포스터와 같은 영상에 대해 적극적으로 반응했다.

나는 남자로서 여자를 성적 대상으로 바라보는 시선을 자연스럽게 내면화하고 있었고 식민주의의 시선을 내면화된 군사정부의 가부장적 민족주의라는 사회문화적 맥락 안에서 형성된 나의 선입견은 내가 유독 한복을 입은 아름다운 여자의 모습을 재현한 홍보포스터에 주목하게 만들었다. 하지만 동시에 사회과학을 계속 공부하면서 접하게 된 남성 지배의 문제나 타자화된 여성의 문제, 오리엔털리즘의 문제 등에 대한 지식을 바탕으로 사물을 보던 나는 문제의 홍보포스터에 대한 나의 "무의식적" 관심에 대해 명확히 알 수 없는 불편함을 느꼈다. 그 홍보포스터가 전달하는 의미에 대한 나의 직관적 앎—그 포스터가 이국적이면서 에로틱한 매력을 갖는 이유에 대한 직관적 앎—은 내게 내면화돼 있는 남성적 지배의 시선이 결국 제국주의, 식민주의의 시선과 이어져 있다는 것에 대한 앎을 포함하고 있었다.

제6장

# 지방대는 어떻게 존재하는가?

1. 지방대의 문제

2. 자기민속지학의 확장

3. 지방대 문제와 관련된 나의 이중적 위치

4. 민주의 이야기에서 나타나는 양가성

5. 깨달음

제6장

# 지방대는 어떻게 존재하는가?

## 1. 지방대의 문제

"한국에는 상상의 대학이 있어요."

"예? 상상의 대학이라뇨?"

"이 대학은 모두가 가기를 기피하고 그곳에 몸을 담고 있다는 것을 부끄러워하는 곳이라고들 합니다."

"그런 곳이 어디에 있나요?"

"지방에 있습니다. 바로 '지방대'죠. 인터넷 사이트의 댓글들을 보면 '지잡대'라는 비하의 의미가 상당히 큰 말을 흔히 볼 수 있을 것입니다."

"아!"

"그런데 말이죠. 지방대는 상상에서만 존재하는 것은 아닙니다. 국가의 정책에서 실제적으로 사용되는 분류기준으로 존재하거든요. 교육과학기술부의 사업 규정을 보면 지방대는 고등교육법 시행령 제2조 제2항의 대학 중 위치가 지방인 대학으로 대학, 산업대학,

교육대학, 기술대학, 전문대학 등을 포함하며 고등교육법 제24조에 의해 설립 인가를 받은 분교를 포함한다고 돼 있어요. 여기에서 지방이란 수도권정비계획법에 규정된 수도권(서울, 경기, 인천) 이외의 지역을 말하는 것으로 적시돼 있고요."

"알겠네요. 그러니까 상상의 대학은 공식적으로는 지방대, 비공식적으로는 '지잡대'라고 불리는 대학을 말하는 것이군요."

"그렇죠. 제가 왜 이 이야기를 꺼내느냐면 제가 보기에는 지방대 혹은 지잡대란 말이 한국 사회의 고질적인 병폐로 지목되는 성적지상주의, 학벌, 학력에 따른 차별과 배제의 문제를 표상하고 있기 때문이에요."

"그런가요?"

"사실 주변에서는 이런 이야기들이 흔히 들려와요. 양돌규(2004)의 글을 보면, 어떤 학생은 '누구네 집 애는 이번에 서울대에 갔다더라. 네가 어느 대학 갔냐고 묻기에 창피해서 얼버무렸다'는 아버지의 말에 서울에 있는 대학을 가기 위해 학교를 그만 두고 입시학원에 등록을 했다고도 하고 지방대생들은 '학교도 후졌는데 외국어라도 잘해야지'라며 어학시험에 목숨을 걸고 어학연수를 떠나고 공무원 시험 준비에 밤을 샌다고 하죠. 또 취업 시장에서는 면접은 고사하고 서류전형 단계에서부터 제외된다는 말이 파다하답니다."

"사실 요즘 고등학생들이 서울이나 수도권에 있는 대학에 우선적으로 진학하려는 경향이 있는 것은 사실이죠."

"예. 잘 지적하셨네요. 사실 지방대 문제는 서울중심주의와도 연결돼 있어요. 정치, 경제, 사회, 문화의 모든 것들이 서울을 중심으로 배치되고 모든 면에서 서울이 우월한 지위를 갖는 상황에서 지방대는 낙후되고 열등한 주변부 사람들의 집합소처럼 인식된다고 생각하는 사람들이 많을 밖에 없는 것이죠. 홍석준(2004a)의 연구를 보면 지방대 교수는 '나는 이곳이 내가 태어나서 자란 곳이지만 너무나 싫다. (...) 내게 이곳은 학교 때문에 어쩔 수 없이 오는 곳이다. 가능하면 서울에 있는 대학으로 옮기고 싶지만 여건이 그렇지 못해서 할 수 없이 살고 있는 것이다. 지금이라도 기회가 되면 옮기고 싶다. 아마 거의 모든 사람이 이런 내 생각에 찬성할 것이다'라고 말하고 지방대생은 '우리 학교 이름을 말하면 아는 사람들이 거의 없다. 학교가 작아서라기보다는 알려지지 않은 것이다. 만약 서울에 있는 학교라면 그렇지는 않을 것이다. 지방대와 서울 소재 대학 사이의 차이는 하늘과 땅 차이다. 편입을 해서라도 학교를 서울로 옮기고 싶다. 현재 편입을 준비하고 있는 중이다'라고 투덜거립니다. 이들은 모두 서울중심주의에서 비롯된 "서울바라기"의 전형적인 모습을 보인다고 할 수 있어요."

"그런가요?"

"예. 저는 서울중심주의가 성적지상주의, 대학서열에 따른 차별 등과 만나면서 지방대에 다니는 사람들을 주변부의 열등한 타자로 자리매김하는 서울중심의 타자화 담론으로 기능한다고 봅니다."

"그런데 왜 갑자기 지방대 이야기를 꺼내신 거죠?"

"그것은 바로 제 자신이 지방대의 교수이기 때문입니다. 앞에 제가 인용한 여러 사람들의 이야기들은 사실 제 자신이 경험할 수도 있는 것들입니다. 친구들을 오랜만에 만나면 간혹 '왜 서울에 있지 지방에서 교수생활을 하고 있냐?'고 자주 묻습니다. 한 친구는 내가 지방에 머무는 것을 내가 가진 '루저(loser)'의 기질 때문이라고 하기도 하더군요. 하하. 지방대에서 근무하고 지방에 살면서 저는 본의 아니게 지방대에 대한 서울중심의 타자화 담론에 직면할 수밖에 없게 됐어요. 그리고 저처럼 그런 타자화 담론이 만들어내는 편견 앞에 설 수밖에 없는 주변의 학생들을 지켜보다보니 내 자신과 그 학생들이 타자화 담론을 어떤 방식으로 수용하고 있는지 궁금해지더라고요."

"지방대 교수가 지방대에 대한 생각을 공개적으로 그것도 학술연구의 형태로 말한다고요? 그다지 쉽지 않을 것 같은데요. 말씀하신대로 지방대란 용어가 우리 사회에서 비하의 의미를 갖고 사용된다면 지방대란 말을 언급하는 것 자체가 꺼려지실 텐데요. 그래서 모두들 지방이란 말도 쓰지 않고 지역이란 말을 쓰려고 하는데 말이죠."

"전 사실 지역이란 말을 쓰는 것보다는 그냥 지방이란 말을 쓰는 것이 좋다고 생각합니다. 지방이란 말을 의도적으로 긍정적 맥락에서 계속 사용하다보면 현재 지방이란 용어가 갖고 있는 비하의 의미를 오히려 전환시킬 수 있지 않을까 생각합니다. 소위 말하는 약호전환(transcoding)이 일어날 수 있다고 보거든요. 그러려면 먼저 그 용어를 쓰는 사람이 자부심을 갖고 그 용어를 사용해야겠죠. 아무튼 저는 저와 한 지방대생의 이야기를 토대로 해서 한국사회의 서울중심주의 타자화 담론 속에서 지방대 교수와 지방대생이 어떻게 생각하고 실천하는지를 알고 싶습니다."

"무척 흥미로운 이야기가 될 것 같군요. 들려주시죠."

## 2. 자기민속지학의 확장

나는 눈살을 찌푸리며 고개를 갸우뚱거린다. 책상 위에는 내가 방금 읽은 양성은(2005)의 논문이 놓여있다. 확실히 이 논문은 지방대와 관련해 사람들이 어떤 생각을 하고 있는지를 알아보는 흔치 않은 연구를 담고 있다. 그런데 난 이 논문의 어딘가가 마음에 들지 않은 것이다. 그것이 무엇일까? 양성은은 지방대학생이 "자신이 지방대학생이라는 객관적 사실을 어떻게 주관적 진실로 체험하며, 지방대학생을 바라보는 외부의 시각을 인식하면서 스스로를 어떻게 개념화하는지에 대한 기본적 고찰"(양성은, 2005, 172)을 위해 연구를 했다고 했다.

양성은에 따르면, 연구참여자들은 "아이러니하게도" 일상생활에서 지방대학생이란 자의식을 갖고 있지 않았다. 그럼에도 지방대학생이란 단어에서는 "무시, 차별, 소외, 촌스러움, 열등감, 실력부족, 취업난" 등의 부정적 개념들을 연상했다. 이것을 양성은은 타인의 눈에 비쳐진 객체로서의 자아(Me)를 반영하는 것이라고 해석했다. 그리고 이러한 각성을 유발하는 외부의 주요 타자는 대중매체, 수도권에 거부하는 지인들과의 상호작용, 모방과 동일시의 대상인 대학 선배라고 결론지었다. 지방대학생으로서의 각성에 대한 반응은 지방대학생으로서 범주화되는 것에 대한 강력한 부정, 혹은 범주화를 수용하면서 느끼는 서러움, 열등감, 피해의식의 감정이었다. 이 과정에서 연구참여자들은 긍정적 정체감을 내면화하기 위해 몇 가지 전략을 이용하는데 대표적인 것이 개인의 실천적 노력이다. 즉, 본인이 열심히 노력해 성공하는 것이 중요하다는 것이다. 다른 하나는 고향에 대한 애착과 긍지이다. 고향과 지역에 대한 사랑과 자긍심 속에서 소속감을 갖는 것이다. 이렇게 연구참여자들은 타인의 눈에 비친 객체적 자아(Me)와 스스로 지각하는 주체적 자아(I)의 긍정적 통합을 위해 지속적으로 노력한다는 것이다.

나는 왜 연구참여자들이 "아이러니하게도" 일상생활에서 지방대학생이란 자의식을 갖고 있다고 말하지 않았는지 궁금해진다. 이 연구를 위해 양성은은 두 가지 방법으로 자료를 수집했다. 하나는 개방형 질문지를 이용한 프로토콜 서술이고 다른 하나는 프로토콜 서술을 통해 얻은 자료를 바탕으로 한 심층면담이었다. 양성은은 질적 연구방법을 통해 지방대학생에 대한 연구를 진행하고자 한 이유를 기존의 실증주의적 연구들이 "연구참여자인 지방대학생을 타자화하고 객체화시킴으로써 이들의 주관적 의식이나 느낌, 가치관 등에 대한 심층적 정보를 얻지 못하는 한계를 지닌다(양성은, 2005, 172)"라는 점에서 찾았다. 하지만 이런 문제의식에서 출발했음에도 양성은이 제시한 질문들은 비지시적 질문(non-directve question)이 아니라 지시적 질문(directive question)이었다. 프로토콜 서술을 위한 개방형 질문지는 다음과 같은 일곱 개의 질문으로 구성됐다. "지방대학생이라는 단어에서 연상되는 것을 3가지 적고 각각에 대해 설명해 주십시오", "자신이 지방대학생이라는 것에 대해 어떤 생각을 하십니까?", "서울의 대학생들과 다른 점이 있다면 무엇입니까?", "지방대학생을 바라보는 사회의 눈은 어떤 것이라고 생각합니까?", "지방대를 다니는 것을 후회해 본 적이 있습니까? 있다면 어떤 경우입니까?", "지방대를 다니기 때문에 좋다고 느끼는 점이 있다면 무엇입니까?", "졸업 후 하고 싶은 일에 대한 계획을 구체적으로 설명해주십시오."

바로 이것이다. 양성은은 "자신이 지방대학생이라는 것에 대해 어떤 생각을 하십니까?"라고 직접적으로 물었다. 연구참여자들을 지방대학생이라고 이미 규정한 질문을 던지고 나서 "지방대를 다니는 것을 후회해 본 적이 있습니까?"라고 묻는다. 나는 바로 이 점이 마음에 걸렸던 것이다. 그 질문들은 연구참여자들을 강제적으로 지방대학생으로 타자화하고 객체화하는 것들이다. 서울 중심의 타자화 담론에 의해 지방대라는 용어가 사회적 편견을 담은 일종의 낙인처럼 기능하고 있는 상황에서 양성은은 연구참여자를 지방대생이라고 부르고 지방대생인 것을 후회하느냐고 물은 것이다. 그리고 연구참여자가 자신을 지방대생으로 인지하게 되는 것을 각성이라

불렀다. 연구참여자들이 지방대생이란 편견적 용어로 불리는 것을 부정할 수밖에 없는 상황임에도 불구하고 이미 그들을 지방대생이라고 규정한 양성은은 그 부정의 의미에 대해 분석하기보다는 그것을 "아이러니"하다고 평가했다.

나는 양성은의 논문을 던져놓고 지방대를 다니는 학생들이 자신에 대해 어떻게 생각하고 있는지를 알기 위해서는 어떤 방식으로 접근해야 할 것인지를 고민한다. 확실히 그들에게 직접적으로 지방대생이란 말을 하는 것은 좋지 않을 것이다. 그렇다면 학생이 자신의 자아정체성을 어떻게 형성하고 있는지를 알고자 하는 질문은 개방적이며 비지시적이며 비구조적인 성격을 띠는 것이 좋을 것이다. 내가 다루고자 하는 중심 개념인 지방대가 그 자체로 연구참여자에게 상처를 줄 수 있는 개념이기 때문이다.

사실 내가 지방대에 관심을 가진 이유는 내 자신이 지방대 교수이기 때문이다. 나는 이 문제를 자기민속지학을 이용해 탐구해 볼 생각을 전부터 갖고 있었다. 하지만 나는 지방대를 다니는 학생이 아니기 때문에 단지 내 자신의 이야기만으로는 지방대 문제에 접근하는 것에 한계가 있었다. 나와 함께 지방대 문제에 대해 고민하고 이야기를 나눌 사람이 필요했다. 일반적인 심층면담 방법에서처럼 여러 명의 사람들을 인터뷰하고 그들의 이야기를 토막토막 잘라 몇 가지 주제로 분류해 늘어놓는 것에는 별로 흥미가 없었다. 그런 방법은 뭔가 조작적이고 과학적인 듯한 느낌이 들어서 논문 같다는 느낌을 주는 데는 성공할지 모르지만 대개 그런 논문들은 소제목만 보면 대충 내용이 파악되기 때문에 읽기가 따분하다고 생각하고 있었기 때문이다.

그렇다면 나와 다른 한 명의 학생의 이야기만을 갖고 지방대 문제에 대한 생각을 좀 더 심도 있게 펼쳐 보는 것은 어떨까? 연구참여자인 학생과의 심도 있는 대화를 나누고 그 대화 속에서 그가 개인적인 의식의 다양한 차원을 드러내면서 그 안에 들어있는 사회적, 문화적 요소들을 스스로 발견하는 것을 돕는 것이 훨씬 더 흥미로운 작업이 될 수 있을 것이란 생각이 들지 않는가? 한 명의 연구참여자를 대상으로 그의 개인적 경험을 들어본다는 점에서 이 방법은 생애사연구와 비슷한 모습을 띤다. 생애사연구는 연구참여자가 자신의 비교적 긴 일생을 스스로 풀어 말하게 함으로써 자신의 경험을, 나아가 사회와 역사를 어떻게 현재의 주관적 관점에서 이해하고 있는가를 알아보고자 하는 것이다(이희영, 2005).

그렇다면 내가 생각한 방법과 일반적인 생애사연구 사이의 차이는 무엇일까? 나는 이 문제에 대해 고민하지 않을 수 없었다. 왜냐하면 내가 하고 싶은 것은 자기민속지학을 좀 더 확장시키는 것인데 이것이 일반 생애사연구와 같을 수는 없을 것이라 생각했기 때문이다. 보통 생애사연구는 연구자가 다른 사람의 삶의 이야기를 받아 적고 객관적 입장에서 분석하는 것이다. 나는 여기에서 단순히 다른 사람의 이야기를 받아 적는 사람이 아니라 내 이야기도 하면서 다른 사람과 공감하고 서로 이해하는 사람이 되고자 한다. 그러니까 연구자와 연구참여자의 역할은 단순한 기록자분석자와 구술자에 제한되는 것이 아니다. 기존의 생애사연구에서도 연구참여자가 연구결과의 타당성을 평가하는 작업(member checking)이 있는 경우가 있지만 나는 이 작업을 확장시켜 구술 내용을 해석하는 작업에 연구참여자가 적극적으로 참여해 줄 것을 요구하고자 한다. 연구참여자가 자신의 구술 내용을 해석하는데 참여하고 연구자의 개인적 경험들이 언급된다는 점에서 이 연구방법은 자기민속지학 방법의 확장으로 볼 수 있는 것이다.

자기민속지학은 자신에 대한 주관적 민속지학이며 항상 변화하는 자신의 모습을 민속지학적 관점에서 기술한 자서전이라고 할 수 있다. 연구자는 자신의 자아를 사회적 맥락 속에 위치시키면서 개인적 경험과 문화적 지식을 연결시킨다. 이를 통해 자기민속지학은 세계에 대한 객관적 지식을 얻기보다는 개인을 사회 속에 다시 동화시키고 일상생활의 행동을 다시 만들어내는 치료효과를 갖는다 (Tyler, 1986).

나는 자기민속지학이 가질 수 있는 치료효과에 주목한다. 연구참여자는 지방대라는 사회적 편견을 가진 개념을 만나 수용하거나 거부하는 과정을 구술하면서 연구자의 도움을 얻어 그런 개념을 중심으로 구성되는 개인적 경험들의 사회문화적 성격들을 해석할 수 있는 기회를 갖게 된다. 이렇게 연구자와 함께 자신의 개인적 경험과 감정 등이 어떻게 사회나 문화와 관계를 맺는지를 파악하는 것은 결국 사회적 편견에 맞서 연구참여자의 자아존중감을 높이고 자신과 사회의 관계를 보다 능동적으로 재설정할 수 있도록 도와줄 수 있다.

이처럼 확장된 자기민속지학을 사용하면 연구자가 연구참여자를 대상으로 간주하고 관찰하는 것이 아니라 연구참여자와 동등한 위치에서 비슷한 고민을 공유하는 상호작용자로서 교감을 하기 때문에 연구자가 연구참여자와 개인적 경험과 감정을 공유할 수 있다. 연구자와 연구참여자는 그런 공유를 통해 사회문화적 기억을 이끌어내면서 서로 영향을 주고받으며 능동적인 의미 창출의 작업에 참가하게 된다. 결국 연구를 통해 연구자와 연구참여자가 자신과 사회에 대한 더 폭넓은 이해에 도달하고 사회 속에서의 자신의 위치를 재설정하는 기회를 갖게 된다[17].

17) 연구의 치료효과에 대한 강조는 이 연구를 일반적인 생애사연구와 구별하도록 만드는 요소이다. 생애담의 기록을 중요하게 취급하는 인류학 분야를 제외한다면 사회학이나 언론학 등의 사회과학 분야에서 생애사연구는 흔치 않다. 이 생애사연구들은 대개 객관적 상황이나 사실에 대한 개인의 주관적 경험이 어떻게 구성되는지를 분석함으로써 특수성 속에서 일반성을 찾아내려는 "객관적 분석

연구자인 내 자신이 이미 지방대와 관련된 사회적 담론에 의해 직접적으로 영향을 받는 이해당사자라는 점에서 지방대와 관련해 연구자와 연구참여자 사이의 대화를 통해 기술되는 이야기는 연구참여자만의 자기민속지학이라기보다는 연구자의 자기민속지학이기도 하다. 따라서 나는 여기에서 연구자의 이야기와 연구참여자의 이야기를 함께 제시하면서 지방대에 대한 타자화 담론을 구체적인 사회 주체들이 어떤 방식으로 수용하는지를 보여주고자 하는 것이다.

그렇다면 어떻게 나와 이야기를 나눌 학생을 고를 것인가? 나는 그 전에 우선 내가 가르치는 학생들이 지방대에 대해 어떤 의식을 갖고 있는지 알고 싶었다. 그래서 나는 2009년 3월 경북 경산에 위치한 영남대학교 재학생들을 대상으로 비지시적이고 개방적인 질문을 답하도록 했다. 먼저 강의 시간에 "나는 누구인가?"라는 질문에 대해 학생들이 종이 위에 자유롭게 기술하게 했다. 모두 111명의 학생들이 답변지를 제출했다. 53명은 2학년생, 26명은 3학년생, 32명은 4학년생이었다. 이들 중 자신을 지방대생으로 표현한 학생은 두 명이었다. 한 명은 3학년생으로 다음과 같이 적었다. "지방대를 나와 그럭저럭의 스펙, 그리고 내 열정들을 의심해 본다." 다른 한 명은 4학년생으로 다음과 같이 글을 시작했다. "23살의 나이로 (어느) 지방대에 재학 중인 나."

첫 질문에 대한 답변에서 지방대라는 언급을 한 학생이 두 명밖

자"의 자세를 전면에 내세우기 때문에(임영호, 홍찬이, 김은진, 2007, 5-9) 생애담의 구술자와 연구자가 연구의 결과로 얻을 수 있는 자기 이해와 상처 치유의 가능성은 논의에서 배제되는 것이 일반적이다. 손병우(2006, 64)의 주장대로 생애사연구는 배제되거나 억압되고 망각됐던 집단의 기억을 복원함으로써 정치적 실천의 의미를 가질 수 있다. 하지만 단지 연구자에 의한 타자의 기억의 복원과 분석에만 치중하면서 주체의 자기 이해와 치유라는 관점을 고려대상으로 삼지 않을 경우 연구가 가진 정치적 실천의 의미는 퇴색될 위험이 있다. 자기민속지학 방법을 활용한 이 연구는 따라서 분석이나 해석보다는 연구자와 연구참여자의 이야기를 두껍게 기술하고 그 이야기들을 통해 얻어질 수 있는 자기 이해의 가능성에 더 큰 강조점을 둔다.

에 되지 않았기 때문에 나는 "나는 누구인가?"란 질문이 너무 개방적이어서 지방대에 대한 의식이 표명되기 힘들 수도 있다고 생각했다. 그래서 다음에는 다른 학생들을 대상으로 "나는 어떤 대학생인가?"라는 질문을 던졌다. 모두 196명의 학생이 답변지를 제출했다. 이 중 54명은 갓 대학에 입학한 신입생이었다. 54명의 신입생들 중에서 자신을 지방대에 다니는 학생이라고 답한 학생은 아무도 없었다. 나머지 142명의 학생들 중 20명은 2학년생, 50명은 3학년생, 72명은 4학년생이었다. 이들 중에서 자신을 지방대생이라고 규정한 학생은 두 명이었다. 한 명은 3학년생으로 이렇게 글을 시작했다. "저는 사람들이 무시하며 '지잡대'라고 부르는 지방 사립대에 다니는 대학생입니다." 다른 한 명은 4학년생으로 영남대를 자퇴했다 다시 들어온 학생이었다. 그는 다음과 같이 쓰고 있다. "지방대라는 불만과 '여기는 내가 있을 곳이 아니야'란 핑계로 결국 자퇴했다."

총 307명의 학생이 기술한 답변지를 읽으면서 내가 인상 깊게 발견한 것은 학생들이 자신에 대해 자유롭게 기술한 내용들이 모두 긍정적이라는 것이었다. 자신을 지방대생이라고 명백히 밝히고 있는 학생들조차도 그러한 인식이 부정적인 자의식으로 연결되지 않았다. 학생들은 모두 자신이 처한 상황의 어려움이나 개인적인 문제들에 대해 잘 인식하고 있으면서도 현재 자신이 하고 있는 것들에 대해 자랑스러워하며 미래는 더 나아질 수 있다는 자신감을 피력하고 있었다. 학생들이 기술한 답변지의 내용이 모두 밝고 긍정적인 내용을 갖고 있었다는 것은 자기고양 편향(self-enhancement bias)이 나타난 결과라고도 볼 수 있을 것이다[18].

18) 자기고양 편향은 사람들이 자기를 실제 이상으로 긍정적으로 평가하면서 자존감을 보호하거나 증진시키려는 경향이다. 심리학 분야에서는 오래전부터 잘 알려져 있는 이 경향은 부정적인 경험으로부터 개인을 보호하는 기능을 갖고 있으며 자기존중감이 낮은 사람들은 이러한 경향을 갖지 않는 것으로 알려져 있다(고재홍&전병우, 2003; 박아청, 2003; 한성열, 2003). 이를 근거로 추론한다

신입생들의 경우에는 지방대라는 인식이 나타난 답변지가 없었다. 신입생들의 답변지 내용은 대학생이 됐다는 사실이 주는 기대와 흥분, 설렘, 앞으로의 각오 등이 주를 이루고 있었다. 3학년, 4학년이 되면서 지방대라는 인식이 나타나는 것은 고학년이 되면서 취업과 관련된 탐색활동이 많아지면서 타자화 담론에 노출될 기회가 많아지기 때문인 것으로 보인다. 하지만 고학년임에도 불구하고 여전히 지방대와 관련된 인식을 명확히 밝히는 학생이 극히 적다는 것은 무엇을 의미하는 것일까? 대부분의 학생들에게 있어서 지방대는 적어도 의식의 차원에서는 존재하지 않는 허구의 대학은 아닐까[19)]?

나는 이제 나와 이야기를 나눌 학생을 찾을 수 있었다. 그는 답변지에서 지방대라는 언급을 한 학생들 중 한 명이 될 것이다. 왜냐하면 그가 스스로 지방대라는 개념을 언급했기 때문이다. 따라서 지방대란 주제로 이야기를 나누는 것이 학생에게 정신적 상처를 줄 위험은 비교적 적지 않겠는가? 다행히 이들 중 한 명은 내가 평소에 잘 알고 지내던 학생이었다. 그 학생과 어느 정도의 친분관계가

면 학생들은 높은 자기존중감을 갖고 있다고 볼 수 있다. 실제로 이상록(2007)의 연구에 따르면 학생의 자기존중감이 높을수록 지방대에 대해 긍정적 인식을 한다. 이것은 학생들이 서울중심의 타자화 담론에 쉽게 포섭되지 않도록 만드는 힘이 된다.

19) 앞에서 언급한 양돌규(2004), 홍석준(2004a)이 소개한 사례들이 보여주는 것처럼 지방민이나 지방대생은 서울중심의 타자화 담론에 완전히 포섭된 채 스스로를 타자로 자리매김하고 있을까? 그렇게 확언하는 것은 문제가 있다. 서울중심의 타자화 담론은 지방이나 지방대를 하나의 동일한 카테고리로 묶는다. 그러나 실제로 지방 내에는 다양한 특성을 가진 도시와 지역들이 존재하고 지방대 또한 하나의 지방대가 있는 것이 아니라 많은 지방대들이 존재한다. 지방대라는 이름의 대학은 존재하지 않는다. 답변지를 낸 학생들은 엄밀히 말해 지방대의 학생들이 아니라 영남대의 학생들이다. 서울대를 간 친구 아들을 부러워하는 부모가 있는 반면 영남대를 간 것을 만족해하는 학생들도 있다. 학생들이 높은 자기존중감을 갖고 지방대라는 단일 카테고리로 분류되는 것을 거부하는 한 타자화 담론이 만들어낸 지방대는 허구의 대학이라고 할 수 있다. 이 논문에서 굳이 영남대, 경북대 등의 실명을 밝힌 이유도 바로 지방대라는 단일 카테고리와 지방에 있는 구체적 개별 대학을 인지하는 과정에서 나타날 수 있는 차이를 드러내 보여주기 위해서이다.

형성돼 있다면 심층면담에 필요한 연구참여자와 관계(rapport) 설정이 비교적 용이하다. 또 그 학생은 학교 영자신문사의 편집국장을 맡고 있기 때문에 자신에 대해 이야기하고 평가하는 능력이 다른 학생에 비해 더 개발돼 있을 것으로 봤다. 이렇게 해서 연구참여자를 선정하는 작업은 손쉽게 끝이 났다. 그가 바로 민주이다.

나는 면담에서 민주에게 지방대라는 개념을 언급하지 않은 채 자유롭게 자신의 삶을 이야기하도록 했다. 그리고 민주에게 면담을 통해 학교생활에 대한 여러 생각들을 듣고자 하며 면담 내용을 분석해 논문으로 발표할 것이라고 말했다. 면담의 내용은 녹음될 것이라고 밝혔으며 논문이 작성되는 동안 민주에게 논문의 내용을 보여주고 검토를 부탁할 것이라 했다. 이와 함께 민주가 논문에서 익명으로 처리되고 싶은지 실명으로 처리되고 싶은지를 물었다. 일반적인 연구의 심층면담과는 달리 자기민속지학의 경우에는 민주가 단순한 분석의 대상이 아니라 해석의 주체이기 때문에 실명을 사용하는 것이 자연스러우며 그것이 연구내용의 진정성을 표현하기도 하기 때문이다. 민주는 실명을 쓰는 것에 동의했다.

면담은 총 네 번에 걸쳐 진행됐다. 첫 번째 면담에서 나는 민주에게 "자기 자신에 대한 이야기를 들려 달라"고 말했다. 민주는 체계적인 방식은 아니었지만 자유롭고 솔직하게 자신의 성장과정과 학교생활, 현재 하는 일들과 고민들에 대해 말을 했다. 1시간 동안 나는 주의를 환기시키거나 불확실한 것을 명확히 하기 위한 질문 외엔 특별한 개입을 할 필요를 느끼지 못할 정도로 민주는 자신의 이야기를 풀어냈고 그 과정에서 자연스럽게 지방대와 관련된 이야기도 언급이 됐다. 두 번째 면담에서 나는 영남대와 관련된 이야기를 중심으로 면담을 진행했다. 세 번째 면담에서 나는 민주와 친구들과 주변인들이 지방대와 관련해 어떤 생각들을 갖고 있는지를 물었다. 이것은 지방대와 관련된 민주의 생각이 어떤 사회적 상호작용 속에서 형성되고 있는지를 알아보기 위한 것이었다. 네 번째 면담에서는 대학생이란 어떤 사람인가라는 주제로 이야기가 진행됐다. 이들 면담에서 자연스럽게 지방대에 대한 민주의 생각들이 드러났다.

### 3. 지방대 문제와 관련된 나의 이중적 위치

민주의 이야기를 해석하기 전에 지방과 지방대에 대해 내가 어떤 방식으로 이해하고 있는지를 밝힐 필요가 있다. 이 작업이 필요한 이유는 내 자신이 지방대 교수로서 지방대와 관련된 타자화 담론에 직접 연결돼 있으며 민주의 이야기를 이해하고 해석하고자하는 동기 자체가 그런 나의 구체적 경험에서 발생했기 때문이다. 성장과정에서 이미 서울중심의 타자화 담론을 내면화하면서 성공적인 서울사람이 됐었던 내가 지방대와 관련해 다시 강제적으로 타자화의 대상이 되는 과정을 보면서 우리는 서울중심의 타자화 담론 앞에 선 지방민과 지방대생의 문제를 내부자이자 동시에 외부자의 관점에서 바라볼 수 있는 기회를 가질 수 있다.

#### 1) 서울 쥐가 된 시골 쥐

나는 초등학교 4학년 1학기 때까지 전라남도 장성군의 읍내에서 살다 서울로 왔다. 그리고 대학을 졸업할 때까지 서울에서 살았다. 태어나서 10년 동안 지방에서 살았고 12년 동안 서울에서 산 셈이다. 내가 살던 곳은 조금 낙후된 읍이었다. 읍내를 가로지르는 단 하나의 신작로가 있고 걸어서 5분을 가면 논을 만나는 곳이었다.

비록 장성에서는 제일 번화한 읍내였지만 그냥 시골이라고 말해도 될 만한 그런 곳이었다. 서울에 온 이후에도 나는 방학 때마다 고향에 내려갔고 고향에 가는 것을 "시골에 간다"고 표현했다. 자연스럽게 내 머리 속에 서울과 시골의 양자 대립 구도가 자리를 잡았다. "서울 쥐와 시골 쥐" 같은 동화는 내 개인적 경험에 너무나 일치하는 것이었기에 서울과 시골의 이분법적 구도는 적어도 내게 있어서 아주 자연스러운 것이었다.

대학교 때 만난 친한 친구들 중에 대구에서 고등학교까지 마치고 서울에서 대학을 다니던 친구가 있었다. 아마도 추석을 앞둔 날이었을 것이다. 친구는 추석을 쇠러 고향에 간다고 했다. 나는 항상 그랬듯이 자연스럽게 "시골에 가는구나"라고 말을 했다. 내 말을 들은 친구는 어이가 없다는 반응을 보였다. 대구는 시골이 아니라는 것이다. 예상치 못했던 친구의 반응은 내게 충격을 주었다. 이때 처음으로 나는 내 머리 속에 자리 잡은 서울과 시골의 이분법이 자연스러운 것이 아니라는 것을 깨달았다.

서울 외의 모든 다른 지역을 모두 시골로 명명했던 나의 생각은 단순히 내가 진정한 의미에서의 시골 출신이라는 사실에서 오는 개인적 경험으로 인해 만들어진 것은 아니었다. 내가 서울 외의 모든 지역을 시골로 생각했던 것은 단지 내가 시골에서 태어나 자랐기 때문만은 아니었다. 나는 고향에서 사는 동안에도 가까운 대도시인 광주에 자주 가곤 했기 때문에 다른 도시들의 존재를 잘 알고 있었다. 그랬음에도 내가 시골과 서울의 이분법을 자연스럽게 유지할 수 있었고 주변의 다른 사람들이 나의 그런 생각에 특별히 문제를 제기하지 않았던 것은 시골이 단지 도시가 아닌 지역을 일컫는 말로만 사용된 것이 아니기 때문이다. 시골은 개발이 되지 않아 낙후된 지역의 의미로 사용되며 서울을 제외한 모든 지역이 시골로 불릴 수 있었던 것은 사람들이 그 모든 지역을 낙후된 지역으로 여기는데 동의했기 때문이다. 나는 나도 모르게 시골을 그렇게 확장된 의미로 사용하고 있었고 친구의 부정적 반응은 내가 자연스럽게 받아들였던 것이 그렇게 자연스러운 것이 아니라는 것을 깨닫게 만들어준 계기가 됐다.

시골이란 말 외에 서울을 제외한 다른 지역을 싸잡아 부르는 용어가 또 있다. 바로 지방이다. 시골이란 말이 처음부터 도시가 아닌 개발되지 않은 곳이란 의미를 갖고 있는데 비해 지방이란 용어는 원래는 지리적 구성단위를 지칭하는 중립적 의미를 갖고 있었다. 하지만 현재 지방이란 말은 서울 혹은 중앙과는 대비되는 주변이라는 의미로 사용되며 낙후된 것이란 뜻을 함축하고 있다. 지방 것, 촌 놈, 촌스러운 것, 시골뜨기 등과 같은 언어 사용 사례에서 알 수 있듯이 지방은 촌, 시골과 동의어로 사용된다. 각 지방의 사람들이 공식적인 자리에서 자신의 고장에 대해 이야기할 때 지방이란 말 대신 지역이란 말을 쓰려고 의식적으로 노력하는 것은 지방이란 말이 함축하고 있는 이런 부정적 의미 때문이다.

지방이란 말이 이처럼 부정적 의미를 갖게 된 직접적 이유는 박정희 정권 하에서 실시한 강력한 중앙집권적 국가개발정책에서 찾을 수 있다(김광억, 1996; 홍석준, 2004b). 강력한 중앙정부의 소수 관료 엘리트들을 중심으로 서울에 모든 국가적 역량을 집중시키는 방식의 국가개발정책을 수립, 집행한 군부독재정권은 모든 방면에서 서울과 지방의 격차를 크게 벌림으로써 서울을 국가의 얼굴이자 근대화의 상징으로 만들었다. 이런 상황에서 서울이 아닌 지방은 전근대적인 것의 집합소로 인식됐다. 새마을 운동은 지방의 모든 것들을 미신적이고 전근대적인 것으로 규정하고 근대화를 위해 타파해야 할 것으로 만들었다. 정치, 경제, 행정, 문화 등 모든 분야의 권력과 정보가 서울에 집중된 상황에서 기업의 본사는 서울에 있어야 하고 교육은 서울에서 받아야 하며 취직도 서울에서 해야 한다는 것이 당연시됐다. 지방은 단지 서울을 위해 사람과 자원을 생산하는 곳에 불과했다. 지방은 서울에 대한 일종의 내부식민지로서 타자화됐다(임의영, 2006). 서울과 지방 사이의 이 기형적 주종관계는 서울공화국, 서울제국, 지방식민지와 같은 말들로 번역되면서 많은 사회적 비판의 대상이 되고 있다(강준만, 2008; 김정호, 1991; 장규식, 2003).

모든 것을 빨아들이는 블랙홀과 같은 서울의 힘을 나는 직접 경험했다. 내가 어린 나이에 고향을 떠나 서울로 오게 된 이유가 바로 서울에서 교육을 받기 위해서였기 때문이다. 나는 온 가족이 이사를 해야 했기 때문에 서울로 오게 된 것이 아니었다. 내 부모는 자식을 성공시키기 위해서는 서울로 보내야 한다는 생각을 갖고 있었다. 그리고 내가 초등학교 4학년 때 그 생각을 실행에 옮긴 것이다. 나는 부모와 떨어져 혼자 서울로 왔으며 당시 서울에서 공무원 생활을 하고 있던 작은 아버지 집에서 머물렀으며 후에는 아버지가 따로 마련한 집에서 외할아버지, 외할머니와 생활을 했다. 작은 아버지는 당시 한창 개발 중이던 강남에 살고 있었기 때문에 나는 자연스럽게 대치동과 도곡동을 중심으로 서울 생활을 하게 됐다. 나는 흔히 하는 말로 서울로 유학을 온 것이다. 초등학교 4학년 밖에 되지 않은 아이를 부모와 떨어져 살면서 공부하도록 한다는 것은 쉬운 일이 아니었을 것이다. 하지만 나의 경우가 극히 예외적인 것은 아니었다. 내 기억에 우리 고향에서 나처럼 부모와 떨어져 서울에 유학을 간 아이들이 제법 있었다. 마치 요즘 많은 아이들이 미국이나 캐나다 등지로 조기유학을 떠나듯이 당시에는 지방의 많은 아이들이 서울로 조기유학을 간 것이다.

부모가 계속 지방에 머물렀기 때문에 나는 방학 때마다 고향집에 가서 생활을 했다. 학기 중에는 서울에서 지내고 방학 때는 지방에서 보내는 생활은 고등학교를 졸업할 때까지 계속됐다. 이 때문에 나는 완전히 서울사람도 아니고 완전히 지방민도 아닌 상태로 청소년기를 보냈다. 그 과정에서 내가 서울사람으로서 고향에 사는 지방민들에 대해 우월감을 느낀 경험은 두 번이 있었다. 두 경우 모두 내가 초등학교를 다닐 때 경험한 것이다. 하나는 내가 서울말을 한다는 사실을 자각하면서 느낀 것이었고 다른 하나는 당시 지방에서는 볼 수 없었던 텔레비전 프로그램들을 나는 볼 수 있다는 사실에서 나온 것이었다.

나는 고향의 사투리에 대해 거의 몸에 각인된 애정과 친숙함을 갖고 있음에도 내가 직접 사투리를 하는 것에 대해서는 거부감을 갖고 있다[20]. 어린 시절 처음 서울에 있는 초등학교에 전학을 갔을 때 아이들에게 사투리를 쓴다고 놀림을 받았던 기억이 그런 거부감의 원천일지도 모른다. 서울 아이들과 같이 생활하면서 사투리는 빠르게 잊혀졌다. 내가 하게 된 서울말은 표준말이었고 사투리에 비하면 왠지 고급스럽고 교양 있는 말처럼 느껴졌다. 고급스럽고 교양 있는 말처럼 느껴지는 서울말을 버리고 굳이 촌스럽게 들리는 사투리를 억지로 다시 할 이유를 느끼지 못했다.

텔레비전의 경우, 당시 서울에서는 TBC(동양방송)가 방송되고 있었지만 지방에서는 이것을 볼 수 없었다. TBC에서는 여러 애니메이션들과 외국 프로그램들을 방송하고 있었다. 어린 아이들이 그렇듯이

20) 이 거부감은 흔히 호남 사람들이 갖는다고 알려진 사투리 사용과 관련된 정치적 이유에서의 꺼림(홍석준, 2004b, 29)과는 관련이 없다. 어린 시절부터 서울에서 살았기 때문에 나는 사실상 사투리를 잊어버렸다. 의도적으로 노력해서 사투리를 구사할 수는 있지만 그것은 진정한 사투리가 아니라 서울사람의 사투리 흉내내기에 불과한 수준이다. 이미 사투리를 할 수 없게 됐기 때문에 사투리를 숨겨야 한다는 강박감을 느낄 필요는 없었다.

나는 이런 아동용 프로그램을 보는 것을 매우 좋아했으며 이렇게 재미있는 것들을 보지 못하는 고향의 친구들에 대해 안타까운 마음을 가졌다. 그리고 그 안타까움은 곧 "나는 그것을 볼 수 있다"라는 우월감으로 변했다. 나는 서울에서 살았기 때문에 지방의 아이들이 누리지 못하는 것을 누린다는 것을 자랑스러워 한 것이다.

이 두 사례는 지방에서 태어나고 자란 내가 정치, 경제, 사회, 교육, 문화 등 모든 분야의 중심으로서 지방을 주변화하는 서울중심의 타자화 담론에 얼마나 자연스럽게 포섭됐는지를 보여준다. 표준어라는 권력으로 강제된 서울말을 온몸으로 흡수하며 그전까지 나의 모국어였던 사투리를 잊어버렸을 뿐 아니라 사투리에 대해 거부감까지 느끼게 된 나, 그리고 텔레비전이라는 당시의 초등학생에게 주어진 가장 강력한 문화적 장치를 중앙에서 '온전히' 소비한다는 우월감 속에서 고향 친구들 앞에서 자신 있게 그들은 전혀 들어보지도 못했을 TV애니메이션 시리즈의 주제가를 불러재끼던 나는 포스트식민주의 담론(Fanon, 1952/1998; Bhabha, 1994/2002)식으로 조금 확대 해석하자면 열등하고 후진적인 식민지 타자의 신분에서 막 벗어나 우월하고 선진적인 주체의 눈으로 세상을 보는 법을 발견했던 셈이다[21].

21) 사실 겉모습은 비슷하지만 포스트식민주의의 타자화 담론을 서울중심의 타자화 담론에 그대로 대입하는 것은 조금 지나친 면이 있다. 서울중심의 타자화 담론에는 인종이나 성과 같은 뛰어 넘을 수 없는 간극이 개입하지 않기 때문이다. 사투리가 드러내는 지방성과 피부색이 드러내는 인종성을 동일선상에서 비교할 수는 없을 것이다. 서울에 계속 살았다면 나는 단지 지방에 고향을 둔 서울사람으로서 아무런 정체성의 혼란 없이 살았을 것이다. 서울중심의 타자화 담론에 사실상 본질적인 차이(인종, 성, 성적 취향 등)가 개입하지 않고 단지 담론적 차이만이 개입한다는 사실은 서울중심의 타자화 담론에 대한 주체들의 상대적 자율성의 가능성을 보여준다. 지방이나 지방대에 대한 타자화 담론과 관련해 자기 부정이나 폭력적 저항의 모습이 잘 나타나지 않는 것은 바로 이런 이유 때문이라고 볼 수 있을 것이다.

### 2) 지방대에 대한 생각의 양가성

서울에 성공적으로 편입한 나에게 있어서 서울은 다녀야 할 학교가 있고 해야 할 일과 만나야 할 사람들이 있는 곳이었지만 지방은 부모가 있는 곳이었으며 방학 때만 머물던 곳이었다. 서울은 내 활동과 생활의 중심이었지만 지방은 잠시 쉬어가는 곳이었다. 고향에 대한 애착은 항상 유지하고 있었지만 지방은 내가 굳이 고민하거나 알아야 할 필요가 없는 곳이었다. 그런 내가 지방에 있는 한 대학교에서 일을 하게 되면서 다시 지방에서 살게 됐다. 대구와 경북 지역은 내가 전혀 알지 못하던 곳이었으며 내가 재직하게 된 학교 또한 그전에는 들어 본 적도 없는, 그 존재조차 몰랐던 곳이었다.

내 고향과는 전혀 다른 지역이지만 완전한 서울사람이라기보다는 지방 생활에 상당히 익숙한 나에게 대구경북 지역에서 생활하는 것은 그다지 힘든 일이 아니었다. 적당한 규모의 도시와 편리한 생활환경, 크게 부족하지 않은 급여 등은 나를 편안하게 했고 나는 쉽게 이곳 생활에 정착할 수 있었다. 내 고향이면 더 좋았겠다고 생각했지만 서울이면 더 좋겠다는 생각은 갖지 않았다. 한동안 서울에서 살았지만 원래 지방민이었던 탓에 쉽게 다시 지방민이 되는 것을 받아들였다. 적어도 "서울바라기"가 되지는 않은 것이다.

그런데 지방민으로 살게 되면서 그전에는 보이지도 않았고 알고자 하지도 않았던 지방의 문제들에 직면하기 시작했다. 특히 지방대의 문제는 나와 직접적으로 관련된 것으로 외면할 수 없는 것이었다. 내가 재직하고 있는 곳이고 내가 가르치는 학생들이 있는 곳이 지방대라는 부정적 의미를 가진 용어로 불리고 있기 때문이다. 내게 있어서 지방대의 문제는 두 가지 차원에서 제기된다. 하나는 서울과 지방 사이의 오래된 주종관계 속에서의 지방대의 위치와 관련된 차원이고 다른 하나는 서울대와 지방대로 대별되는 대학 간 서열에 의해 발생하는 문제의 차원이다. 나는 이 두 차원 모두에 깊이 연루돼 있을 뿐만 아니라 각 차원의 두 대립요소들 사이의 충돌을 직접 경험하고 있다.

앞에서 말한 대로 나는 성장하면서 서울과 지방이란 두 대립요소 사이의 충돌을 경험했고 둘 사이의 주종관계를 기반으로 내 정체성을 만들어갔다. 지방에서 태어나 자라다 서울에서 교육을 받고 다시 지방으로 내려와 생활하는 나의 모습은 조금 과장하자면 식민지에서 태어나 자라다 식민국으로 가 교육을 받은 후 다시 식민지로 돌아와 식민지 아이들을 가르치는 사람의 모습을 닮았다. 내가 살고 있는 곳에서 나는 여전히 서울말을 하는 서울사람으로 간주되며 언젠가는 서울로 돌아갈 사람이란 평가를 받는다. 하지만 나는 서울을 내가 다시 돌아가야 할 곳으로 생각하지 않으며 결국에는 고향으로 돌아갈 지방민이란 생각을 갖고 있다. 나는 서울사람이나 지방민 모두에게 이방인이 된 것이다.

지방대의 문제도 근원적으로는 서울과 지방 사이의 주종관계에서 비롯된 것이다. 그런데 지방대 문제는 서울과 지방 사이의 차별에 대학 간의 차별이 이중적으로 결합한다는 점에서 그 특수성을 찾을 수 있다. 대학을 소위 일류대와 삼류대로 구분하면서 대학 간의 서열을 만들어 온 오래된 관습이 서울과 지방 사이의 심화되는 격차와 차별 의식과 만나면서 서울에 있는 대학은 일류대, 지방에 있는 대학은 삼류대라는 사회적 편견이 만들어졌다[22].

22) 현재 인터넷 등의 각종 정보교환, 토론 사이트나 블로그 등에 나타나는 고등학생들과 대학생들의 대학 평가관련 글들을 살펴보면 서울에 있는 대학('인서울대')은 성공하기 위해 반드시 가야하는 곳으로, 그리고 지방에 있는 대학('지잡대')은 서울에 있는 대학을 갈 실력이 안 되는 학생들이 어쩔 수 없이 선택하는 곳으로 묘사되고 있다. 지방에 있는 대학을 다니는 학생들 중 서울에 있는 대학

나는 이런 대학 서열에 대한 편견의 수혜자이자 동시에 피해자이다. 소위 일류대라고 칭해지는 서울대를 졸업한 사람으로서 나는 이 편견이 가져오는 이익들의 수혜자이지만 삼류대라고 인식되는 지방대에서 재직하는 교수로서 나는 피해자이기도 하다. 이 편견에 의해 만들어진 나의 이중적 위치는 학생들을 대하는 내 자세의 모호함을 통해 드러난다. 일류대를 나온 나는 삼류대라고 치부되는 학교를 다니는 학생들에 대해 우월감을 가져야 하는가 아니면 편견의 동일한 피해자로서 같은 열등감을 느껴야 하는가?

서울과 지방, 일류대와 삼류대라는 양극의 대립요소들 모두에 속하면서 동시에 어느 쪽에도 속하지 못한 나의 모호한 위치 때문에 나는 지방대와 지방대생에 대해서 양가적 평가를 내린다. 한편으로 나는 서울의 번잡함과 소란에서 멀리 떨어진 지방의 대학은 연구와 교육의 최적지라고 생각하며 사회가 만들어내는 허구의 타자화 담론[23)]에 의해 부당하게 고통 받고 있다고 생각한다. 다른 한편으로 나는 서울의 우월함을 인정하며 타자화 담론의 실재성을 경험한다.

으로 가기 위해 편입을 준비한다는 내용의 글도 상당히 많이 눈에 띤다. 심지어는 오로지 서울에 있는 대학에 편입하기 위해 지방에 있는 대학을 간다고 하는 내용의 글들도 많다. 지방에도 좋은 대학들이 있고 지방대를 나와도 충분히 성공할 수 있다는 내용의 글들이 간혹 눈에 띄지만 그런 경우는 예외적인 것이며 일단은 서울에 있는 대학을 가야한다는 내용의 글들이 많은 공감을 얻는다.

23) 서울중심의 담론에 의해 지방과 지방대가 주변화되면서 지방과 지방대는 타자로서 자리매김된다. 이런 타자화 담론이 실재성을 가지려면 지방민과 지방대생이 그 담론을 내면화함으로써 서울의 관점에서 스스로를 바라봐야 한다. 지방민과 지방대생이 서울과 관계없이 독자적인 자기 정체성을 만들고 있다면 타자화 담론은 허구에 머문다. 내가 앞에서 지방대를 상상의 대학이라고 한 것은 타자화 담론이 허구라는 관점에서 지방대를 봤기 때문이다. 하지만 스스로 지잡대생이라고 말하는 학생들에게 있어서 타자화 담론은 허구가 아니다.

## 4. 민주의 이야기에서 나타나는 양가성

서울사람도 아니고 지방민도 아니면서 지방에 사는 나의 이중적 위치가 서울중심의 타자화 담론을 한편에서는 수용하고 다른 한편에서 거부하도록 만들면서 지방대에 대해 양가적 평가를 하도록 만들었다면 지방에서 태어나고 자라 지방대를 다니는 학생은 자신과 지방대를 어떻게 평가할까? 그는 타자화 담론을 받아들이는가 아니면 그것의 허구성을 주장하는가?

### 1) 민주의 삶

이 질문에 답할 수 있도록 나를 도와 준 사람은 영남대학교 3학년에 재학 중(2009년 현재)인 민주이다. 민주는 1989년에 대구에서 태어났다. 아버지는 경남 의령 출신이다. 민주의 조부모, 증조부모도 모두 의령에서 살았다. 민주는 지금도 의령에 있는 할아버지와 할머니를 자주 찾아뵙는다. 아버지는 대구에서 전문대를 다녔고 졸업 후 대구의 한 건설회사에 취직해 대구에 정착했다. 어머니는 경북 영덕에서 고등학교를 졸업하고 살다가 25세에 30세의 아버지를 만나 결혼하면서 대구에서 살게 됐다. 아버지가 안정적인 직업을 갖고 있었고 어머니는 가족을 위해 희생하는 스타일의 가정주부였기 때문에 민주는 어린 시절을 큰 어려움 없이 순탄하고 안정적으로 보냈다. 민주는 장녀이며 밑으로 두 살 터울의 남동생이 있고 늦둥이로 태어난 막내 여동생이 있다. 여동생은 IMF가 터진 해에 태어났는데 이 해에 아버지의 회사가 부도가 나면서 집이 경제적 어려움에 빠지게 됐다. 회사의 부도 후 아버지는 여러 회사를 전전했기 때문에 집안 형편이 안정되지 못했다.

민주는 대구 인근에 있는 칠곡에서 어린 시절을 보냈으나 IMF

후의 경제적 문제 때문에 민주가 초등학교 6학년 때 가족은 칠곡에 있는 집을 세놓고 대구 수성구에 있는 작은 주택에 전세로 이사를 가게 됐다. "대구도 촌이지만 칠곡은 정말 촌이어서" 민주와 비슷한 생활수준의 아이들이 대부분이었고 동네의 친구들이 같이 초등학교를 가고 거의 같은 아이들이 매 학년 같은 반이 돼 학교를 다니다보니 아이들 간의 동질감이나 친분이 두터웠다. 하지만 이사를 가게 된 수성구에는 의사나 변호사, 사장 등의 부모를 둔 부잣집 아이들이 많았고 동시에 가난한 집 아이들도 많았다. 처음에는 적응하기 어려웠지만 중학교를 가면서 새롭게 친구들을 사귀고 생활에 적응할 수 있었다. 하지만 집에서 부업을 하며 생활하던 어머니가 자신이 잘 아는 동네인 칠곡으로 돌아가고 싶어 해 결국 민주의 반대에도 불구하고 민주가 중학교 2학년 때 가족은 칠곡의 집으로 다시 이사를 가게 됐다. 처음에는 다시 칠곡 생활에 적응하기가 힘들었지만 곧 친구를 사귀고 적응했다.

민주는 칠곡의 팔달 중학교 3학년 때 글쓰기 대회에 나가 상을 받았다. 글을 아주 잘 쓰는 것은 아니었지만 글쓰는 것에 흥미를 느꼈다. 글쓰기에 대한 관심은 계속 이어져서 고등학교 2학년 겨울에는 작가가 되기 위해 한예종의 시험을 보기도 했고 수시면접 후에는 서울예대를 알아보기도 했다. 고등학교 때는 방송작가, PD가 되고 싶었다. 고등학교 때 민주의 모습은 열심히는 했지만 왜 공부를 해야 하는지는 모르는 학생이었다. 그냥 하라고 하니까 공부했고 노는 게 좋았던 학생, 내신은 85점에서 90점 사이를 유지하는 "정말 평범한 성적을 내는 아주 평범한 학생이었다". 반장 같은 것은 한 적이 없고 사서 같은 것을 했으며 청소를 잘 했다. 얼굴 보면 알 것 같은데 딱히 이름은 생각나지 않는 그런 학생이었다.

민주는 수시 면접을 통해 영남대학교 영어영문학과에 들어왔다. 고등학교 때 글을 썼기 때문에 방송작가나 광고 카피라이터가 하고 싶어 대학을 안 가고 아카데미에 들어가고자 했다. 하지만 서울에 가서 혼자 살아야 하는데다 생활비 등의 비용도 만만치 않았기 때문에 부모가 반대를 했다. 민주가 강력히 서울행을 주장했다면 가능했을 수도 있지만 민주도 확실한 결심을 하지 못한 상태였다. 그래서 결국 일단 대학에 들어가 생각을 해 보라는 부모의 말에 설득을 당했다. 수시에서는 성적에 맞춰 경북대 노어노문학과와 영남대 영어영문학과를 지원했으나 경북대에 떨어져 영남대를 오게 된 것이다.

영어영문학과는 처음부터 민주가 원하던 학과는 아니었다. 하지만 영문학과에서 자체적인 학생활동의 일환으로 영어 연극을 하는 것을 보고 학과에 대한 흥미를 느꼈고 보다 실용적인 공부를 하기 위해 영어번역전공을 선택했다. 그러다 영자신문사를 발견했고 신문사에 들어가면서 대학생활에 재미를 느끼기 시작했다. 2학년 때는 편입에 대한 생각을 많이 했다. 2학년 때 광고에 관심이 많았는데 광고인들은 서울에 있는 좋은 대학들에만 특강을 간다고 생각했다. 그래서 편입을 할 생각을 하고 숙명여대, 한양대, 중앙대 등을 알아봤다. 편입을 위해 2학년 말에 학교를 그만두겠다고 하자 신문사 선배가 지금 할 수 있는 것을 하는 것이 좋겠다는 충고를 했다. 민주는 3학년이 돼 신문사 생활을 계속하고 편집국장이 되면서 많은 사람들을 만나고 다양한 경험을 하면서 편입하겠다는 생각을 버렸다. 또 광고를 하는 길은 다양하다고 생각을 했다. 반드시 서울에 있는 대학의 광고학과를 가야 광고를 할 수 있는 것이 아니라는 것이다. 이제는 대학원을 갈까 하는 생각을 하고 있다. 지식으로 뛰어난 사람이 되고 싶기 때문이다. 광고 마케팅 쪽의 직장생활을 먼저 하고 경험과 지식을 쌓은 후 대학원에 가고 싶다는 생각을 한다. 이것이 민주가 지금까지 살아온 삶의 간단한 궤적이다.

2) 서울과 지방에 대한 이해

민주는 대구에서 태어나 대구 인근을 벗어나 살아본 적이 없고 서울, 대전, 부산, 제주도 등은 가봤지만 강원도와 전라도 쪽은 한 번도 가본 적이 없다. 자신이 어린 시절의 대부분을 보내고 지금도 부모와 동생들이 살고 있는 칠곡은 주저 없이 촌이라고 생각한다. 그런 민주에게는 대구도 촌이다. "나는 촌사람이다. 칠곡은 도시라고 하기엔. 내가 어렸을 땐 논밭이 있었다. 초등학교 때 다 똑같은 애들이고 그 애들이 그대로 중학교, 고등학교를 가는. 내가 생각하는 도시는 뉴욕 이런데. 모든 사람들이 활기차게 일하는 도시. 대구는 일하는 곳이라기보다는 소비하는 곳. 일하는 곳은 서울이겠죠, 부산이나."

민주는 처음 경주에 갔을 때 모든 건물들이 다 낮고 한산해서 놀랐다는 이야기를 한다. 촌이라는 느낌을 받았다는 것이다. 그리고 경주에 사는 친구가 대구에 와서는 대구는 대도시같다고 말하는 것을 듣는다. 그런데 경주에 사는 친구들이 대구의 높은 빌딩들과 시가지를 보고 대도시라고 느낀다고 해서 민주가 대구를 촌이라고 인식하는 것이 변하지는 않는다. 민주에게 있어서 촌과 도시의 구분은 단순히 높은 빌딩들이 있는 시가지의 유무에서 찾는 것이 아니기 때문이다. 민주는 얼마나 많은 것을 보고 배우고 일할 수 있는가를 촌과 도시를 구분하는 기준으로 삼는다. "부산은 놀러가고 서울은 특강 등을 들으러 간다. 부산은 외국인이 많더라. 서울은 그냥 복잡하다. 서울이 좋은 것이 아니라 그곳에 있는 회사나 사람들을 만나는 것이 좋다. 서울은 너무 복잡하고 부산은 서울에 비해 복잡하지 않지만 사람들은 비슷하게 잘사는 것 같다. 사람들이 옷도 그렇고 차도 그렇고 잘 사는 것 같다. 살기는 대구가 좋다. 하지만 교육하기는 안 좋다. 자원이 한정돼 있다. 보고 느끼고 배우는 것도 없고."

그렇기 때문에 민주는 성공을 하려면 서울로 가야 한다고 생각한다. "대구는 떠나고 싶다. 대구에서 취업을 하면 싫다. 대구는 일단 문화생활, 문화산업이 잘 안 돼 있고 분위기가 보수적인 것이 싫다. 뭔가 너무 안정된다는 생각. 고향으로서는 정말 좋다. 칠곡은 공기도 맑고 정말 좋다. 안락하고 안전하다. 서울은 한번 갔다 오면 진이 빠지고 피곤하지만 얻을 수 있는 것이 많다. 눈앞이 다 예술작품이고. 사람이 좋은지는 모르겠다. 근데 대구는 사람도 좋고 근데 참 그게 아니다. 그건 좋지만 여기에서 일하고 싶진 않다. 대구에서 일해서 그만큼 클 수 있는 곳이 어딘지 모르겠다."

민주가 보기에 서울의 장점은 많은 것을 보고 배우고 즐길 수 있다는 것에 있다. 반면 그녀의 집이 있는 칠곡이나 대구와 같은 촌의 장점은 공기가 좋고 살기가 편하다는 것이다. 살기는 편하고 좋지만 민주가 배우고 싶고 알고 싶고 또 일하고 싶은 것들이 있는 곳은 서울이기 때문에 서울로 가야만 하는 것이다. 그런데 서울중심의 타자화 담론을 수용하는 것처럼 보이는 서울과 촌에 대한 민주의 이러한 일관된 구분이 민주가 다니는 대학교와 연결될 경우에 민주의 이야기는 종종 자기모순적인 모습을 보인다.

### 3) 지방대 평가의 양가성

민주가 영남대에 대해 내리는 평가는 양가적이다. 우선 민주는 서울과 촌 사이 구분의 연장선상에서 영남대를 평가한다. 민주는 고등학교 때 서울에 있는 대학으로 진학하고자 하는 생각을 하고 있었다. 그 생각을 실행에 옮기지 못한 이유는 세 가지이다. 하나는 경제적 이유로 부모가 반대를 한 것이고 다른 하나는 서울로 가겠다는 민주의 결심이 확고하지 못했기 때문이다. 마지막 하나는 서울에 있는 유명한 대학에 갈만한 성적이 안됐기 때문이다. 결국 영남대는 자신이 원해서 선택한 학교가 아니라 부모의 설득으로 가정 형편과 성적을 고려해 오게 된 학교이다.

민주가 보기에 영남대는 지방에 있는 대학이기 때문에 지식이나 배움과 관련해 민주에게 큰 혜택을 주지 못하는 대학이다. "지리적인 것이 멀어서 모든 강연이나 지식이나 인프라가 다 서울 쪽에 있어서 그런 것을 접할 기회가 많지 않은 것이 아쉽다. 서울은 애들이 서로 모여서 하는 것도 많고 기업에 직접 가볼 수도 있는데 여기에서는 힘들다. 서울의 한 대학에서 광고인 특강이 있어서 들어보려 했지만 안 된다고 해서 힘들었다. 서울에서는 그런 것을 쉽게 할 수 있는 것 같다."

또한 학생들의 태도에서도 문제점을 느낀다. "영대(영남대)에 대해서는 그렇게 긍정적 생각이 없다. 인문자율 학부 학생들을 대상으로 하는 특강에서 분위기가 너무 어수선했다. 학생들이 그러면 학교가 발전하지 못한다. 중도(중앙도서관)에서는 공부하는 학생들이 많다. 그건 좋다. 근데 원룸 근처에서는 술 먹고 생각 없이 사는 학생들도 많다."

이런 생각을 갖고 있기 때문에 민주는 대학에 진학할 예정인 남동생에게는 서울로 가라고 권한다. "남동생에게 절대 대구에 있지 마라. 대구에 있지 말고 서울에 가라고 말한다. 난 기회가 나면 서울에 가려고 한다. 서울에는 문화적 볼거리가 많고 공짜로 할 수 있는 것이 많다. 대학교는 어디나 가든 상관이 없다. 그러나 대구는 안 된다. 전문대를 가도 서울로 가라. 대학을 같이 다니는 학생들이 중요하다."

하지만 민주는 동시에 영남대에 대해 거의 동일한 이유로 긍정적 평가를 내린다. 특강 등이 많아서 배우는 것이 많고 학생들도 공부를 열심히 한다는 것이다. "영남대에 대해 좋게 생각한다. 중도에서 애들이 진짜 열심히 공부한다. 그런 것이 지속되면 언젠가는 애들이 영대 들어오고 싶어서 들어오는 경우가 많아질 것 같다. 수업이 토론식이 많았으면 좋겠다. 수강하는 애들이 너무 많다. 그런 것이 잘 안 이뤄지고 있는 것은 경쟁력이 약한 것 같다. 일단 캠퍼스가 도시에 있는 게 아니라 공기가 좋고 장학금도 많이 준다고 한다. 단대별로 학생 참여공모전도 많이 하고 학교 측에서는 애들에게 많이 하려는 부분이 많이 보인다." "뭔가 나가고는 싶은데 지금은 여기에 있지만 여기서 얻는 것도 많고 지식 특강도 많고 학생들이 너무 착해서 좋다. 고등학교 같은 대학인 것 같다." "영대는 상대와 공대에 대한 지원과 역량이 뛰어나다. 대기업 취업도 많이 하고."

영남대에 대한 민주의 양가적인 평가는 다음과 같은 말에서 극명하게 드러난다. "영대가 경기도에 있으면 좋을 것이다." 영남대가 영남대라는 이름으로 평가될 경우 영남대는 큰 문제가 있는 대학이 아니다. 문제가 있다면 단 하나 서울이나 그 인근이 아닌 지방에 있다는 점이다. 문제는 영남대가 지방대의 카테고리로 분류될 때 발생하는 것이다.

그렇다면 민주는 지방대를 어떻게 이해하고 있는가? 민주에게 지방대는 위치가 낮은 대학이다. 민주가 보기에 고등학교 때 공부를 열심히 잘 했던 학생들은 서울로 가고 서울로 가지 못한 낮은 위치에 있는 학생들이 가는 대학이 지방대이다. 민주는 자신이 고등학교 때 열심히 공부하지 못해 지방대에 오게 됐다고 생각한다. 민주가 자신을 지방대생으로 인식하는 것은 항상 민주의 행동을 통제하거나 조정하는데 필요한 판단 근거로 작용한다. "내 스스로도 지방대생이니까 더 열심히 해야지라고 생각한다. 걔들은 쉽게 할 수 있는 것을 우리는 더 노력해야 하니까 그 위치가 우리가 더 낮으니까. 별로 주변에 없으니까 인재들은 다 서울에 가지 않나?" "항상 지방대생이라는 게 있다. 높은 대학교가 아니라 지방대에 있는 학생이니까 더 잘해야겠다는 생각이 든다." 그렇기 때문에 민주는 지방대 중에서도 성적이 좋은 학생들이 가는 대학은 지방대라는 부정적 이름을 갖지 않을 수 있다고 생각하는 것처럼 보인다. "경대생(경북대생)은 왠지 자신을 지방대 경대라고 이야기하지 않을 것 같다. 자기들은 국립대 경대라고 이야기할 것 같다."

민주는 이처럼 여러 번 지방대와 지방대생으로서의 자신의 위치를 사회적으로 열등한 것으로 이해하고 있음을 드러내는 말들을 하면서도 의식적인 차원에서는 대학 간의 서열이나 차별을 거부하려는 모습을 보인다. 이것은 종종 지방대를 단순히 지리적으로 지방에 있는 대학을 지칭하는 중립적인 의미로 이해하려는 의식적 노력으로 나타난다. "지방대라는 것도 이렇게 말하기 전까지는 생각해 본적이 없다. 아무 생각 없이 지방대라고 말한 것이다. 나는 그것을 사실이라고 생각을 했다. 지방이란 것은 사실이다. 어떤 이미지를 가진 단어가 아니라 그냥 나누는 하나의 기준이지. 사립대 국립대 이런 거랑 똑같이 생각했다. 지금까지는 그렇게 생각해서 말했는데 방금 생각이 나서 말한 것이다. 지방대가 딱히 나쁜 이미지를 갖는다거나 그런 생각은 없었는데." "내가 생각하는 지방대는 지방에 있는 대학교이다. 서울에 있는 대학이 아니라. 경기도도 지방대 같은데." "대학을 안간 애나 전문대를 간 애에게 우월감은 느끼지 않는다. 내 친구 중 성적이 같은 애가 전문대를 갔다. 빨리 취직하고 싶어서. 사회의 대학 간 서열 같은 것에 신경 안 쓴다. 그게 싫다."

동시에 민주는 지방이나 지방대에 대한 차별적 인식이 언론에 의해 만들어지고 확산되고 있다고 생각한다. 수용자의 관심을 끌고자 하는 언론의 성향이 지방이나 지방대의 문제를 중요한 의제로 만들어내고 지방과 지방대에 대한 사람들의 인식을 고착시킨다는 것이다. “지방대생의 위기 같은 기사들을 많이 봐서 그런 것 같다. 언론에서 수도권대생 이런 얘기는 하지 않는다. 언론에서 지방대 지방대생 하니까 나도 그렇게 생각하는 것 같다. 언론에서 지방대 이야기를 하는 것은 좀 더 강조하기 위해서라고 해야 하나? 수도권 집중현상을 더 강조하기 위해서. 나는 수도권 외의 곳은 다 지방이라 생각하고 있다. 도시라고 생각 안하고 지방이라 생각하는데 내가 잘못 생각하는지는 몰라도. 그렇게 만든 것은 언론에서 지방이라고 많은 이야기를 하는 것도 그 원인이다. 수도권은 서울을 중심으로 한 근처 여러 도시. 서울 빼고 나머지를 다 지방이라도 할 수 있지 않나? 사람들이 다 그렇게 생각한다면. 언론에서도 지방대라고 하면 전체의 문제라고 느껴지지 않을까? 서울 빼고 나머지 다가 문제가 있을 것 같다라고 생각하고 그런 걸 많이 쓰는 것 같다. 언론은 사람들이 읽게 하려고 좀 더 경각심을 주려고. 사실을 보도하는 데도 사람들이 보도록 하기 위해서. 언론의 보도에 대해 기분이 좋고 나쁜 것은 모르겠다.”

지방이나 지방대에 대한 민주의 인식은 양가적이며 상당히 혼란스러운 상태에 있는 것처럼 보인다. 한편으로는 서울에 비해 지방이 갖고 있는 현실적인 불리한 여건들을 잘 알고 실제로 경험하고 있으면서 지방대생에 대한 사회의 부정적 인식을 직관적으로 알고 공유하지만 동시에 다른 한편으로 의식적인 차원에서는 그것을 부정하려 노력한다. 타자화 담론을 수용하면서 동시에 그것에 대해 저항하고 있는 것이다. 민주는 의식적인 차원에서는 대학 서열에 대한 편견을 직시하는 것을 두려워하는 것처럼 보이기도 한다. 직관적으로는 알고 있지만 그것을 의식적인 차원에서 체계적인 지식으로 외화하는 것에는 큰 정신적 부담을 느끼는 것이다. “좋은 대학은 공부 잘하는 학생들이 있으니까 더 많은 생각을 할 것이다.

그래서 편입하려 했었다. 그러나 신문사 하면서 편입생각을 버렸다. 내가 서울대생이 아니라 잘 모르겠다. 그것이 얼마나 좋은지. 순위 매기는 것도 언론의 영향도 크다고 생각한다. 다들 거기가 일등이라 하니까. 고등학생들은 대학을 다 가보는 것이 아니니까. 잘 모르겠다."

4) 대학 서열과 성적지상주의에 대한 수용과 저항

서울에서 산 적이 없는 민주가 지방대에 대해 양가적 감정을 갖고 있다는 것은 타자화 담론이 가진 실재성을 보여주는 것일 수 있다. 민주는 타자화 담론에 쉼 없이 포섭되면서도 동시에 자신의 정체성을 확보하기 위해 그것에 저항하는 모습을 보여준다. 특히 대학 서열과 성적지상주의는 민주에게 큰 영향을 끼쳤다. 그것들은 우리가 아이일 때부터 끊임없이 우리의 사고 형성 과정에 개입하면서 우리가 그것을 수용할 수밖에 없도록 만들었다. 나도 거기에서 벗어날 수는 없었다.

대화 도중 민주가 이렇게 물은 적이 있다. "교수님은 왜 서울대를 가셨어요?" 이 질문에 나는 약간 당황했다. 한 번도 생각해 본 적이 없는 질문이었기 때문이다. 내가 서울대를 간 것은 상당히 관성적인 생각의 결과였다. 나는 초등학교 때부터 공부를 잘했다. 부모는 당시 나에게 "한국에서 제일 좋은 대학교가 서울대이기 때문에 너는 커서 서울대를 가야 한다"라고 말하곤 했다. 서울대를 반드시 가야 한다는 말은 나에게는 꽤 큰 정신적 부담을 줬기 때문에 나는 어린 마음에 내가 커서 대학을 갈 때쯤에는 서울대가 한국에서 제일 좋은 대학이 아닐 수도 있을 거란 상상을 하기도 했다. 대입 학력고사 성적이 서울대를 갈 수 있는 정도가 됐기 때문에 나에게 있어서 진학의 문제는 어느 대학을 가느냐가 아니라 서울대의 어느 학과를 가느냐 하는 것이었다. 결국 나의 학창 시절 동안 내 생각은 당연히 서울대를 가는 것으로 굳어져 있었고 내 자신도 거기에 대해 큰 의문을 제기해 본적이 없었던 것이다.

나의 서울대 진학은 대학의 서열 관계에 대한 사회적 편견에 의해 고착된 관습적 행동의 결과였다. 반면에 민주는 대학 진학을 결정할 때 비교적 다양한 대학들을 염두에 두고 고민했다. 하지만 민주의 결정도 결국은 정도의 차이가 있을 뿐 대학 서열의 편견에 따라 이뤄졌다. 민주도 성적에 맞춰 대학을 간 것이다. 성적에 맞춰 대학과 학과를 결정했고 그 대학과 학과를 인정하고 받아들일 것이냐 하는 것은 사후에 여러 다른 요인들을 바탕으로 결정될 문제였다. 민주와 나 모두 사회적 편견과 개인적 경험에 의해 한정된 지식을 갖고 대학을 선택할 수밖에 없었다. 나는 서울에 있는 서울대를 비롯한 몇몇 대학들과 내 고향 지역에 있는 전남대와 조선대 외에 다른 대학들의 존재는 알지 못하고 있었으며 민주 역시 자신이 좋아한 글쓰기나 광고와 관련된 몇몇 유명 대학과 대구 지역의 대학들 외에는 다른 대학들에 대한 지식이 없었다. 그리고 대구를 벗어나 진학하는 것을 포기하게 되자 그 지역에서 "경북대에 이어 2등 대학"이라고 인식되는 영남대를 지원 가능한 대학으로 선택하게 된 것이다.

민주는 스스로를 아주 평범한 학생이라고 평가한다. 이것은 나에게 조금 의아한 일이었다. 나 같은 경우에는 학창시절에 한 번도 나 자신을 평범한 학생이라고 생각한 적이 없었다. 학창 시절 나는 항상 내가 특별한 사람이라고 생각했었다. 굳이 남의 눈에 띄는 활동을 하고 싶은 생각은 없었지만 다른 학생들 사이에 눈에 띄지 않는 한 명으로 있을 때도 내 자신이 특별하다는 생각을 버린 적은 없었다. 그것은 자존감과 관계되는 것이었다. 그런데 민주는 왜 자신을 평범하다고 평가하고 있을까? 민주가 자신을 평범하다고 평가하는 주된 근거는 성적이다. 성적이 특별히 좋지도 않고 나쁘지도 않다는 것이다. 민주는 평범한 성적을 기록한 학생이었기 때문에 서울에 있는 대학을 가서 더 많은 혜택을 누리지 못하고 지방에 있는 대학에 다니게 됐다고 생각한다. 이것은 민주가 한국사회에서 강력한 사고의 틀로 기능하는 성적지상주의를 자연스럽게 수용하고 있다는 것을 보여준다.

하지만 민주는 성적지상주의에 의해 드러나는 차별에 대해서는 강하게 저항한다. 차별에 대한 민주의 반감은 어린 시절을 회상하는 곳곳에서 드러난다. "집에서 남녀 차별 없이 첫째 딸로 순탄하게 잘 지낸 아주 평범한 학생이다." "여고인데 선생님들이 때리는 것이 심했다. 고3때 학교 시스템이 문제가 많다고 생각했다. 왜냐하면 다른 것을 용납하지 못한다. 늙은 선생님들은 그냥 외어라. 모르면 때리고. 그러나 잘못된 걸 말하는 학생은 아니었다. 난 차별하는 것은 싫어한다. 선생님 위치에 있으면 차별은 절대 안 된다. 학생들을 차별하지 않고 골고루 공평하게 대하려는 선생님들을 좋아한다." "내 동생이 하는 이야기인데 담임선생님이 그랬다고 한다. 일본은 초등학교에 한 학급에 선생이 둘이라 못하는 애들도 신경 써서 모든 학생이 평균적인 상태로 만들려는 교육을 한다는데 우리나라는 그렇지 않다. 못하는 애는 못하는 거고 잘하는 애들도 따로 공부를 시키지도 않고. 평균의 성적을 가진 내 동생이 하는 이야기다."

민주는 대학 간 서열이나 학업 성취도의 우열에 의한 차별에 대해 의식적인 반감을 갖고 있지만 실제로 자기 자신이나 대학을 평가하는 과정에서는 자신도 명확히 의식하지 못하는 가운데 사회의 관습화된 서열이나 차별 의식을 그대로 받아들이고 있음을 보여준다. 그리고 그런 서열에 따른 차별을 받는 문제가 결국은 자신의 잘못으로부터 비롯된 것이라고 생각한다. "연대(연세대) 신문사애들과 이야기 해보니까 열등감은 모르겠고 아 애들은 고등학교 때 잘 한 보답을 받고 있구나라는 생각이 들었다. 국제학부였는데 영어로 외국 애들과 교류하는 게 보기 좋았다. 나보다 더 양질의 것을 받는 것에 대한 부러움, 고등학교 때 못한 것에 대한 후회스러움을 느꼈다. 고등학교 때 논 것으로 인해 영남대를 왔으니 그건 어쩔 수 없는 것이다."

성적지상주의, 그리고 그것과 연결된 대학 간 서열의 문제는 민주의 자존감에 부정적으로 작용할 수 있는 것이다. 민주는 두 가지 방법으로 자신의 자존감을 지키려 하는 것처럼 보인다. 하나는 서열이나 차별과 관계된 관습적 생각들을 의식적으로 거부하려 노력하는 것이다. 다른 하나는 자신이 처한 불리한 상황에 대한 직관적 앎을 바탕으로 개인적 노력을 통해 그 상황에서 탈출해 상승하고자 하는 욕망을 갖는 것이다.

자신을 아주 평범한 학생이라고 평가하는 민주는 평범함 속에서도 남들과의 다름을 추구하려 한다. "우월감은 없다. 오히려 다른 사람보다 못하다는 콤플렉스가 있다. 딱히 잘하는 게 없으니까 열등감은 많이 느낀다. 미모에 대한 열등감은 안 느낀다. 그냥 있는 대로 살 거다. 예쁜 애들은 복 받은 거고 못생긴 애들보다는 낫겠지란 생각을 한다. 공부나 자기 분야에 최고가 되는 것에 열등감이 있다. 내 분야를 아직 못 정했고 그 분야에서 일등도 아니고. 예를 들어 광고회사를 들어가고 싶은데 광고에 대해 잘하는 애들이 너무 많다. 광고 공모전에 냈는데 수상도 못하고. 김민주가 저런 아이디어를 냈었지 인정받는 것. 나는 인정받는 것을 되게 좋아하고 스스로 만족하는 것이 좋다." "성적으로는 정말 평범한 학생. 친구들 사이에서는 말 안할 때는 평범한 학생. 그러나 어떤 생각에 대한 결과물을 제출하라고 했을 때는 최대한 안 평범하려 한다." 결국 민주도 나와 마찬가지로 자신은 특별하다는 자존감을 갖고 있다. 다만 민주의 경우에는 그런 자존감을 유지하기 위해 의식적 노력을 해야 한다는 점이 다를 뿐이다.

민주가 성적지상주의라는 사회적 가치기준을 통해 자신을 평범하다고 평가하지만 기회가 주어진다면 "최대한 안 평범해지려" 하는 이유는 이 사회가 경쟁사회라고 생각하기 때문이다. 경쟁사회에서 지방대를 나온다는 것은 그다지 유리하게 작용하지 않는다는 것을 민주는 주위에서 들어서 알고 있다. "주변에서 듣는 거다. 지금 내가 졸업하고 사회에 나가 영남대라는 대학교 타이틀이 많이 작용한다. 그게 얼마나 좋은 쪽으로 작용을 할까? 그렇게 많이 작용을 할 것 같지 않다." 그렇기 때문에 민주는 "경쟁사회에서 뭔가를 하려면 더 열심히 해야겠다"는 생각을 한다. 이렇게 민주는 타자화 담론의 실재성을 받아들일 경우에는 그 담론 속에서 성공할 수 있는 방법을 적극적으로 찾는다.

### 5. 깨달음

"이야기는 잘 들었습니다. 결국 당신과 민주의 이야기를 통해 무엇을 말하려 한 거죠?"

"나와 민주의 공통점은 지방대에 적을 두고 있다는 것입니다. 나는 내 자신과 민주가 지방대를 어떻게 인식하고 있는지를 보여줌으로써 한국사회에서 서울중심의 타자화 담론의 하나로 기능하는 지방대에 대한 편견이 나와 민주에 의해 어떤 방식으로 주관적으로 이해되고 경험되고 있는지를 우선 보여주고자 했죠. 그리고 또 나와 민주가 그런 편견을 수용하거나 또는 그런 편견에 맞서면서 어떤 방식으로 삶의 전략을 세워나가고 있는지도 드러나기를 바랐습니다."

"당신은 장성이란 지방의 읍내에서 태어나 자라다 초등학교 때 서울로 전학을 왔고 서울에서는 강남에서 생활하고 서울대에 진학을 했습니다. 상당히 심한 문화적 차이를 느꼈을 것이라 할 수도 있고 꽤나 성공한 삶을 살았다고도 할 수 있겠네요. 반면에 민주는 대구에서 태어나 성장했고 영남대를 다니고 있으니 당신과는 완전히 다른 경험을 한 것이라 볼 수 있습니다. 이런 차이가 지방대에 대한 인식과 관련해 어떤 의미 있는 다른 결과를 보여준다고 할 수 있습니까?"

"나는 한국의 근대화 과정에서 공부하기 위해, 돈을 벌기 위해, 성공하기 위해 지방을 떠나 서울로 갔던 수많은 사람들 중의 하나였고 민주는 서울로 가지 못했지만 서울에 갈 꿈을 꾸며 지방에 남아 공부를 하고 있는 수많은 사람들 중의 하나라고 할 수 있습니다. 나의 경우에는 만약 서울에서 직장을 갖고 그곳에 그대로 머물러 살았다면 지방대의 문제에 대해 아마도 전혀 관심을 갖지 않았을 겁니다. 지방대에서 근무하게 됐으니까 지방대 문제를 내 자신의 문제로 인식하게 됐던 거죠. 민주 또한 고등학교를 졸업하고 자신의 바람대로 서울에 있는 학교로 진학을 했더라면 아마도 알지 못했을 지방대의 문제를 안고 살고 있다고 할 수 있습니다.

사실 내가 서울로 유학을 가게 된 것은 지방을 주변화하는 서울중심주의에 순응한 결과라고 할 수 있겠죠. 나는 초등학교 때 서울로 유학을 갔고 서울과 지방을 동시에 경험하면서 지방을 타자화하는 서울사람의 시선을 내면화한 경험을 했습니다. 그리고 관성적으로 남들이 좋다고 하는 서울대를 선택하게 됐습니다. 내가 원하는 곳에 간 것이 아니라 사회가 인정하는 위계에 따라 성적에 맞는 대학을 간 것이지요. 이렇게 말하면 조금 우습게 들리겠지만 나는 사실 연세대의 분위기를 좋아했고 1학년일 때는 별다른 일도 없이 연세대에서 어슬렁거렸으며 연세대 마크가 새겨진 백팩을 매고 다녔습니다. 하지만 서울대생이란 자의식은 버리지 못했습니다. 결국 나는 사회적으로 강제되는 위계 구조에 따라 서울과 지방, 대학을 별 비판의식 없이 받아들인 것입니다. 나는 나중에야 비로소 다른 사람들과의 상호작용, 교육과 자기성찰을 통해 내 자신이 지방을 타자화하고 있었다는 사실을 알게 됐죠. 하지만 타자화 담론에 완전히 동화되지는 못한 채 결국 서울과 지방 사이에서 모호한 사회적 위치를 갖게 됐다고 볼 수 있습니다. 지방대에서 근무하며 지방에서 생활함에 따라 타자화 담론에 저항하게 됐지만 여전히 서울사람의 정체성을 버리지 못했기 때문에 이런 이중적 위치는 더 강화됐고 지방과 지방대 문제에 대해 양가적 태도를 갖게 된 것입니다.

반면에 지방에서 자라 지방대를 다니는 민주의 경우는 나와는 다르다고 할 수 있죠. 민주에게 있어서 지방대의 문제는 취업 등과 맞물려 매우 현실적이고 구체적인 어려움을 주는 문제입니다. 지방대 문제에 대해서는 민주도 양가적 태도를 보입니다. 서울 생활을 경험하지 않은 민주에게 쉼 없이 제공되는 서울중심의 타자화 담론은 한편으로는 민주의 사회적 위치를 열등한 것으로 규정짓는 동시에 다른 한편으로는 서울을 향한 이주 욕구를 갖도록 부추깁니다. 타자화 담론에 의해 민주는 서울에서의 생활을 꿈꾸지만 현실적으로 자신이 지방대에 다니고 있는 상황에서 지방과 지방대를 열등하게 보는 타자화 담론을 그대로 수용하는 것에는 거부 반응을 보이고 있습니다. 그렇다면 민주에게 있어서 지방대는 허구의 대학이자 동시에 실재의 대학이라고 할 수 있겠죠."

“두 사람 모두 지방대에 대해 양가적 인식을 보여주는 것은 흥미로운 일이군요.”

“그렇죠. 나와 민주의 이야기는 지방민들의 지방대에 대한 경험과 인식이 다차원적으로 구성될 수 있다는 것을 보여줍니다. 나와 민주는 자신을 타자로 위치 짓도록 만드는 강력한 타자화 담론 앞에서 직관적 앎의 차원에서는 그것을 받아들이면서도 자신의 실존 조건이 타자화 담론에 의해 위협받을 경우에는 의식적 차원에서 그것을 부정합니다. 지방대와 관련된 타자화 담론에 대한 나의 부정적 견해가 지방대 교수라는 나의 실제 조건에서 비롯된 것이듯이 지방대를 단순히 지방에 있는 대학이라고 이해하려 노력하는 민주의 태도는 지방대 학생이라는 민주의 실제 조건 때문에 발생한 것이라고 할 수 있습니다.”

“당신과 민주는 성장환경과 사회적 지위 등이 완전히 다르지만 서울중심의 타자화 담론 앞에서는 동일한 타자의 위치를 강요받고 있기 때문에 의식의 차원에서는 그것을 거부하려 하는 것이군요.”

“예. 나와 민주의 이야기에서 알 수 있듯이 타자화 담론의 수용과 거부는 한 사람의 주관적 생각과 행동 속에서 동시에 나타날 수 있습니다. 민주의 사례에서처럼 동일한 대상에 대한 상반되고 모순되는 평가와 인식들이 한 사람의 삶 속에서 공존합니다. 민주는 학교교육과 언론을 통한 사회화 과정에서 타자화 담론을 내면화할 수밖에 없었지만 그런 담론이 자신에게 불리하게 작용하는 것을 강하게 거부하면서 자신이 할 수 있는 범위 내에서 담론에서 벗어날 수 있는 방법을 적극적으로 찾는 모습을 보여줍니다. 민주가 남들과의 구별짓기 방법을 사용하듯이 서울중심의 타자화 담론에 대항하는 개인적 노력에는 다양한 방법들이 있을 수 있습니다.”

“사회적 편견에도 불구하고 사회적 주체는 편견에 맞서 유리한 조건을 만들기 위한 여러 전략들을 수립, 사용한다는 것인가요?"

"그렇다고 할 수 있습니다. 하지만 타자화 담론 자체를 진정으로 허구적인 것으로 만들기 위해서는 단지 의식적인 저항의 차원에서 머무는 것으로는 부족하고 물적 조건 자체를 바꿀 수 있는 사회적 노력이 필요할 것으로 보입니다. 이 문제는 다른 기회에 보다 깊이 있게 논의돼야 할 것 같습니다."

"당신이나 민주가 같이 대화를 나누고 결과를 이렇게 글로 쓰게 됨으로써 개인적으로 얻게 된 것이 있나요?"

"나는 자기민속지학의 방법을 이용해 지방대에 속한 사회적 주체가 서울중심의 타자화 담론에 대해 어떻게 이해하고 반응하며 성장배경과 현재의 물적 조건이 그런 이해에 어떻게 개입하는지를 보여줌으로써 내 자신과 민주에게 자기를 이해할 수 있는 기회를 제공하려 했습니다. 민주는 내가 재구성하고 해석한 나와 민주의 이야기를 읽고 난 후 자기 생각의 양가성과 혼란함을 알게 됐다는 사실에 재미를 느끼면서도 그렇게 드러난 자신의 모습이 낯설게 느껴진다고 말했습니다. 그리고 다른 영남대 학생들도 자신과 비슷한 모습을 보일 것인지에 대해 궁금해 했으며 '수도권이라고 일컬어진 곳'의 학생들과의 면담을 통해서 대학교와 지역에 대한 그들의 태도를 알아보면 좋겠다고 하더군요. 나는 이것을 자신에 대한 보다 깊은 이해를 한 결과라고 생각합니다. 물론 내 자신도 어린 시절부터 마음 속 깊은 곳에 간직해 온 일종의 트라우마를 드러냄으로써 상처를 치유할 수 있는 기회를 가졌습니다."

"하지만 결국 그것은 당신과 민주에게만 국한된 것이 아닌가요? 그런 것은 연구의 일반화나 외적 타당성 등을 중요시하는 사회과학 연구의 결과로 보기 어렵지 않을까요?"

"나와 민주의 이야기가 지방대에 다니는 모든 교수들과 학생들의 것으로 일반화될 수 있는가하는 것은 중요하지 않다고 봅니다. 자기민속지학과 같은 질적 연구방법은 그런 일반화를 우선적으로 지향하지는 않습니다. 중요한 것은 사례 연구들을 통해 자기와 사회에 대한 폭넓고 깊이 있는 이해에 도달하는 것입니다. 이 글을 읽는 사람들은 이제 지방대 교수와 학생들이 서울중심의 타자화 담론 속에서 묘사되는 것처럼 모두 "서울바라기"로만 살고 있는 것은 아니라는 것을 알 수 있을 것입니다. 독자들은 자기기술지를 제출한 307명의 학생들을 통해, 나와 민주의 이야기를 통해 자신을 일반화시키고 타자화시키는 사회적 담론에 맞서 자신의 구체적 경험의 특수성을 기반으로 자신의 필요와 욕망에 적합한 삶의 전략들을 세우는 다양한 사회적 주체들이 존재하고 있음을 발견할 수 있을 것입니다. 모든 것을 일반화시키는 거대한 담론에 묻히기 쉬운 주체들의 구체적 이야기들을 통해 개인과 사회에 대한 세밀한 이해를 추구하는 것이 바로 자기민속지학과 같은 질적 연구방법의 특성이라고 할 수 있습니다."

제7장

# 지방민은 어떻게 살아가는가?

1. 지방민은 소수자인가?

2. 지방과 지방민에 대한 재현

3. A를 만나다

4. A의 이야기

5. 안에서 본 지방민의 삶

6. 지방민에 대해 다시 생각하기

제7장

# 지방민은 어떻게 살아가는가?

## 1. 지방민은 소수자인가?

갑자기 시끄러운 소음이 들린다. 잠에서 깼다. 아내의 핸드폰 알람 소리다. 몇 시인지는 모르겠지만 방안은 벌써 아침 햇살로 환하다. 아내가 아이들 방에 가서 애들을 깨우는 소리가 들린다. 날카로운 고함 소리... 아내가 아이들과 실랑이를 한다. 아들만 둘이라서 그런가? 지독히 말을 안 듣고 딴청만 피우는 아이들 앞에서 아내는 우악스럽게 소리를 질러대는 사나운 아줌마로 변한지 오래다. 시끄러운 소리를 막으려 이불을 머리 위로 뒤집어쓰면서 이미 저만치 달아나고 있는 잠의 꼬리를 붙잡으려 하지만 곧 부질없다는 생각이 든다. 나이를 먹어서인가? 예전에는 그토록 아침잠이 많았는데 이젠 여덟시가 되기도 전에 정신이 말똥해진다. 이런 이야기를 대학원생들에게 했더니 나보고 아침형 인간이란다. 이봐, 난 아침형 인간따윈 되고 싶지 않다구. 단지 늙어가는 게 슬플 뿐이야.

윗층의 아줌마가 쿵쿵거리며 걸어 다니는 소리가 들린다. 이놈의

아파트는 층간 방음이 잘 되지 않는다. 아래층 사람들이 우리 애들이 뛸 때마다 시끄럽다고 항의하는 것도 사실 짜증은 나지만 조금은 이해가 된다. 이불을 박차고 일어나 거실로 나간다. 식탁 의자에 걸쳐 앉아 초콜렛을 바른 식빵을 뜯고 있는 아들 녀석들의 머리를 번갈아 가며 손가락으로 긁어준다. 난 손가락으로 애들 머리를 두어 번 긁적거려주는 것을 좋아한다. 매일 아침마다 하는 일이지만 애들은 아무런 반응도 보이지 않고 빵 먹는 일에 열중이다. 거실의 일인용 소파에 몸을 구겨 눕히고는 아이패드를 켠다. '룰더스카이' 게임의 내 '플로티아'를 관리하는 시간이다. 작물을 수확하고 금화를 거둬들인 후 친구들의 플로티아에 가 '페이버'를 신청하고 그들의 작물을 돌봐준다. 아내가 밥 먹으라고 외친다. 언제나 그렇듯이 식탁 위에는 전자렌지에 데운 절편과 야채주스, 과일 몇 조각이 있다. 매일 아침 흰떡을 먹느니 주먹밥을 먹어보는 것은 어떨까 생각한다. 지난번에 아내에게 말을 했는데 귀찮은지 전혀 변화가 없다.

책가방을 챙기고 옷을 입는 대전투를 벌인 끝에 아이들이 집을 떠나고 나면 나도 대충 씻은 뒤 옷을 입는다. 어제 입은 옷을 다시 입으면서 내가 이 옷을 며칠 동안이나 입고 다녔는지 헤아려 본다. 하루 정도는 더 입어도 될 것 같다. 잘 다녀오라는 아내의 말을 뒤로 한 채 집을 나와 자동차에 올라탄다. 시동을 걸고 습관처럼 라디오를 켠다. 내 차의 라디오는 두 개의 채널만이 입력돼 있다. 하나는 클래식 음악과 국악을 주로 들려주는 KBS1 FM, 다른 하나는 영어 교육 프로그램들을 주로 편성하다 얼마 전부터 책 읽어주는 라디오를 표방하면서 책 읽는 프로그램을 많이 편성한 EBS FM이다. 이 둘을 주로 듣는 것은 내가 라디오에서 진행자들이 하는 긴 잡담을 듣는 것을 싫어하기 때문이다. 이 두 채널의 프로그램들은 그런 잡담들이 비교적 적은 편이다. 집에서 학교까지 자동차로 가는데 걸리는 시간은 대략 10분에서 15분 정도. 넓게 뻗은 왕복 8차선 도로를 계속 직진하다보면 학교가 나온다. 학기 초에는 9시를 전후해서 교통량이 좀 많은 편이지만 학기 초가 지나면 차량 수는 줄어든다. 도로 정체의 원인이 됐던 지하철 공사도 얼마 전 끝이 나서 운전으로 인한 스트레스는 거의 받지 받는다. 7년 넘게 왕복한 도로의 익숙한 차선과 익숙한 신호등 체계가 주는 일정한 리듬에 맞춰 자동차를 부린다. 리듬을 탄 자동차 운전은 가벼운 즐거움을 준다.

학교에 도착하니 8시 50분. 건물 뒤 주차장에 차를 주차하고 연구실에 올라간다. 연구실 문을 열고 컴퓨터를 켠 뒤 전기주전자를 들고 복도에 나가 생수통에서 물을 받아 온다. 전기주전자의 물은 자리에 앉아 컴퓨터의 학교 홈페이지를 열기도 전에 벌써 끓기 시작한다. 아이디와 비밀번호를 치고 들어가 이메일과 학교의 전자문서들을 확인한다. 이메일 편지함 안에는 역시 온갖 광고성 메일로 가득하다. 메일들을 삭제하고 행정문서들을 처리하고 난 뒤 잠시 오늘 할 일을 생각해 본다. 얼마 전 소수자 문화와 관련된 책에 실을 원고를 부탁받은 것이 있다. 오늘부터 서서히 글을 쓰기 시작해야 원고마감일을 지킬 수 있을 것 같다. 컴퓨터의 한글 프로그램을 열고 빈 화면에서 커서가 깜박거리는 것을 바라본다. 빈 화면에서 깜박거리는 커서를 바라보면서 새로운 글을 쓰려고 할 때 항상 느끼는 묘한 긴장감이 예외 없이 등장한다. 첫 글자를 쳐 넣는 것은 언제나 어렵다.

내가 청탁받은 것은 지방민에 대한 원고이다. 소수자 문화의 한 꼭지를 채울 연구의 주제로 지방민이 선정돼 있는 것이다. 이 주제를 처음 받았을 때 내가 처음 떠올린 것은 과연 지방민이 소수자인가라는 질문이었다. 일반적으로 소수자는 명시적인 사회적 차별이나 권력의 불평등한 분배로 고통을 받는 사회집단을 의미한다. 여성, 청소년, 노인, 동성애자, 성노동자, 정신병원 수용자, 장기수, 장애인, 빈민층, 국제결혼이주자, 외국인 노동자, 탈북자 등이 흔히 소수자로 분류되는 집단들이다(최협, 2004). 그렇다면 지방민도 사회적 차별이나 권력의 불평등한 분배로 인해 남들과 동등한 권리를 행사하지 못하는 처지에 있는 사람들인가?

생각해 보면 한국사회에서 서울과 지방 사이의 이항대립 관계는 오래전부터 지속돼 온 것이다. 이 관계에서 서울은 정치, 경제, 문화 등 사회 모든 영역의 중심에 있고 지방은 서울에 대한 인적, 물적 자원의 공급지로 주변화돼 있다. 이 관계는 특히 박정희 정권하에서 강력한 중앙집권적 근대화 정책을 펴면서 고착됐다. 서울과 지방의 관계는 근대와 전근대, 중앙과 주변, 주체와 타자로 이해될 수 있는 것이 됐다. 이것은 사실 권력의 불평등한 배분을 의미하는 것이기 때문에 서울은 다수자의 공간, 지방은 소수자의 공간이 된 것이라고도 할 수 있을 것이다. 서울과 지방 사이의 비대칭적인 권력관계는 지방에서 사는 사람들에게 큰 소외감과 좌절감의 원천으로 작용하는 것처럼 보인다. 나날이 발전하는 서울과 계속 인구가 감소해가는 지방의 도시와 마을들을 보면서 울분을 터뜨리는 지방의 지식인들을 보는 것은 흔한 일이다(박용백, 2009). 서울과 지방간의 격차를 사회문제로 인식하고 지적하는 많은 책들과 사람들이 있다. 정부에서도 그 격차를 해소하기 위해 지역균형발전을 중요한 정책으로 삼는다.

나는 지방에서 10년이 넘게 살고 있는 지방민이다. 더구나 지방대 교수로서 인서울대와 지방대 사이의 차별적 인식을 경험하면서 서울과 지방 사이의 불평등 관계가 현실적으로 영향을 끼치는 것을 직접 느끼고 있다. 하지만 일상적인 생활을 하는 과정에서는 지방에서 살고 있다는 사실 때문에 큰 불편을 느끼지는 않는다. 오히려 너무 많은 사람들, 막히는 도로, 오염된 공기, 높은 물가 등을 생각해 보면 서울에서의 삶이 훨씬 힘들고 고단하게 느껴진다. 앞에서 잠깐 묘사했듯이 나의 일상생활은 서울에서의 그것보다 훨씬 더 편안하고 풍요롭다고 생각한다. 내 주위의 많은 지방민들의 일상생활을 지켜보더라도 지방민들은 개인적인 희로애락 속에서 나름대로 건강한 삶을 살고 있는 것처럼 보인다. 바로 이런 일상적 경험과 지방차별을 언급하는 공식적 담론 사이에서 나는 일정한 괴리감을 느낀다.

단순히 생각하자면 지방민은 지방에서 사는 사람이다. 지방민이 사는 공간이 서울이란 공간에 비해 불평등한 권력을 갖고 있기 때문에 지방민을 서울민에 비해 소수자라고 생각해야 하나? 지방민을 소수자로 본다는 것은 지방민이 사회적 차별의 대상이라고 인정하는 것이다. 이 사회적 차별은 개인적 차원의 구별짓기가 아니라 권력의 불균등 분배의 결과물이다. 다시 말해 사회적 차별은 사투리의 사용이나 고향과 출신학교의 식별을 통해 남과의 차이점을 발견하는 일상적 행위에서 발생한다기보다는 정치, 경제, 사회, 문화의 다양한 자원들의 불균등한 분배에 의해 발생하는 소외와 배제를 통해 드러난다는 것이다. 지방민이 서울/지방 간 자원의 불균등한 분배의 영향력 하에 있느냐 여부로 판단되는 것이라면 지방민은 태어난 곳과는 상관없이 지방을 사실상 영구적인 생활터전으로 가진 채 지방에서 살고 있는 사람이라고 규정될 것이다. 언젠가 서울로 가서 생활을 할 명시적 계획을 갖고 지방에서 생활하는 한시적인 체류자는 지방민으로 분류될 수 없다.

그렇다면 나는 확실한 지방민이다. 그런데 지방민은 과연 소수자인가? 나는 이 질문에 답하기 위해서는 소수자란 어떻게 정의되는

지에 알아 볼 필요가 있다고 생각했다. 사회과학적 관점에서 보자면 소수자는 사회가 구성, 유지되기 위해 필요한 존재이다. 모든 사회는 차별과 배제를 통해 성립하기 때문이다. 사회가 구성, 유지되기 위해서는 사회구성원들에게 동질성과 응집력을 제공하는 타자가 필요하다. 사회는 내부와 외부에 존재하는 타자를 발명해서 차별, 배제함으로써 사회구성원들에게 정체성을 제공하고 결속하도록 만든다. 한 사회가 유지되기 위해서는 외부의 타자가 필요하지만 외부의 타자가 없더라도 내부의 일부를 타자화함으로써 내적인 결속과 정체성을 굳건하게 할 수 있다. 이렇게 사회 내부에서 타자화된 존재들이 바로 소수자라고 할 수 있다. 소수자에 대한 최초의 사회학적 규정을 한 사람들 중의 하나인 워스는 소수자를 "신체적 혹은 문화적 특징들 때문에 자신들이 생활하고 있는 사회의 다른 사람들로부터 지목돼 차별적, 불평등한 대우를 받으며 이로 인해 스스로를 집단적 차별의 대상으로 간주하는 사람들의 집단"(Wirth, 1945, 347)이라고 규정했다.

보통 성, 인종, 국적, 직업, 성적 기호, 출신지역, 징병유무 등에 의해 사회적으로 배제되고 차별을 받는 주변인을 소수자라고 한다(장미경, 2005). 과거의 소수자는 주로 개인의 의지로는 쉽게 바꿀 수 없는 생득적인 요인들에 의해 구분됐지만 탈근대 시대에는 생애의 어떤 시점이나 기간에 겪게 된 경험과 같은 후천적인 요인들에 의해 만들어지기도 한다. 다시 말해 사람들이 어떤 사회문화적 환경 속에서 어떤 경험을 하고 어떤 방식으로 정체성을 형성하느냐에 따라 소수자의 위치를 부여받을 수도 있다는 것이다. 아마 지방민이 소수자라면 후자의 경우에 속할 것이다.

드워킨(Dworkin & Dworkin, 1999)은 소수자를 규정하는 네 가지 기준으로 식별가능성, 권력의 열세, 차별대우, 집단의식을 제시한다.

식별가능성은 다른 집단과 구별되는 뚜렷한 신체적이거나 문화적인 특성을 갖고 있는가라는 것이고 권력의 열세는 정치, 경제, 사회의 영역에서 실질적으로 권력을 행사하는 데 차이를 갖는가하는 것이며 차별대우는 그 집단의 구성원이라는 이유만으로 차별의 대상이 되는가하는 것이고 집단의식은 전체적인 연대의식을 갖고 있는가하는 것이다. 소수자에게 있어서 집단의식은 아주 중요한 기능을 한다. 집단의식을 가진 소수자는 사회에서 자신의 권리와 자리를 주장할 수 있는 힘을 갖기 때문이다(전영평, 2007). 이런 의견들을 종합해 보면 소수자는 집단적 특성 때문에 사회적 차별의 대상이 되며 동시에 그 차별을 인식하면서 연대의식을 가진 사람들을 의미한다. 결국 사회적 차별과 집단의식이 소수자를 구분하는 가장 특징적인 요소라고 할 수 있다.

소수자를 이렇게 규정하는 것은 기본적으로 사회를 다수자/소수자의 이항대립구조의 관점에서 보면서 소수자를 다수자에 의해 소외되고 배제된 타자로서 이해하는 것이다. 이것은 소수자의 문제를 인권과 복지의 관점에서 접근하도록 하는 결과를 낳는다. 다수자/소수자, 주체/타자의 이항대립구도에서 바라본 소수자 문제는 다수자의 가치를 지배적인 것으로 강제하는 사회질서 속에서 어떻게 소수자에게 자리와 공간을 확보해 주고 목소리를 낼 수 있도록 해 주느냐하는 문제로 귀결된다. 이것은 소수자를 소외, 배제, 열등이라는 부정적 관점에서 바라보기 때문에 생기는 결과이다. 즉, 소수자의 관점이 아닌 다수자의 관점에서 소수자를 바라 본 결과이다.

소수자의 관점에서 소수자를 이해한다면 소수자를 어떻게 규정할 수 있을까? 윤수종(2002, 11)은 소수자를 "표준화된 인간상을 거부하는 사람"이라고 정의한다. 흔히 백인-남성-어른-이성애자-본토박이-건강인-지성인-표준어를 쓰는 사람 등으로 표상되는 표준적인 근대 인간상은 유색인-여성-어린이-동성애자-이주민-환자-무지렁이-사투리를 쓰는 사람 등을 배제하고 타자로 격리시킴으로써 만들어진 것이다. 그런데 윤수종은 탈근대에 접어들면서 표준적인 인간상에 저항하는 소수자들이 다양하게 등장하고 있다고 본다. 어떤 표준을 정하고 그것을 기준으로 차이를 가진 다른 사람들을 배제하고 소외시키면서 표준에 따르거나 격리될 것을 강요하는 다수자에 맞서 소수자들은 다수자의 질서에 편입되는 것을 거부하면서 자신들의 욕망을 표출하고 중앙이 아닌 주변의 출구들을 찾아 탈주하려는 특성을 갖는다. 이 소수자들은 다수자/소수자의 이항대립구도 자체를 거부하며 그런 구도로는 파악할 수 없는 자신들의 특성과 자신들만의 특수한 자리들을 만들어가며 다수자의 선언된 보편성을 또 하나의 특수성으로 전환시키려 한다.

소수자를 차별과 배제의 희생자로 보고 보편적 인권이라는 관점에서 그들의 사회적 자리를 인정하려 하는 것은 다수자를 중심으로 형성된 다수자/소수자의 이항대립구도를 벗어나지 못하는 것이다. 이런 점에서 윤수종(2006)처럼 가타리(Guattari)의 욕망의 정치학에 기대 소수자를 이해한다면 일상적이고 미시적인 차원에서 욕망의 탈주를 시도하는 소수자들을 다양한 정체성과 무한한 창조력을 가진 존재로 볼 수 있다. 차이에 의해 발생한 차별을 극복하기 위해 오히려 차이를 더 강조하면서 특이성을 가진 다른 삶을 살아가는 힘을 소수자에게서 찾을 수 있는 것이다. 모든 사람이 특이성을 갖고 있기 때문에 윤수종은 우리 모두가 소수자인 셈이라고 주장한다.

한편 박경환(2008)은 소수자 문제를 소수자 공간의 문제로 파악한다. 근대 민족국가는 다수자를 위한 보편적이고 합리적인 공적 공간을 위주로 구성되는데 이때 소수자는 다수자의 공간으로부터 격리된 공간에 갇힘으로써 용이한 통제의 대상이 된다. 하지만 소수자의 공간은 통제를 위한 단순한 배제와 차별의 공간으로 머무는 것이 아니라 소수자의 집단의식이 만들어지고 소수자의 문화를 보호하고 상호부조를 가능하게 하는 저항의 공간이 된다. 따라서 박경환은 다수자/소수자의 이항대립구도를 벗어나는 소수자의 모습을 보기 위해서는 소수자의 공간 속에서 일어나는 일상의 활동에 관심을 가질 필요가 있다고 본다.

이상의 논의를 살펴보면 과거에는 생득적 특성 때문에 명시적 사회적 차별의 대상이 되는 특정한 사회집단을 소수자로 이해하려 했다면 현재는 소수자를 일상적 공간과 경험 속에서 구성되는 사회적 주체라는 관점에서 접근하는 경향이 점점 커져 가고 있다는 것을 알 수 있다. 내가 사회적 권력 관계를 일상 속에서 어떻게 경험하고 표현하느냐에 따라 나는 언제든지 소수자로 규정될 수 있는 것이다. 소수자를 불변의 특성에 의해 규정되는 고정적 실체라기보다는 사회적 권력관계를 담고 있는 담론을 통해 구성되는 존재로 본다면 지방민도 충분히 소수자라고 볼 수 있을 것이다.

전통적인 의미의 소수자는 일반적으로 다수자와 동등한 권리를 쉽게 인정받지 못하고 사회적 차별과 배제의 상황에 놓인 사회적 약자를 지칭한다. 그들은 인종, 성, 민족, 성적 취향처럼 변경이 사실상 불가능한 태생적 차별 요인을 갖고 있거나 성노동자처럼 약자의 상황을 탈피하더라도 정신적 외상이 너무 커 고통을 받을 가능성이 많은 특수한 직업종사자들이다. 하지만 지방민은 태생적 차별 요인을 갖고 있거나 일상생활에서 시민으로서의 권리를 행사하는데 있어서 불이익을 받고 있거나 하지는 않는다는 점에서 전통적 의미의 소수자에 포함된다고 말하기가 어렵다. 따라서 지방민은 무엇보다도 담론의 차원에서 소수자로 호명된다고 할 수 있다. 나는 내 자신이나 주변사람들을 소수자라고 생각할 정도로 실질적인 권리의 침해를 경험해 본 적이 없지만 다른 사람들에 의해 '촌놈'이라고 불리는 과정을 통해 소수자의 지위를 부여받는 것이다.

### 2. 지방과 지방민에 대한 재현

지방민은 다른 소수자와는 달리 실질적인 권리 행사에서 명시적 차별의 대상이 되지는 않는다. 나는 지방민에 대한 차별이 두드러지게 나타나는 것은 실질적인 권리 행사의 차원이라기보다는 담론의 차원이라고 생각한다. 실제로 지방에 살면서 느끼는 정치적, 경제적, 사회적, 문화적 불평등보다는 상징적인 조작을 통한 담론 차원에서 접하는 비하적인 언어들(촌놈, 지잡대 등)에 의해 더 큰 상처를 받기 때문이다. 담론 차원에서 계속되는 지방에 대한 편향된 재현은 결국 지방을 사람이 살 수 없는 곳으로 만들어 버린다[24].

서울과 지방을 구분하는 담론들은 중앙집권적 왕권국가였던 조선시대부터 존재해 왔지만 서울과 지방 사이의 위계적 차이를 노골적으로 드러내는 담론들이 생산되기 시작한 것은 제3공화국에 들어서면서 강력한 중앙집권적인 국가발전체제를 구축하고 근대화를 국가정책의 이념으로 삼으면서부터이다(홍석준, 2004b). 박정희정권 하에서 근대화담론은 근대화를 가시적으로 재현하는 도시이자 산업화되고 도시화된 한국의 전형으로 서울을 재현하고 지방을 전근대적 요소들이 상존하는 곳으로 만들어냈다. 서울과 지방 사이의 이항대립 구도는 특히 당시 영화들에서 잘 드러난다.

1960년대 문화영화[25]는 지방을 근대화, 산업화, 도시화 과정에

24) 이 담론은 "거기에도 그런 것이 있어요?"라는 말로 요약된다. 서울에는 있는 것이 당연하지만 지방에도 동일한 것이 있다는 것을 발견할 때 서울민이 흔히 드러내는 놀라움의 표현은 지방이 어떻게 재현되고 있는지를 단적으로 보여준다.

서 불안감을 느끼는 서울민이 돌아갈 수 있는 훼손되지 않은 자연과 토속을 가진 상상의 세계인 향토(고향땅)로 재현했다(위경혜, 2010). 상업용 계몽영화로서 1967년 대통령 선거를 석 달 앞두고 정부의 적극적 지원 속에서 제작, 상영돼 큰 흥행성공을 거둔 영화 〈팔도강산〉은 근대화논리에 의한 서울과 지방 사이의 위계를 잘 보여준다[26]. 〈팔도강산〉은 4편의 후속작과 여러 아류작들을 탄생시켰고 1974년에는 KBS 드라마 〈꽃피는 팔도강산〉으로 재탄생되면서 박정희정권의 근대화담론의 충실한 선전물이자 서울과 지방의 위계적 차이를 재생산해낸 텍스트였다(조관연, 2009). 박정희정권의 근대화논리는 실제 경제발전이란 가시적 성과를 바탕으로 대중의 일상생활과 감성 속에 파고들었다. 〈팔도강산〉처럼 정권의 근대화논리를 노골적으로 담고 있는 국가프로파간다 영화가 큰 대중적인 성공을 거둔 것은 근대화담론이 일상 속에 성공적으로 침투했다는 것을 의미한다(김선아, 2010).

근대화담론이 본격적으로 생산되기 시작한 1960년대 이후 한국영화에서 서울은 근대화의 명암을 모두 가진 도시로 재현된다. 서울은 빌딩과 자동차, 좋은 거주환경, 말끔한 한복과 양복을 입은 사람들이 사는 공간이거나 혼잡하고 시끄럽고 사기, 폭력 등의 범죄

25) 국가가 공보를 목적으로 기획 제작한 비상업용 영화를 총칭하는 개념이다. 교육, 과학, 문화, 산업, 시사, 체육, 음악 등을 내용으로 다룬다.

26) 〈팔도강산〉은 서울에 사는 노부부가 충청도, 전라도, 부산, 울산, 강원도로 시집보낸 딸들의 집을 방문하면서 지방 곳곳에 남아있는 전근대적 요소들을 확인하고 개선의 필요성을 느낌과 동시에 근대화, 산업화되고 있는 국가의 발전상을 확인한다는 내용을 갖고 있다. 집안의 어른으로 권위와 양식을 갖춘 부부가 사는 서울은 한국의 중심으로 높은 빌딩, 자동차, 세련되고 진취적인 젊은이(막내딸과 남자친구) 등을 가진 근대적 도시로 재현된다. 반면 지방은 전통문화의 산실(충청도)이면서 동시에 전근대적인 인습과 허례허식을 버리지 못하고 있는 곳(전라도)이거나 근대화됐지만 전통을 잃은 곳(부산)이거나 서울을 본받아 착실히 근대화를 이룬 곳(서울말을 쓰는 울산사위), 또는 낙후됐지만 심성 착한 사람들이 사는 곳(강원도)으로 재현된다. 〈팔도강산〉에서 위계적으로 재현된 서울과 지방의 관계는 다른 영화들에서도 재생산된다.

로 얼룩진 공간으로 재현된다. 반면 지방은 타파해야 할 전근대적 요소들의 집합처이거나 평화롭고 여유와 온정이 넘치는 공간으로 재현된다. 여기에서 주목해야 할 것은 지방은 항상 서울에 대해 상대적인 것, 주변적인 것으로 재현된다는 것이다. 지방이 긍정적으로 재현될 때도 그것은 지방 그 자체로 재현되기보다는 비인간적 요소들로 가득한 서울에 대한 상대공간으로 재현되는 것이다. 대부분의 영화에서 서울은 이야기의 중심공간으로 재현되며 지방은 서울의 상대공간으로 뭉뚱그려 재현된다. 1990년대 이후 지방과 지방민이 영화의 주요 공간, 중심인물로 등장하는 영화들이 상당수 등장했지만 그런 영화들에서도 대부분 주연급 캐릭터들은 표준말을 사용하고 조연급 캐릭터들만이 사투리를 사용하는 모습들이 나타나는 것을 보면 서울과 지방 사이의 위계관계가 여전히 재생산되고 있음을 알 수 있다(손은하, 2009).

텔레비전의 경우에도 영화에서의 서울/지방 관계가 재생산되는 것을 관찰할 수 있다. 드라마의 경우 대부분의 드라마는 서울을 배경으로 하고 있으며 많은 경우 지방은 주인공들이 서울로 가기 전 어린 시절을 보낸 장소이거나 주인공들이 도피하는 장소로 재현되며 주인공들은 사투리를 사용하지 않는다. 또한 지방은 농어촌이거나 작은 읍내 정도로 재현되며 지방민은 실제보다 하류층으로, 그리고 어린아이나 노인으로 주로 재현된다(전규찬, 송준영, 1994). 예능 정보프로그램의 경우, 주로 농촌에 사는 사람들의 목소리를 들려주는데 이 때 지방민은 서울민의 관점에서 타자화돼 촌스럽고 감성적인 대상으로 희화화된다(임영호, 2002). 최근에는 결혼이주여성들의 수가 증가하고 그들에 대한 프로그램들이 만들어지면서 지방을 농촌으로 재현하면서 타자화하는 현상은 더 강화된다. 이 프로그램들은 농촌을 결혼이주여성의 주요한 생활공간으로 재현한다.

농촌에서 늙은 시부모를 공양하고 나이 많은 남편에게 순종하며 아이의 출산과 양육을 위해 노력하는 결혼이주여성의 모습을 한국사회에 성공적으로 동화한 것으로 평가하면서 지방을 전통적 가치관이 지배하는 공간으로 재현한다(이경숙, 2006; 양정혜, 오창우, 2008; 이명현, 2009).

이처럼 미디어가 지방을 특정한 방식으로 재현하면서 서울민의 시선으로 지방과 지방민을 타자화하는 담론을 계속 생산하고 지방민들은 그런 미디어담론에 노출될 수밖에 없는 상황이 지속되고 있다. 이것은 지방민이 자신의 경험과 관점에서 정체성을 만들어가기보다는 시선의 주체인 서울민이 바라본 타자화된 지방민의 모습을 자신의 것으로 인식하게 될 위험이 있다는 것을 의미한다. 서울과 지방을 공간적으로 구분하고 서울에 중앙, 도시, 젊음, 정상, 근대, 남성성의 가치를 부여하고 지방에는 주변, 농촌, 늙음, 비정상, 전근대, 여성성의 가치를 부여하는 재현의 이항대립구조에 의해 지방민은 사회적 약자, 소수자의 위치로 내몰린다. 「개그콘서트」의 '네 가지' 코너에서 양상국이 "촌놈이라고 무시하지 마라. 우리도 숡차 대신 아메리카노 마시고 마트에서 카트 몰며 장 본다"고 외치는 것이 큰 웃음을 만들어낸다는 것은 결국 그런 재현의 이항대립구도가 얼마나 강하게 자리 잡고 있는지에 대한 반증이 된다.

### 3. A를 만나다

소수자로서의 지방민의 문제에 대해 문화적으로 접근하는 글을 부탁받은 나는 두 개의 중심된 개념들의 관계를 우선 정리해야만 했다. 소수자는 무엇이고 지방민을 소수자로 본다는 것은 무슨 의미가 있는가라는 질문에 답변을 해야 했던 것이다. 일단 소수자로서의 지방민의 문제를 담론의 문제로 정리한 나는 본격적인 연구를 진행할 일만을 남겨뒀다. 지방민이 소수자로서 어떻게 살고 있는지를 어떤 방법을 사용해 알아볼 수 있을까? 나는 몇 년 전부터 내가 관심을 갖고 있던 자기민속지학을 사용해 보기로 했다. 게다가 얼마 전 민주와의 대화를 통해 지방대의 문제에 대해 접근해 본 경험도 있지 않은가? 나는 주위에 있는 사람들 중 깊이 있는 대화를 나눌만한 사람이 누가 있을까 생각해 봤다. 몇몇 사람들에게 연구 목적의 인터뷰를 하고 싶다고 말을 건네 봤지만 적극적으로 응해주는 사람이 없었다. 자신의 삶에 대한 깊이 있는 이야기를 한다는 것에 부담을 느끼는 듯 했다.

그러던 중 A를 생각해 냈다. A는 내가 스포츠 동아리 활동을 하면서 5년 전부터 알고 지낸 스포츠용품점의 운영자로 여성이다. 그녀도 처음에는 인터뷰를 하는 것을 꺼려했다. 몇 차례 설득을 한 끝에 실명이 노출되지 않는 것을 전제로 인터뷰를 하겠다는 승낙을 얻어냈다. A는 1980년 생으로 자신의 오빠가 시작한 스포츠용품점 사업에 참여해 사업동반자로 활발한 활동을 하고 있다. A는 30대 초반의 젊은 나이에 지방도시에서 사업을 하면서 적극적인 사회생활을 하고 있기 때문에 나는 그녀를 연구참여자로 삼는 것이 생활주체로서의 지방민의 모습을 알아보기에 적합할 것이라고 판단했다. 나는 그녀와 2시간 정도의 심층면담을 가졌고 내용을 녹취했다. 녹취를 하는 심층면담의 형태의 아니었지만 먼저 연구를 위해 접촉했던 사람들과도 그들의 삶과 생각에 대한 대화를 나누었다. 이 내용들은 A와의 대화를 분석하는 과정에서 논의를 더 풍부하게 하기 위한 보조 자료로 사용하기로 했다. 그들은 편의상 B, C 등으로 칭할 생각이다.

A와의 대화는 그녀가 현재까지 어떻게 살아왔는지를 회고하고 현재의 삶과 생각을 이야기하는 방식으로 진행됐다. 이것은 구술사의 형태를 띤 것이라 할 수 있다. 구술사 기술방법은 개인의 기억이 사회적 기억으로 이해될 수 있다는 전제를 바탕으로 사회와 역사에 대한 깊이 있는 이해에 도달하기 위해 사용된다. 여기에서 중요한 것은 구술된 내용이 사실과 부합하거나 진실된 것이냐 하는 것이 아니라 이야기가 어떻게 구성되느냐 하는 것이다. 왜냐하면 구술사에는 사회에 대한 구술자의 인식이 드러나 있기 때문이다(함한희, 2000).

구술사 연구는 공식적인 담론이 주목하지 않는 개인적 기억이나 사소한 경험 등이 말해질 수 있는 기회를 제공함으로써 침묵을 강요당한 사람들이 말할 수 있게 하고 사소한 실마리를 연구자의 개연성 있는 상상력을 통해 해석함으로써 또 다른 층위의 역사나 현실에 도달할 수 있게 해준다(김원, 2009). 예를 들어 여성이 살아오면서 겪은 개인적 경험들을 이야기하는 것은 가부장제 사회에서 사적이고 주변적이기 때문에 공식적 담론에서 배제되고 침묵을 강요받았던 여성의 경험을 드러내도록 해줌으로써 젠더 경험을 가시화하고 역사화할 수 있게 해주고 여성 스스로 가부장제 사회에서 주어진 젠더의 지위와 역할을 인식하고 주체가 되어 자아를 해석할 수 있도록 해준다. 이 과정에서 연구자는 구술자의 이야기에 나타난 미세한 흔적들을 이어붙이고 자신의 이야기와 접목함으로써 연구자와 구술자의 주체성이 혼합된 경계적 주체성을 구성하게 된다(김성례, 2002). 어쩌면 내가 민주와 나눴던 대화의 분석이 이런 경계적 주체성을 구성해 보려는 시도였다고도 볼 수 있을 것 같다.

나는 A와 여러 차례 만나서 이야기를 나누고 싶었지만 그녀는 바빠서 시간을 내기 어렵다는 이유로 면담을 한 차례로 끝낼 것을 원했다. 실제로 그녀를 면담한 것도 가게 일이 끝난 늦은 저녁이었고 면담이 끝나자마자 다른 약속 때문에 다른 곳으로 바삐 가야만 했다. A는 생각보다는 말을 많이 하지 않는 성격이었기 때문에 질문에 대한 답변이 짧게 끝나는 경우가 많았다. 나는 대화를 통해 그녀에 대해 많은 것을 알게 됐고 그녀 또한 자신의 생각을 정리할 수 있어서 좋았다는 반응을 보였다. 애초에 나는 A와의 대화를 통해 소수자로서의 지방민의 특성을 명확히 발견할 수 있기를 기대했다. 자신을 소수자로 모는 외부 담론에 분노하거나 저항하고 거부하면서 지방민의 확고한 정체성을 드러내 보여주기를 원한 것이다. 하지만 A는 그저 돈을 많이 벌어 잘 살고 싶다는 일상적 욕망을 드러내는 평범한 생활인의 삶을 이야기할 뿐이었다. A의 이야기 속에 소수자로서의 정체성을 드러내는 지방민은 없었다. 그렇다면 A의 이야기를 어떻게 이해해야 할 것인가? 내 머리 속에 미리 자리 잡고 있는 고정된 정체성을 가진 지방민이 아닌 일상적 생활인으로서의 지방민은 어떤 모습인가?

#### 4. A의 이야기

A는 경남 합천에서 1남 3녀 중 둘째이자 장녀로 태어나 어린 시절을 보내고 12세에 대구로 이주해 고등학교까지 마쳤다. 경산에 있는 영남대학교에 진학해 졸업한 후 줄곧 경산에서 생활하고 있다. 합천에서 그녀는 부유한 집에서 아무런 걱정 없이 컸다. 합천에서의 어린 시절에 대해 A는 아주 좋은 기억을 갖고 있다. 어렸을 때 자신이 남자인 줄 알았다고 할 정도로 거침없는 성격을 갖고 반장을 도맡아 했으며 운동회, 과학경시대회, 미술대회 등에서 상을

휩쓸고 매일 남자들과 잣치기, 말뚝박기, 달리기를 하면서 살았다. 이런 기억 때문에 그녀는 "어렸을 땐 정말 시골에 살아야 되겠다"라는 생각을 하고 있다. 어린 시절의 꿈은 경찰이나 교도관이 되는 것이었다.

부유한 집에서 자랐지만 할아버지의 사망 후 아버지 형제가 많았기 때문에 "재산싸움에서 밀린" 그녀의 가족은 "모든 것을 털고" 합천을 떠나 대구로 이주했고 부유했던 어린 시절과는 달리 "알뜰하게 아껴" 살아야 했다. 아버지가 일찍 돌아가시고 어머니가 여러 일을 하면서 돈을 벌어 왔기 때문에 "너무너무 알뜰하게 살았다". 초등학교 때 공부를 너무 열심히 해서 그런지 중학교, 고등학교 때에도 조금 공부하면 쉽게 성적이 오르고 안하면 뚝 떨어지는 모습을 보였다. 고등학교 2학년 때 사춘기가 너무 늦게 찾아와 열심히 남자친구를 만났다. 덕분에 그 남자친구도 서울대를 갈 실력이었는데 그러지를 못했다. "공부는 하려다 확실히 접고 놀았다".

"공부를 못해서(웃음)" 영남대에 진학한 A는 학생회 활동 등에 적극적으로 참여했고 정치에 관심이 있어서 그 지역에 있는 정치인의 사무실에 들락거리기도 했다. 대학 때 휴학하면서 서울, 경기 등으로 여행을 많이 다녔다. 25세에 대학교를 졸업했고 오빠가 서울에서 기술을 배워와 스포츠용품점을 차리자 같이 일하기 시작했다. 돈을 벌겠다고 미친 듯이 일을 해서 일, 집, 일, 집, 일, 운동 이렇게 왔다갔다하다 "시집도 못가고 남들이 말하는 노처녀로 접어들 나이까지 왔다". 지금은 하루에 열 시간씩 일에만 파묻혀 지내고 있다.

A는 자신이 대학을 다닌 경산에 터전을 잡고 살고 있다. 그녀의 어머니와 동생들도 모두 경산에 살고 있고 직장도 경산에 있다. 그녀가 보기에 경산은 한마디로 "물가 싸고 집값 싸고 공기 좋고 물 좋은" 곳으로 "살기 좋은" 곳이다. 경산에 대한 이런 긍정적 평가

는 경산이 시골이기 때문에 가능한 것이다. 이것은 경산 인근에 있는 대도시인 대구와 비교에서 명확히 드러난다. "경산은 굉장히 사람살기 좋은 도시, 옛날과 비슷하죠. 일단 빽빽하지 않잖아요. 교통도 원활하고 사람들도 거의 시골 사는 느낌이 나거든요. 대구사람들은 도시 사는 느낌이 나요. 물가도 아주 저렴하고 차 파킹하는데도 전혀 지장 없는 동네구요." 경산을 시골로 규정하게 되자 자연스럽게 부정적 의견들도 나타난다. "문화생활 하는 거나 쇼핑이나 이런 것은 너무 불편해요. 물론 경산사람들도 알겠지만 스포츠샵이 이런 시골에 있다는 것 자체를 되게 놀라워해요. 그만큼 발전되지 못한 도시거든요. 거의 경산에 있는 사람들은 시내에 있는 사람들이 전부고 나머지는 다 농사짓는 사람들 다 면단위 사람들이잖아요. 너무 땅덩어리는 큰데 사람들은 별로 없고 발전가능성도 크게 보이지도 않는 그런 도시인 것 같아요."

이처럼 경산의 상황에 대해 부정적 의견들도 갖고 있음에도 A는 주저 없이 경산을 살기 좋은 곳으로 평가한다. 그것은 경산이 자신의 추억과 일이 있는 곳이기 때문이다. "그래도 사람살기에는 역시 경산이 좋아요. 직업만 안정된 것이 있다면 정말 경산이 제일 좋다는 생각을 해요. 이사 갈 생각도 없고 너무 익숙해져버렸죠, 경산이. 학교도 영대(영남대) 나왔으니까 영대에 대한, 학업에 대한 애착은 없었지만 영대에 있던 추억이 다 좋은 추억이었기 때문에 가까이 있고 싶어요. 지금 직장도 물론 경산이고 경산에서 확장시키고 싶지 다른 지역으로 옮겨가고 싶지는 않거든요."

경산에 대한 A의 애착은 경산에서 살면서 축적한 추억들에서 비롯된 것이다. 따라서 그런 추억이 없는 도시를 생활터전으로 선택하는 것에는 저항감을 느낀다. 그곳은 익숙하지 않은 곳이기 때문이다. 예를 들어 서울에 대한 생각을 묻는 질문에 A는 다음과 같은 평가를 내린다. “그 당시 서울 돌아다닐 때만 해도 벌써 7-8년 전이니까 그때도 굉장히 번화가였죠. 서울이나 경기는 그러면서 나쁜 것도 많이 발전돼있고 물론 모든 것들이 너무 빠르고 복잡해요. 저는 그렇게 복잡한 곳에는 살고 싶단 생각도 안들더라구요. 안 익숙해져 있어서 그런지 모르겠지만.”

A는 서울에 대한 주위의 평가를 “기회의 땅”이란 말로 이해한다. 하지만 그것은 다른 사람들의 말을 전하는 것일 뿐 자신은 서울을 기회의 땅으로 인식하지 않는다. “왜 사람들이 다 서울로 가려 하는지. 왜냐면 기회의 땅이라고 그러더라구요. 단칸방에서도 꿈을 이룰 수 있고 그런데 뭐 일거리가 많고 편의시설도 많고 사람들이 많이 모여있는 곳일수록 기회도 더 많아지니까 다 그쪽으로 옮겨갈 수는 있는데 저는 한적한 지방에서 열심히 살아서 성공하고 싶어요.”

A가 서울보다는 경산을 더 높게 평가하는 것은 단순히 추억과 같은 감성적인 면에서만 비롯된 것이 아니다. 그녀의 판단은 합리적이고 냉철한 계산을 근거로 하고 있다. “지금은 경산이 좋아요. 서울에 갈, 땅 살 돈도 없어요. 땅값 차이 많이 나잖아요. 여기 몇 억 갖고 거기 200평 사겠어요?(웃음) 못 사잖아요. 굳이 서울에 가서 있다고 한들 크게 차이는 없을 거라 생각해요. 또 시장조사를 해보면 물론 서울에 자리 잡고 있는 큰 샵들이 있기 때문에 굳이 거기 가서 피터지게 싸울 바에는 지방 사람들 서울 못가게 지방 사람들이라도 다 긁어 모으자. 그럼 나눠먹기잖아요. 그게 더 낫다 싶더라구요. 그리고 요즘에는 일일생활권이기 때문에 서울에 있다고 해서 좋다 생각안하고 서울에 있다고 멀다 생각안하거든요. 중간에 있으니까 오히려 더 유리할 수 있다 이렇게 생각해요. 서울, 부산. 제일 번화가가 서울, 부산이잖아요.”

그녀가 이처럼 생활터전으로서의 경산을 높이 평가하고 서울에 대해 큰 흥미를 보이지 않는 것은 그녀의 사업가로서의 진취성과 지역민의 감성에 대한 사업 경험에서 온 것이기도 하다. "일등은 더 이상 올라갈래도 올라갈 데가 없잖아요. 아주 열악한 도시잖아요. 대구도 그렇고. 사람들이 시간당 받는 시급이나 월급 이런 것 다 계산해 보면 대구가 제일 열악한 것 같다고 하더라구요. 그러니까 꼴찌니까 올라갈 데 많으니까. 그리고 이 지역 사람들이 의리는 있잖아요. 잘 똘똘 뭉치고 이런 식으로. 그런 지역성이 있기 때문에 저의 집도 내 지역사람이라고 생각하고 도와주려고 하는 사람도 많아요. 아 이렇게 힘든 도시에서 열심히 살고 있구나. 이 지역 사람들이 전화 와서 우리 지역사람들 팔아줘야지 우리가 항상 서울에만 거래했었는데 이렇게 싼 가격에 물건을 파는 데가 있으니까 웬만하면 같은 지역 사람들한테 팔아줘야 한다고 이렇게 말하는 사람들이 많아요. 힘이 되죠."

A는 문화생활을 제외한다면 여러 가지 면에서 경산에서의 삶에 만족을 느끼고 있기 때문에 서울에 사는 친구들에 대해서도 별다른 부러움 같은 감정을 갖지 않는다. 서울을 더 좋은 곳으로 여기는 서울민들의 감정을 인지하고 있으면서도 그것에 동의하기보다는 그들의 서울생활을 상징적 차원에서의 구별짓기이거나 단지 먹고살기 위한 선택의 하나로 이해한다. "서울 사는 사람들 이야기 들어보면 편하다고는 하는데 팍팍하게 사는 것 같아요. 팍팍하게. 그래도 서울이 좋다고 그러더라구요. 모르겠어요. 문화적 생활 때문에 그런건가? 일단 그런 것 있잖아요. 내가 강남에 산다, 내가 강북에 산다, 이런 느낌처럼 내가 서울에 산다 이거죠. 좋은 데. 시골이 아니라. 그런 건 있는 것 같아요. 나름 서울에 있는 애들이. 서울에 있는 친구들이 내려오면 서울 좋다 서울와라 이런 이야기 안 해요. 물론 돈은 우리보다 시급이 세니까 돈은 많이 받을 거예요. 서울에 있으

면 근데 물가가 세. 집세 이런 것 생각하면 거기서 거기에요. 오히려 더 못 벌수도 있어요, 서울은. 집값마련하려면 한참을 벌어야 되잖아요. 여기에서는 조금만 벌면 되는데. 직장 있으면 서울에 있으려고 하더라구요. 단칸방에 살더라도. 기회의 땅이니까.”

하지만 A가 경산에서의 삶에 만족하고 있다고 해서 경산과 같은 지방 도시가 갖고 있는 구조적인 문제에 둔감한 것은 아니다. A가 보기에 지방이 갖는 가장 큰 문제는 인구감소에서 오는 생활기반의 붕괴이다. A는 인구감소의 원인을 전반적인 저출산 현상과 취업과 관련된 인재 유출에서 찾는다. “인구가 너무 없어요. 지방에. 그럼 나눠먹기죠. 인구가 늘면 몰라도. 사람들이 저출산인데 인구가 늘겠어요? 아무리 눈 씻고 찾아봐도 늘 인구는 없는 것 같아요. 내 친구들도 이제 다 결혼해서 애 낳을 땐데 두세 명 낳으면 정말 대기업 다니는 줄 알 정도로 양육비가 많이 드니까. 두 명 이상은 절대 못 낳는다. 그래도 집에 어른이 원하니까 두 명은 낳아야 되겠다. 이런 생각은 다 하더라구요. 근데 정말 아직 결혼 안한 애들은 결혼안하고 혼자 살거다 이런 애들도 많아요.” “잘난 놈이 없습니다. 잘난 놈은 다 대기업 찾아 서울 가고 구미 가고 경기도 가있지. 대기업이 없으니까.”

특히 인재유출은 A와 같이 결혼을 고려하고 있는 여성들에게 더 심각한 것으로 받아들여진다. 결혼할만한 좋은 남자가 없다는 것이다. “잘 다닐만한 곳이 없어요. 대구, 경산에는. 그게 정말 문제에요. 뭐 큰 기업이 없잖아요. 가까운 것은 뭐 구미 공단밖에 더 있나? 거기 뭐 엘지 삼성 하면 아 좋은데 다니는구나 이렇게 얘기 듣지 대구에 잘 다닌다고 해봤자 뭐 공무원밖에 더 있겠습니까? 잘난 놈이. 그래 대구 지방에 공무원인 싱글 남자 찾기도 많이 힘들어요. 그만큼 잘난 놈이 없어요 지방에는. 사람들이 다 큰 데를 찾아서 옮겨가버리니까 브랜드를. 정말 그것도 힘들어요. 그래서 지방에서는 못난 놈 만나서 결혼하는 거예요."

결혼을 고려하는 A는 안정된 직장을 가진 신랑감을 원하는 한국여성들의 일반적 기대를 공유하는 과정에서 서울과의 경제적 권력관계에서 열세에 있는 지방의 문제를 인식하고 있음을 보여주지만 그런 인식이 지방을 떠나 서울로 이주해야겠다는 욕망으로 전환되지는 않는다. 그것은 지방에서 생활인으로 성공할 수 있다는 것을 A가 확신하고 있기 때문이다. A는 경산에서 살고 있는 자신의 오빠와 여동생을 묘사하면서 생활인으로서 열심히 사는 모습을 높이 평가한다. "(오빠는) 자기 나름대로 장사할 욕심이 있어가지고 공대생이면서도 경영을 공부를 했더라구요. 부전공으로. 뭐 나름 사업 젊은 시절에 시작해서 남들이 안할 때 키워놨고 장가갔고 집도 샀고 애도 하나 낳아 놨고 굉장히 빠른 엘리트 코스를 밟아서 굉장히 빨리 성공한 케이스이죠, 우리 오빠도. 내 동생 남자친구는 둘 다 법대 나왔는데 법원서기직 시험 붙었대요. 막내도 4년제도 못갈 줄 알았는데 사회복지학과 나와서 취업해서 돈 잘 벌어오고." 그래서 A도 경산에서 성공의 꿈을 키운다. "성공하면 커나가야죠. 조그만 구멍가게에서 시작해서 성공하면 주식도 상장하고 외국에 공장도 만들고."

## 5. 안에서 본 지방민의 삶

### 1) 생활의 주체로 살아가다

A의 이야기는 민주의 이야기와 차이를 보인다. 민주가 성적지상주의, 대학의 서열화 담론이 서울중심주의 담론과 만나면서 지방대를 강력한 차별과 배제의 대상으로 만드는 타자화 담론에 때로는

순응하고 때로는 저항하면서 양가적 태도를 보인 것에 비해 A는 서울중심의 타자화 담론에 의해 큰 영향을 받고 있지 않은 것처럼 보인다. 민주는 서울로의 이주 열망을 표출하면서도 의식적인 수준에서는 지방과 지방대를 열등하게 보는 타자화 담론에 저항한다. 반면에 A는 지방을 자신의 생활터전으로 적극적으로 인정하면서 서울에 대한 동경이나 이주 욕구를 나타내지 않는다. 이것은 A가 지방을 타자화하는 중앙/주변의 이항대립구도를 가진 담론을 받아들이고 있지 않다는 것을 의미한다.

A와 민주 사이에 나타나는 인식의 차이는 우선 두 사람의 신분의 차이에서 비롯된 것처럼 보인다. A는 지방민으로서의 확고한 위치를 굳힌 생활인이고 민주는 취업 등을 통해 서울로 진출할 기회를 갖고 있는 학생이다. 또 두 사람에게 가해지는 타자화 담론의 강도가 다를 수 있다. 민주에게 가해지는 서울중심의 타자화 담론에는 중앙/주변의 이항대립구조외에도 성적지상주의, 대학의 서열화 같은 한국사회를 지배하는 강력한 담론들이 포함돼 있다. 취업을 해야 하는 대학생으로서 민주는 그런 담론에 민감하게 반응할 수밖에 없다[27]. 홍석준(2004a)의 조사에서 지방대교수가 서울로 가고 싶은 열망을 강하게 드러내는 것도 대학 서열화 등의 담론에 영

27) 한덕웅과 최훈석(2006)에 따르면, 1994, 1999, 2004년 세 차례에 걸쳐 진행된 조사에서 한국인들이 중요하다고 생각하는 30개의 사회문제들 중에 지방대생의 취업난이 세 차례 모두 거론됐다. 단순한 대학생의 취업난이 아닌 지방대생의 취업난을 다수의 한국인들이 중요한 사회문제로 인식한다는 것은 지방대생이 취업하는 과정에서 사회적 차별의 대상이 될 가능성이 크다고 한국인들이 인식하고 있다는 것을 의미한다. 객관적인 자료라고 할 수 있는 취업률도 지방대가 수도권대보다 평균적으로 낮지만(한국교육개발원, 2004, 32-33) 더 큰 문제는 지방대생이 느끼는 심리적 장벽이다. 지방대생의 취업 지원서는 아예 서류검토 단계에서부터 휴지통으로 들어가고 면접을 하더라도 사투리를 써서 어눌해 보인다는 이유로 좋은 평가를 받지 못한다는 이야기가 사실처럼 지방대생들 사이에 퍼져 있다(한국교육개발원, 2003, 61-62). 지방민으로 일반화시키기는 어렵지만 적어도 지방대생이 사회적 차별을 받고 있다는 생각은 비교적 광범위하게 퍼져있다.

향을 받고 있기 때문이다.

서울을 자신의 가능한 생활터전 중의 하나로 갖고 있는 민주는 서울중심의 타자화 담론이 강제하는 타자의 위치에서 벗어날 수 있는 방법의 하나로 서울 이주를 선택할 수 있다. 민주는 서울중심의 타자화 담론의 희생자이면서 자신의 노력이나 선택에 따라 그 담론의 수혜자의 위치를 차지할 수도 있다. 따라서 민주는 중앙/주변의 타자화 담론을 의식적으로 거부하고 지방과 지방대를 미화하면서 전복을 시도할 수도 있고 또는 그 담론을 수용해 서울민이 됨으로써 다수자의 위치에 오를 수 있다. 어떤 경우든 민주는 중앙/주변의 타자화 담론을 그 자체로 파괴하기보다는 재생산하는 과정에 동참하게 된다.

A의 경우에는 중앙/주변의 타자화 담론 자체에 관심을 두지 않음으로써 그 담론에 포섭되지 않는다. A는 지방을 중앙인 서울의 주변부로 인식하지 않는다. 민주가 자신이 다니는 대학이 경기도에 있었으면 더 좋았을 것이라는 생각을 갖고 있는 반면에 A는 자신이 사는 도시를 있는 그대로 받아들인다. 민주가 끊임없이 서울과의 비교 속에서 자신이 속한 위치를 파악하고자 하는 반면 A는 서울을 존재하는 별개의 공간으로 인식할 뿐 경산의 위치를 파악하기 위한 준거로 내세우지 않는다. A에게 있어서 경산은 서울에 비해 어떠어떠한 도시가 아니가 아니라 사회의 전반적 문제 속에서 나름대로의 특성을 갖고 있는 도시이다.

이런 점은 A뿐만 아니라 다른 지방민들에게서도 공통적으로 발견된다. 40대 후반의 가정주부 B는 대구에서 태어나 고등학교까지 다니고 서울에 있는 대학으로 진학했으나 졸업 후 다시 대구로 돌아와 결혼한 후 정착한다. 그녀는 서울은 복잡하고 시끄러운 도시이기 때문에 살고 싶지 않다고 말하며 자신이 태어나고 자란 대구에서 사는 것이 좋다고 단언한다. 대구에서 태어나 지금까지 살고 있는 30대 후반의 화가인 C는 부모가 자신을 서울에 있는 대학으로 진학시킬 능력과 의도를 갖고 있었지만 자신이 서울에 있는 좋은 대학을 갈 실력을 갖고 있지 않았기에 지역에 있는 대학에 진학했다. C는 서울로 진학한 친구나 선후배의 삶을 떠올리며 자신의 삶이 그들의 삶과 차이가 없으며 현재의 문제를 해결하고 미래를 설계하면서 삶을 계속 개척해 가는 자신의 생활만이 갖는 특성을 강조한다. 그녀는 자신의 아이도 굳이 서울로 보내려고 하지 않을 것이며 대구에서 그만의 특징 있는 삶을 살기를 바란다고 한다. 전국적인 규모의 스포츠동호회 활동을 통해 서울은 물론 여러 지역 사람들을 자주 접하는 C는 각 지역과 도시, 그리고 그곳에 사는 사람들을 나름대로의 특성을 가진 존재들로 인식한다. 대구에서 태어나 고등학교까지 마친 40대 중반의 D는 서울에서 대학을 졸업하고 미국에 유학을 가 박사과정을 수료한 후 대구로 돌아와 선친의 사업체를 물려받아 경영하고 있다. 그의 자녀들이 미국에 거주하고 있고 사업상의 일로 서울은 물론 외국 여행을 자주 하는 D는 대구를 친한 어릴 적 친구들이 많아 편안한 생활터전으로 평가한다.

경제적으로 큰 어려움 없이 비교적 윤택한 삶을 살고 있는 이 지방민들은 모두 대학 진학의 시기에 서울중심의 타자화담론에 영향을 받아 서울에 있는 대학에 진학을 했거나 진학을 고려했다. 하지만 지방 도시를 생활터전으로 삼은 뒤에는 서울중심의 타자화담론에서 빠져 나와 자신의 삶을 자신의 관점에서 보고 이해하는 모습을 보인다. 이것은 서울로 이주함으로써 서울민이 된 사람들이 서울중심의 타자화담론을 계속 재생산하는데 동참하는 것과는 비교된다. 예를 들어 C의 오빠는 서울에 있는 대학에 진학해 졸업을 한 후에 서울에서 취직을 해 정착했다. C에 따르면, 그는 명절이나 부모의 생일 등에 대구로 와 잠깐 머무는데 그가 기차역에 내려 밖으로 나서면서 고향도시를 볼 때마다 도시가 아무런 발전이 없이 초라해 보여 슬프고 답답한 생각이 든다고 한다. 그는 자신이 낙후됐다고 평가하는 대구에 다시 돌아와 사는 것을 강하게 거부한다. 서울을 생활터전으로 삼은 그는 서울중심주의 담론을 통해 부여받은 다수자 의식을 자신의 것으로 재확인하며 지방을 타자화하는 것이다[28].

### 2) 장소로 공간에 균열을 만들다

지방민이 자신의 삶과 자신이 속한 지역을 긍정적으로 인식하고 있는 것은 지방이 그에게는 서울과의 관계 속에서 주변화되고 배제되는 공간이 아니라 생활터전이기 때문이다. 아직까지 지방을 자신의 생활터전으로 선택하지 않은 채 취업을 통해 서울에서 살 수 있는 가능성을 갖고 있는 지방대생이 지방을 타자화하는 담론에 포섭된 모습을 보이는 것과는 비교된다.

지방민을 타자화하는 서울중심주의 담론은 우선적으로 공간의 구별에서 비롯된다. 사람들은 지방과 서울을 공간적으로 구분 짓고 각각의 공간에 거주하는 사람들을 지방민과 서울민이라고 구별해 부른다. 지방과 서울이라는 공간의 구분은 행정구역을 나누는 경계선들에 의해 명확한 방식으로 이뤄진다. 이 경계선들은 실제 땅위에는 나타나지 않지만 지도라는 재현방식을 통해 가시적으로 제공되며 사람들의 일상생활에 실제적 영향을 미치는 선으로 기능한다.

28) C의 오빠와 같은 많은 서울민들에게 지방은 우선 '고향'으로 재현된다. 그들에게 있어서 "고향은 자식들을 서둘러 서울로 보낸 부모들이 자식들의 학비와 생활비를 송금하기 위해 지키고 있는 곳이거나 동창의 성공을 부러워하면서 한편으로 패배감을 씹고 있는 동네친구들이 아직 살아가는 곳"으로 "떠난 사람들의 추억만이 존재하는" 과거의 공간이다(서영인, 2002, 85).

르페브르(Lefebvre, 2000/2011)가 지적했듯이, 지도와 같은 합리적 재현방식을 통해 공간을 재현하는 것은 자연의 물리적 공간에 가해진 국가적 폭력의 결과물이다. 국가의 폭력에 의해 공간은 구획화되고 파편화되며 결국 비천한 공간에서 고귀한 공간에 이르기까지 서열화, 등급화된다. 이런 공간의 서열화는 하비(Harvey, 1989/1994; 282-303)가 주장했듯이 근대의 기획 속에서 원근법주의와 수학적 지도화를 통해 공간을 추상적, 등질적, 보편적인 것으로 이해했기 때문에 발생한 것이라고 볼 수 있다.

지방과 지방민을 타자화하는 서울중심주의 담론은 근대화 기획에서 발생한 이런 공간의 서열화에 기반을 두고 있다. 별다른 표시 없이 연속적으로 이어지는 땅은 인위적으로 행정구역으로 나눠 구획지어지고 서울특별시 등으로 위계화돼 명명된다. 일단 명명된 공간은 사회적 권력을 행사하기 시작한다. 민주는 "영대가 경기도에 있으면 좋을 것이다"라고 말한다. 민주는 자신이 속한 대학의 문제를 공간의 문제로 이해하고 있는 것이다. 위계화된 공간 속에서는 더 높은 지위에 있는 공간에 속하는 것이 더 많은 사회적 권력을 갖는 방법이라고 민주는 인식하는 것이다. 이런 민주의 생각은 공간의 위계화를 통해 작동하는 서울중심주의 담론에 영향을 받은 것이다.

A도 사회적으로 강제된 공간의 위계화를 잘 알고 있다. 그녀는 자신이 살고 있는 경산을 촌으로 규정한다. "경산은 촌이죠. 촌 중에서도 아주 촌이에요." 그렇기 때문에 경산은 "꼴찌"이며 "아주 열악한 도시"로 인식된다. 반면 서울은 "일등"인 곳이다. 이처럼 A는 재현의 차원에서 강제된 공간의 위계 속에서 경산이 차지하는 지위를 잘 알고 있지만 경산을 아주 살기 좋은 곳이며 계속 살아갈 곳으로 인식한다. A가 경산을 자신의 생활터전으로 받아들이는 우

선적인 이유는 바로 경산에 대한 좋은 추억을 갖고 있기 때문이다. 자신이 다닌 대학교에 대한 추억이 다 좋은 추억이었기 때문에 경산에 있고 싶고 다른 지역으로 옮겨가고 싶지 않다는 것이다.

A가 사회적으로 강제된 공간의 위계적 질서 속에서 경산이 낮은 지위를 차지하고 있다는 것을 알면서도 경산을 살고 싶은 곳으로 생각한다는 것을 보면서 나는 경산이 단일한 공간이 아니라 두 가지의 전혀 다른 속성을 갖고 있는 곳으로 재현되고 있음을 발견했다. 그것은 공간(space)과 장소(place)로 구분될 수 있는 것이다. 경산은 A의 말 속에서 때로는 공간으로서 때로는 장소로서 모습을 드러낸다.

투안(Tuan, 1979)은 공간과 장소를 구분한다. 공간은 장소보다 추상적인 것으로 몸이 위치한 동질적이고 구분되지 않은 것이다. 이런 공간에 사람들이 경험과 지식을 통해 가치를 부여할 때 그것은 특정하고 구체적인 장소가 된다. 단지 기하학적 패턴에 불과하던 공간은 사람들이 그 안에서 경험하면서 얻게 된 감정과 생각들을 통해 식별될 때 장소가 된다. 공간을 식별하기 위해서는 명명된 이름이 필요하지만 장소는 몸이 느끼고 경험한 기억과 추억을 통해 식별된다.

공간은 위계화를 통해 사회적 권력이 행사되고 반영되는 곳이지만 장소는 사람들이 몸으로 느끼고 생활하는 삶의 터전이다. A는 서울중심주의 담론에 의해 재현된 경산의 공간으로서의 위치를 잘 알고 있지만 실제 삶 속에서 경산은 A에게 그런 위계화된 추상적 공간이 아닌 감정과 추억이 깃든 장소로 인식된다. A에게 중요한 것은 담론 속에서 재현되는 추상적 공간이 아니라 자신의 삶의 흔적들을 추억의 형태로 담고 있는 생활터전으로서의 장소인 것이다.

장소로서의 경산이 A의 마음속에서 생활터전으로 자리를 잡은 이상 공간의 위계적 구분은 A에게는 큰 의미를 갖지 않은 것이 된다. 더 많은 권력이 부여된 곳이라도 A에게 장소로서의 의미를 갖지 못한 곳은 생활터전으로 고려되는 대상이 아니다. "굳이 지역성을 따지고 싶지 않거든요. 지금 이곳이 좋으니까. 전혀 서울이나 외국이나 이런 것에 대한 열망이 없어요."

A의 목표는 이제 어느 공간에서 사느냐 하는 것이 아니라 자신이 좋아하는 장소에서 어떻게 성공하느냐 하는 것이다. 생활인으로서 A는 자신의 삶에 대한 계속된 성찰을 통해 삶의 목표를 설정하고 그것을 이루기 위해 노력한다. 이 연구를 위한 심층면담에 응한 것도 그런 성찰의 기회를 갖고 싶어서 선택한 것이다. "이거 인터뷰 하자고 할 때 내가 내 스스로 옛날이야기 꺼내면서 나를 돌이켜 볼 수 있는 기회가 되겠구나 해서 저도 낸 거거든요. 저 사생활 오픈하는 거 싫어하는데 그래가지고 이런 것도 물어 보겠다 저런 것도 물어 보겠다 생각한 것도 있는데 나는 내가 뭘 위해서 사는지, 내 꿈은 뭔지 이야기하면서 스스로 생각해야 되겠다 싶더라구요. 아 과연 내 꿈은 뭘까 잘 생각 하거든요. 그냥 단순하게 말하면 잘 먹고 잘사는 거더라구요. 잘 먹고 잘살기 위한 수단과 방법 목표 뭐 이런 것이 중요한데 크게 말할 수 있는 것은 그냥 잘 먹고 잘사는 것 밖에 없더라구요."

A는 삶의 목표를 단순하게 설명했지만 그 목표를 달성하기 위해 자신의 사업에 온 힘을 기울인다. 이 과정에서 A에게 있어서 공간은 새로운 방식으로 재편성된다. A는 사업을 확장하는 과정에서 인터넷 쇼핑몰 사업을 시작했다. 스포츠용품 도소매 쇼핑몰을 인터넷에서 운영하게 됐고 인터넷 쇼핑몰 사업이 본 궤도에 오르면서 A는 전국의 소매상들을 고객으로 확보하게 된다. "소매업자들은 전국에 깔려있어요. 서울은 땅값 자체가 비싸잖아요. 인건비도 비싸잖아요.

인건비도 무시 못하거든요. (...) 워낙 바글바글하게 살고 있으니까 어디에 있던 상관없는 것 같아요. 서울에 가고 싶은 생각도 없고. 인터넷이 있어서 가능해진 거죠. 인터넷이 없었다면 우리가 있는지도 몰랐을 거예요. 인터넷이 없었다면 동네 구멍가게였겠죠." 인터넷덕분에 A가 속해 있던 공간의 위계에 균열이 오고 경산은 서울과 동등하거나 또는 오히려 우위를 차지하게 된 것이다. 물론 이것이 한국사회의 위계화된 공간의 구조 자체를 바꾸는 것은 아니지만 적어도 A에게 있어서 기존의 공간 위계는 큰 힘을 발휘하지 못하는 것이다. A는 경산을 담론에 의해 재현되는 위계화된 공간이 아닌 자신의 추억이 깃든 장소로 인식하고 생활터전으로 삼으로써 결국 생활 속의 실천을 통해 공간의 사회적 위계에 타격을 가하게 된 것이다.

## 6. 지방민에 대해 다시 생각하기

며칠을 컴퓨터 자판을 토닥거린 끝에 청탁받은 원고를 끝낼 수 있었다. 난 원고를 한 학술지 편집위원회에 보냈고 오늘 심사평을 받았다. 내용이 부실해 많은 수정이 필요해 보인다는 평가이다. 한숨이 나온다. 심사평에 대해 고민할 필요가 있다. 벌써 밖에는 어둠이 내리고 있다. 일단 저녁밥을 먹으면서 원고를 수정할 것인지에 대해 생각을 하기로 한다. 노란 가로등 하나가 어둠을 힘겹게 몰아내고 있는 학교 뒤 숲의 작은 오솔길을 지나 저녁에 종종 들리는 식당으로 향한다. 저녁에는 손님이 별로 없는 식당에 들어가 자리를 잡자 아저씨가 늘 그랬듯이 아무 말 없이 스포츠신문들을 내 탁자에 던져준다. 스포츠신문을 채 다 보기도 전에 아저씨가 둥근 쟁반에 담은 청국장을 들고 와 식탁 위에 내려놓는다. 언제부터인가 이 집에서는 내가 오면 으레 주문도 받지 않고 청국장을 내 놓는다. 이 집의 싸구려 청국장에는 고춧가루와 숭숭 썰린 청양고추가 들어있어 맵다. 모든 음식에 고춧가루나 청양고추를 넣어 매운 맛을 내야 직성이 풀리는 대구 지역 사람들의 특징이 그대로 드러난다. 매운 것을 잘 먹지 않는 나는 이 음식문화가 끔찍하게 싫지만 내가 할 수 있는 유일한 저항은 최대한 고추를 피해 국물을 떠먹는 것뿐이다.

혼자 걷거나 혼자 밥을 먹을 때 내 두뇌는 가장 활발히 작동하는 것 같다. 묵묵히 청국장을 밥에 비벼 먹는 동안 심사평에 대한 내 생각이 정리된다. 원고의 내용과는 동떨어져 있는 심사평을 제외한다면 수긍할만한 비판은 크게 두 가지가 있다. 하나는 연구대상자의 수가 한명으로 너무 적어 연구 내용의 일반화에 문제가 있다는 것이다. 다른 하나는 연구의 결과를 요약하는 공간과 장소라는 핵심 개념에 대한 설명이 충분하지 않다는 것이다. 이 비판들에 대해서는 다음과 같이 정리하기로 한다.

구술사 방법이라는 것이 양적 방법과는 달리 사회의 전반적 양상을 보여주는 것이 아니라 구체적이고 특수한 사례를 이해하는 방법이란 것을 고려한다면 연구대상자의 수는 그다지 중요하지 않다. 나는 여기에서 지방민의 삶에 대한 한 가지 이해의 가능성을 보여주고자 한다. 그것을 보여주는 과정에서 수집한 자료들을 가감없이 제시하고 자료들에 대한 이해가 납득할만하게 이뤄졌다면 이 글은 충분히 성공적이라고 평가한다. 따라서 연령대별, 계급, 계층별, 성별, 지역별 지방민들을 다 면담해야 지방민의 삶을 이해할 수 있다는 것은 받아들이기 어려운 비판이다.

장소와 공간에 대한 개념 설명을 이론적 배경으로 장황하게 하지 않은 것은 내가 처음부터 공간과 장소 개념을 갖고 지방민의 삶을 설명하겠다는 의도를 갖고 연구를 시작한 것이 아니기 때문이다. 나는 A의 이야기를 분석하고 글을 쓰기 전까지는 지방민의 삶을 장소나 공간으로 연결 지을 수 있다는 것을 몰랐다. 장소와 공간의 개념은 A의 이야기를 해석하는 과정에서 도출된 것이다. 물론 모든 지방민의 삶을 장소와 공간의 개념으로 이해할 수 있다는 것도 아니다. 그런 개념으로도 이해하는 것이 가능하다는 것이다. 이 글은 그 발견의 기록이다. 이 글은 탐색적 연구의 결과로서 사회현상의 구조적 문제와 원인, 결과를 밝히는 것이 아니라 사회현상을 이해하는데 도움을 줄 수 있는 가능한 관점을 하나 제시하는 것에 머문다.

이렇게 생각을 정리한 나는 결국 심사평에서 요구한 바와는 달리 이 글에서 크게 수정할만한 부분은 없다는 결론에 도달한다. 사실 이 글은 지방민에 대한 나의 깨달음의 과정을 드러낸다. 이 글의 기획 의도는 원래 소수자로서의 지방민이 어떻게 살고 있는지를 알아보기 위한 것이었다. 하지만 연구를 진행하면서 나는 지방민을 전통적인 의미의 소수자로 규정하기가 어렵다는 것을 깨달았다. 또한 지방민과 심층면담을 하면서 지방민을 서울중심의 타자화담론의 희생자내지는 소외자로 보는 것도 하나의 편견이라는 것을 깨달았다. 지방민을 소수자로 보거나 타자화담론의 희생자로 보려는 처음의 시도 자체가 다수자의 위치에서 연구대상을 보려는 편견의 결과물일 수 있다는 것을 알게 된 것이다.

지방민을 다수자/소수자의 이항대립구도나 타자화담론이 재현하는 주변인이라는 관점에서 보는 것은 지방민을 서울민의 눈으로 바라보는 또 다른 재현일 뿐이다. 분명 사회적 권력의 차원에서 볼 때 지방민을 다수자로 보기는 어렵다. 그렇다고 지방민이 인간으로서 배려를 받고, 시민으로서의 권리를 보호받아야 할 대상으로만 머무는 것도 아니다. 지방민은 자기 나름의 생각과 욕망을 갖고 살아가는 생활인이다. 지방민의 삶이 지방민을 타자화하는 재현의 담론에 의해 공격을 받고 어려워질 수도 있지만 지방민은 자신의 욕망을 충족시키기 위해 구체적인 전략과 기술을 사용해 삶을 조직해 가는 생활인으로서의 모습을 보여준다. 지방민이 생활인이기 때문에 그에게 있어 지방은 열등한 주변부 공간이 아니라 삶의 경험과 기억이 깃들어 있는 생활의 장소라는 지위를 갖게 된다.

내가 보기에 지방민의 문제는 우선적으로 공간의 문제이다. 공간은 사회적 권력과 의미를 부여받으면서 위계화되고, 권력을 가진 다수자의 공간인 서울과 소수자의 공간인 지방으로 구분된다. 서울은 행정부, 사법부, 입법부의 중심기관들, 기업들과 상점들, 문화예술 시설들을 가진 공간으로 사람들을 끌어들이는 "기회의 땅"이자 "일등"의 공간으로 재현된다. 반면 지방은 "일등"의 공간에서 배제된 "꼴찌"의 공간으로 재현된다. 다수자가 되기를 욕망하는 사람들은 다수자의 공간에서 살고자 한다. 그들에게 있어서 "서울에서 산다"라는 것은 그 자체로 이미 권력으로 작동한다. 다수자의 논리에 따른다면 지방민은 다수자의 공간에 들어가지 못한 탈락자이며 배제된 자들이다. 이 논리에 따르면 지방민은 끊임없이 다수자의 공간을 욕망하지만 도달하지 못해 좌절하기 때문에 그 좌절감을 보상받을 필요가 있는 소수자이다.

하지만 지방민의 관점에서 보자면 공간은 전혀 다른 의미를 갖고 나타난다. 지방민에게 있어서 지방은 매일의 일상적 실천들이 이뤄지는 생활터전이며 삶의 경험과 기억들로 가득 찬 장소이다. 지방민은 지방을 위계화된 공간의 담론을 통해 상상하는 것이 아니라 생활터전인 장소로서 경험한다. 지방을 장소로서 경험하고 일상생활의 터전으로 인식함으로써 지방민은 결과적으로 공간을 위계화하고 지방과 지방민을 타자화하는 재현의 정치에 저항하는 셈이 된다. 지방민을 소수자의 자리에 가둬놓으려는 위계화된 공간의 담론이 진학이나 취업 등의 기회가 생길 때마다 모습을 드러내면서 지방민을 괴롭히지만 지방을 자신의 생활터전으로 삼은 사람들은 공간을 장소로 이해하면서 삶을 능동적으로 조직해간다.

지방민을 소수자로 규정하는 것은 실재하는 특수한 사회집단을 지칭하는 행위라기보다는 지방민이라는 소수자 집단을 만들어내는 담론의 행위이다. 그것은 한국사회의 근대화 담론의 한 부분이자 결과물이라고 할 수 있다. 이 담론이자 담론의 실천적 결과물은 많은 한국인들의 의식 속에서 자신을 서울민으로, 혹은 지방민으로 규정하면서 우월감이나 열등감을 만들어내는 것으로 여겨진다. 하지만 실재의 한국인들은 서울민이나 지방민이라는 고정된 사회집단의 구성원으로 존재한다기보다는 구체적인 상황에서 삶의 목적을 달성하기 위해 전략과 기술을 사용하며 살아가는 생활인으로 존재한다. 그들은 동질적이라서 위계적인 서울과 지방이란 공간에 위치하고 있는 공간점유자들이 아니라 시간의 투자를 통해 만들어진 기억으로 구성된 장소를 경험으로 채워가는 생활인이며 자신의 욕망을 위해 달려가고 자신의 감성으로 세상을 분할하려는 작은 차이를 가진 사람들이다. 남이 정해 놓은 분할의 선을 지키며 그 안에 안주하는 것이 아니라 일상적인 경험과 욕망을 통해 정해진 분할선을 끊임없이 위반하려 하는 사람들이다. 이것은 랑시에르(Rancière)가 19세기 노동자들의 삶을 연구하면서 발견한 것 바로 그것과 닮아 있다(주형일, 2012).

나는 모든 음식을 맵게 만들려는 대구 사람들의 음식문화에 절망을 느낀다. 내가 서울에 살고 있는 사람이었다면 그것은 절망이 아니라 대구음식은 맛이 없다는 일반적이고 위계적인 평가의 차원에 머무는 무관심한 감정에 머물렀을 것이다. 하지만 대구를 삶의 터전으로 삼고 있는 나는 그렇게 무관심한 감정 상태에 있을 수 없다. 나는 이곳에서 먹는 모든 음식과 하루하루 싸워가야 하기 때문이다. 그것은 음식책자 속에 활자로 소개되는 음식이 아니라 내가 온 몸으로 경험하고 익힐 수밖에 없는 실천으로서의 음식이다. 마찬가지로 내가 사는 집과 학교를 오가는 길들은 지도 위에 선으로 표시된 공간이 아니라 내가 몸으로 느끼고 몸을 길들인 실천으로서의 장소이다. 사실 내가 살고 있는 곳을 공간이 아니라 장소로 경험한다는 것은 작은 깨달음이다. 아마도 이것은 내가 이 연구를 하지 않았다면 내 몸과 의식 밖으로 꺼내 드러낼 수 없었을 것일 것이다.

# 후 기

속이 편하지 않아 약을 먹은 지 꽤 됐다. 몇 년 전 해외에서 연구년을 보내면서 얻은 역류성 식도염이 계속 재발하면서 목에 뭔가가 걸려있는 듯한 이물감이 잊을만한 하면 툭툭 나타나 신경을 거스른다. 게다가 지난 여름 장염을 크게 앓은 뒤로 위와 장에 불편함을 느끼는 일이 잦아져서 약을 복용하고 있다. 이 정도의 속병은 스트레스 속에서 살아가는 현대인들이라면 누구나 다 갖고 있는 것이라고들 한다. 나도 내 속이 이처럼 불편한 것이 결국은 스트레스 때문이라고 굳게 믿고 있다. 연구년 기간 동안 해외에서 가족과 함께 정착하는 과정에서 겪었던 엄청난 스트레스가 역류성 식도염을 일으켰고 최근에 학교에서 여러 업무들 때문에 받는 많은 스트레스가 역시 속을 갉아먹고 있다고 생각하는 것이다.

남을 이겨야 내가 사는 경쟁의 논리를 사회 유지의 근간이 되는 논리로 확립한 우리 사회의 냉혹함은 학교에도 그대로 적용된다. 교육과학기술부와 몇몇 신문사가 제시한 대학평가를 위한 지표들에 따라 대학의 순위가 매겨지고 평가점수가 낮은 하위권 대학들은 단순한 이미지 손상을 넘어서 금전적이고 제도적인 지원과 혜택에서 제외되는 불이익을 받는다. 모든 대학이 사활을 걸고 지표 점수를 올리기에 혈안이 되는 것은 당연하다. 교수의 연구와 강의는 수치로 환산돼 점수화되고 교수들 사이의 순위가 매겨지며 각 교수가 획득한 점수에 따라 임금이 차등 지급되는 성과급제가 실시된다. 교수들은 더 많은 돈을 벌기 위해, 혹은 임금이 깎이는 것을 모면하기 위해 자신에게 부과된 많은 지표들의 점수를 올리느라 분주할 수밖에 없다. 논문이 양산되는 만큼 그 논문들에게 합당한 자격을 부여하기 위해 여러 지표들을 충족시키도록 표준화된 '등재' 학술지들도 늘어간다. 강의는 강의평가의 정량적 지표들에서 고득점을 올릴 수 있도록 표준화돼간다. 이 모든 일은 교수들의 자발적 참여와 자기 검열을 통해 이뤄진다. 예전에 학교의 규율을 묘사하면서 푸코(Foucault, 1975)가 보여준 사례들과 유사하게 교수들은 주어진 지표들의 점수를 높이기 위해 자발적으로 노력하면서 자신의 정신을 시스템에 잘 들어맞도록 말랑말랑하고 유순하게 만든다.

이런 사실을 아는 나는 그렇게 길들여지는 것에 대해 계속 저항하고자 한다. 하지만 동시에 시스템 안에서 살아가기 위해 내가 해야만 하는 일들을 할 수밖에 없는 상황에 처한다. 결국 나는 내가 강제로 길들여지는 것을 지켜보게 된다. 이것은 나에게 극심한 스트레스로 작용한다. 그래서 나는 속이 편하지 않다. 약을 먹어도 불편한 속은 쉽사리 풀리지 않는다. 내가 할 수 있는 유일한 길은 내가 길들어 가는 모습을 기술함으로써 나의 스트레스를 밖으로 드러내고 가능하면 외파시키려 노력하는 것이다. 이렇게 해서 찾게 된 것이 바로 자기민속지학이다.

자기민속지학 논문을 처음 접한 연구자들은 "이것도 논문인가?"라는 반응을 보이는 경우가 많다. 내가 대학원 강의를 하면서 자기민속지학을 소개할 때 학생들도 비슷한 반응을 보인다. 남의 행동을 관찰하고 분석하는 방법을 교육받아 온 사회과학자들이 자기의 이야기를 하라고 요구받으면 놀라고 어색해 하는 것은 당연한 일인지도 모르겠다. 나는 사회과학자들이 사회 시스템에 의해 순종할 수밖에 없는 사람들에 대해 말하거나 그들 사이에서 나타나는 저항의 흔적이나 가능성을 애써 부각시키려 노력하면서도 정작 자신이 그런 시스템에 순종하는 산물이거나 저항하려 하는 행위자라는 것은 알지 못하거나 혹은 알지 못하는 척 하거나 말하지 않는 것은 재미있는 일이라 생각한다. 자신도 사회의 구성원일 뿐이면서 연구라는 행위를 통해 사회와는 격리된 공간에서 다른 사람들을 관찰할 수 있다고 생각하는 사회과학자의 오랜 믿음 자체가 가장 먼저 관찰대상이 돼야 하지는 않을까? 그런 점에서 자기민속지학은 여러 연구방법들 중의 하나라기보다는 사회과학자라면 누구나 한 번씩은 해볼 필요가 있는 기본적 연구라고 할 수도 있을 것이다.

나이를 먹어갈수록 나는 점점 불안해진다. 김예란(2012)은 지금 유행하는 청춘의 담론들이 불안을 젊음의 기호로서 물신화하고 있다고 말하지만 사실 근원적인 불안은 나이를 먹을수록 더 크게 느끼는 것 같다. 이 불안은 자신이 그동안 믿었던 것들, 자신의 삶을 지탱해 왔던 것들이 무너져가는 것을 지켜볼 수밖에 없기 때문에 생기는 것이다. 가까운 것일수록 더 잘 보인다는 믿음이 노안으로 인해 깨지고 나에게 땅을 박차고 나갈 수 있는 힘을 준다고 믿었던 다리의 근육이 조그마한 자극에도 파열되는 것을 보면서 나를 지탱해 온 모든 단단하고 확실한 것이 결국 나와 함께 사라질 것이란 것을 점점 더 강하게 느낀다. 이 불안은 미래에 대한 불확실함에서 오는 막연한 불안이 아니라 현재의 불확실함에서 예견되는 미래의 확실함에서 오는 것이기에 그 무엇보다도 강력한 공포에 가까운 불안이다. 나이가 들수록 사람들이 융통성이라곤 없는, 말이 통하지 않는 '꼴통'이 되는 것은 현재를 억지로 확실한 것으로 만듦으로써 바로 이 근원적 불안을 애써 잊으려고 하기 때문일 것이다.

자기민속지학 연구는 사실 나를 불편하게 한다. 나에게 성찰을 강요하면서 현재가 불확실하다는 것을 계속 환기시켜줌으로써 내가 불안에서 벗어나지 못하게 만들기 때문이다. 자기민속지학을 밋밋하게 정의 내린다면 연구자의 개인적 경험을 문학적 양식을 비롯한 여러 실험적 방식으로 생생하게 기술함으로써 독자와 교감하고 현상에 대한 사회적 이해를 얻으며 나아가 개인적, 사회적 상황을 변화시키고자 하는 연구라고 할 수 있을 것이다. 하지만 내면을 들여다보면 자기민속지학은 사회과학의 객관성, 연구대상을 재현하는 연구자의 특권적 지위를 부정하면서 연구자의 성찰을 연구의 핵심으로 내세운다. 연구자에게 끊임없이 자신의 위치를 반성하게 만들고 현재가 확실하지 않다는 것을 일깨우는 것이다. 불안에서 벗어날 길은 없다. 어쩔 수 없이 받아야 하는 스트레스를 피하지 않고 되돌려 외파시키듯이 불안을 삶의 동력으로 삼을 수밖에는 없을 듯하다.

강길호 (1994). 한국인의 커뮤니케이션에 나타난 공손전략. 『한국언론학보』, 32, 9-35.

강길호 (2005). 과학적 연구방법과 한국적 커뮤니케이션 연구의 이론화. 『커뮤니케이션 이론』, 1(2), 1-38.

강길호 (2007). 광고에 나타난 광고 문안의 공손 표현이 수용자의 태도에 미치는 효과. 『스피치와 커뮤니케이션』, 7, 216-246.

강길호·김종옥 (1998). 설득메시지에 나타난 공손표현과 성별이 수용자 태도에 미치는 효과. 『한국언론학보』, 43(1), 5-36.

강연곤 (2011). '걸그룹 삼촌팬'을 위한 변명. 『대중음악』, 8, 9-45.

강준만 (2008). 『지방은 식민지다』. 개마고원.

고재홍·전병우 (2003). 두 자기평가 편향과 자존감간의 관계. 『한국심리학회지: 사회 및 성격』, 17(2). 1-16.

권해수 (2011). 한국 행정학의 글쓰기에 대한 비판적 논의. 『한국사회와 행정연구』, 21(4), 99-118.

권행가 (2002). 일제시대 관광엽서와 기생 이미지. 김영나 (편). 『한국근대미술과 시각문화』. 서울: 조형교육. 319-342.

권혁희 (2005). 『조선에서 온 사진엽서』. 서울: 민음사

김광기 (2005). 알프레드 슈츠와 "자연적 태도"-철학과 사회학의 경계를 넘어서. 『철학과 현상학 연구』, 25, 47-70

김광기 (2002a). 당연시되는 세계와 자기 기만: 일상성에 대한 피터 버

거의 현상학적 사회학. 『철학과 현상학 연구』, 18, 388-417.

김광기 (2002b). 왜 사회세계엔 "전형"이 반드시 필요할까?: 알프레드 슈츠의 "전형성" 개념을 중심으로. 『한국사회학』, 36(5), 59-86.

김광억 (1996). '지방'의 생산과 그 정치적 이용. 『한국문화인류학』, 29(1), 3-35.

김분한 외(1999). 현상학적 연구방법의 비교고찰-Giorgi, Colaizzi, Van Kaam 방법을 중심으로. 『대한간호학회지』, 29(6), 1028-1040.

김선아 (2010). 1970년대 전후 한국영화의 감정구조에 대한 고찰. 『문학과 영상』, 11(2). 361-382.

김성례 (2002). 여성주의 구술사의 방법론적 성찰. 『한국문화인류학』, 35(2), 31-64.

김성혁 (2005). 한국해외홍보용 포스터의 한국관광인식에 관한 탐색적 연구. 『관광학 연구』, 29(1), 89-107.

김영민 (1996). 『탈식민성과 우리 인문학의 글쓰기』 서울: 민음사.

김영찬 (2011). 1970년대 텔레비전 외화시리즈 수용 연구. 『한국언론학보』, 55(6), 5-29.

김영천, 이희용 (2008). 질적연구에서의 글쓰기: 문학적 표현양식들의 이해. 『중등교육연구』, 56(3), 187-222.

김예란 (2012). 불안: 그 느낌, 표정, 말들에 대하여. 박명진 편. 『두꺼운 언어와 얇은 언어』, 문학과 지성사. 398-432.

김 원 (2009). 서벌턴은 왜 침묵하는가? -구술, 기억 그리고 재현을 중심으로-. 『사회과학연구』, 17(1), 118-163.

김웅진 (2009). 『과학패권과 과학민주주의: 열린 사회과학의 모색』 서울: 서강대학교 출판부.

김 일레인 H. (2001). 남성들의 이야기: 한국의 여성, 젠더 그리고 남성성의 구조. 일레인 김, 최정무 편저. 『위험한 여성: 젠더와 한국의 민족주의』. 서울: 삼인. 89-151.

김정근·김영기 (1995). 문헌정보학 연구에 있어서 글쓰기의 혁신은 가능한가. 『도서관학논집』, 22, 27-59.

김정호 (1991). 『서울제국과 지방식민지』. 지식산업사.

나미수 (2005). 커뮤니케이션학의 방법론적 쟁점: 민속지학적 수용자 연구에 대한 비판적 성찰: 국내 연구사례에 대한 분석과 평가. 『커뮤니케이션 이론』, 1(2), 68-105.

모던일본사 (1939). 『모던일본 조선판』. 윤소영외 3인 옮김 (2007). 『일본잡지 모던일본과 조선 1939』. 서울: 어문학사.

문승숙 (2001). 민족 공동체 만들기: 남한의 역사와 전통에 담긴 남성 중심적 담론(1961-1987). 일레인 김, 최정무 편저. 『위험한 여성: 젠더와 한국의 민족주의』. 서울: 삼인. 53-88.

문장수 (1999). 칸트에 있어서 직관의 문제. 『철학연구』, 71, 1-29.

박경태 (2008). 『소수자와 한국사회: 이주노동자, 화교, 혼혈인』. 후마니타스.

박경환 (2008). 소수자와 소수자 공간: 비판 다문화주의의 공간교육을 위한 제언. 『한국지리환경교육학회지』, 16(4), 297-310.

박동숙 (2008). 커뮤니케이션학에서의 학술논문쓰기. 『언론과 사회』, 16(4), 115-141.

박아청 (2003). 자존감과 자기보호감 및 자기고양행동의 관계에 대한 연구분석. 『교육심리연구』, 17(4), 1-22.

박용백 (2009). 『서울에서 살렵니다』. 다지리.

박인철 (2006a). 현상학과 탈주체성-현상학의 포스트 모더니즘적 성격. 『인문학연구』, 10, 53-80.

박인철 (2006b). 생활세계와 의사소통-후설과 하버마스의 비교를 중심으로. 『철학과 현상학 연구』, 31, 1-33.

박인철 (2001). 현상학과 철학의 문제: 후설의 의사 소통 이론-역사적 제약과 선험적 보편성. 『철학과 현상학 연구』, 17, 168-202

박일호 (2003). E. 파노프스키의 도상해석학과 원근법 이론. 『미학』, 36, 199-224.

박정원 (2009). 국제법상의 소수자 개념정의에 관한 소고: 국적소지요건에 특히 주목하며. 『중앙법학』, 11(1), 555-581.

박지향 (2003). 『일그러진 근대』. 서울: 푸른역사.

배상식 (2006). M. 하이데거와 W. V. 훔볼트의 언어개념 비교연구(1): 언어와 사유의 상관성을 중심으로. 『철학연구』, 98, 143-170.

서영인 (2002). 새로운 총체성을 위한 지방과 주변의 리얼리즘. 『오늘의 문예비평』, 46, 80-95.

손병우 (2006). 대중문화와 생애사 연구의 문제설정. 『언론과 사회』, 14(2), 41-71.

손은하 (2009). 한국영화를 통해서 본 로컬과 로컬리티. 『한국민족문화』, 34, 307-333.

신광현 (1996). 대학의 담론으로서의 논문-형식의 합리성에 대한 비판. 『사회비평』 14, 177-200.

양돌규 (2004). 지방대생 친구 이야기. 『당대비평』, 27, 144-156.

양성은 (2005). 지방대학생의 자아정체감에 관한 연구. 『한국가정관리학회지』, 23(5), 171-180.

양정혜·오창우 (2008). 미디어와 타자의 재현: "사돈 처음 뵙겠습니다"에 나타난 결혼 이주 외국 여성의 모습. 『사회과학논총』, 27(1), 345-371.

양종회 (1988). 사회학에 있어서 실증주의적 조망의 대안으로서 현상학적 조망-민생방법론을 중심으로. 『철학과 현상학 연구』, 3, 399-444.

오종서 (2011). 아날로그 텔레비전의 메멘토 모리: 자기민속지학적 방법론을 통한 성찰. 『커뮤니케이션 디자인학연구』, 37, 127-136.

원용진·이동연·노명우 (2006). 청소년주의와 세대신화. 『한국언론정보학보』, 36, 324-347.

위경혜 (2010). 한국전쟁이후~1960년대 문화영화의 지역 재현과 지역의 지방화. 『대중서사연구』, 24, 337-363.

윤경원 (2004). 청소년 연구에서 민속지학의 활용: 문화연구에서 경향을 중심으로. 『청소년학연구』, 11(2), 261-278.

윤경원·나미수 (2005). 문화지역화와 미디어 수용자 하위문화: 청소년들의 일본대중문화 수용에 관한 연구. 『한국언론학보』, 49(1), 5-28.

윤명로 (1992). 현상학에 있어서의 사유와 직관. 『철학과 현상학 연구』, 6, 137-161.

윤병철 (1998). 현상학적 지식사회학: P. 버그와 T. 루크만의 사회적 현실의 구성 대구가톨릭대학교. 『사회과학연구』, 5, 91-101.

윤수종 (2006). 분자 혁명과 소수자운동. 『문예미학』, 12, 99-135.

윤수종 편 (2002). 『다르게 사는 사람들』. 서울: 이학사.

이경민 (2002). 식민주의 담론의 재현: 일제의 고적조사사업을 중심으로. 『사진과 포토그라피: 한국사진의 역사와 사진이론에 관한 연구. 최인진 선생 화갑기념 논총』. 서울: 눈빛. 267-292.

이경민 (2005). 『기생은 어떻게 만들어졌는가』. 서울: 사진아카이브북스.

이경숙 (2006). 혼종적 리얼리티 프로그램에 포섭된 '이산인'의 정체성. 『한국방송학보』, 통권 20(3), 239-276.

이기형 (2008). 문화연구와 공간. 『언론과 사회』, 16(3), 2-49.

이기홍 (2004). 한국 사회과학의 논리와 과학성. 『사회과학연구』, 43, 39-57.

이기홍 (2006). 설명적 사회학과 글쓰기. 『한국사회학』, 40(6), 1-24.

이남인 (2007). 현상학적 사회학. 『철학과 현상학 연구』, 33, 5-39.

이남인 (2005). 현상학과 질적연구방법. 『철학과 현상학 연구』, 24, 91-121.

이남인 (2003). 발생적 현상학과 상호주관성의 문제. 『철학사상』, 16, 29-70.

이동성 (2012). 『질적 연구와 자문화기술지』. 아카데미프레스.

이명현 (2009). 텔레비전 오락프로그램에 재현된 결혼이주여성. 『다문화콘텐츠연구』, 4, 57-79.

이상록 (2007). 지방대학에 대한 부정적 인식의 실태와 영향-지방대학생의 대학생활 태도 및 진로준비 행동에의 영향을 중심으로-『지역발전연구』, 7(1), 253-270.

이수연 (1995). 한국 관객의 미국영화 읽기: 문화제국주의 이론의 비판적 검토. 『언론과 사회』, 10, 53-85.

이오현 (2002). 텔레비전 드라마 수용자연구: 다의성(polysemy)의 문제를 중심으로. 『한국언론학보』, 46(6), 96-128.

이해만 (2004). 국가홍보광고에 나타난 한국의 상징이미지에 관한 연구: 한국관광포스터를 중심으로. 『기초조형학연구』, 5(1), 427-435.

이향미 (2002). 주체: 탈식민주의와 여성주체. 『문예미학』, 10, 251-263.

이희영 (2005). 사회학 방법론으로서의 생애사 재구성: 행위이론의 관점에서 본 이론적 의의와 방법론적 원칙. 『한국사회학』, 39(3), 120-149.

임영호 (2002). 텔레비전 오락물에 나타난 내부 오리엔탈리즘과 지역정체성 구성: 〈서세원의 좋은 세상 만들기〉의 텍스트 분석. 『한국언론학보』, 46(2), 576-607.

임영호·홍찬이·김은진 (2008). 문화산업 주변부 종사자의 삶과 커리어. 『언론과 사회』, 17(3), 2-50.

임옥희 (2003). "탈"식민주의 페미니즘: 재현의 시학과 협상의 정치학 사이에서. 『여성학연구』, 13(1), 89-104.

임의영 (2006). "지방생산모형"의 도출을 위한 시론적 연구-타자화 논리와 내부식민지론의 통합을 중심으로-『지방행정연구』, 20(4), 131-154.

장덕현 (2002). 마음을 아프게 하는 글쓰기-학술진흥재단의 학술지 정책에 대한 비판적 검토. 『사회비평』, 34, 31-46.

장규식 (2003). 거대 도시 서울공화국의 명암. 『역사비평』, 65, 75-95.

장미경 (2005). 한국사회 소수자와 시민권의 정치. 『한국사회학』, 39(6), 159-183.

장미진 (1990). 도상해석학의 문제: 파노프스키와 제들마이어의 이론을 중심으로. 『미술사학』, 2, 171-206.

장석주 (2002). 논문이냐, 주체적 글쓰기냐-마광수 교수 재임용 탈락사건으로 본 '대학'이란 공공성의 영역에서의 글쓰기. 『사회비평』, 34, 47-60.

전규찬 (1996). 텔레비전 애니메이션 보기와 이야기하기. 『언론과 사회』, 12, 89-119.

전영평 (2007). 소수자의 정체성, 유형, 그리고 소수자 정책 연구 관점. 『정부학연구』, 13(2), 107-131.

정재철 (1997). 민속지학적 수용자연구(Ethnographic Audience Research)의 방법론적 과제와 전망: 문학연구에서의 연구전통을 중심으로. 『한국방송학보』, 9, 103-144.

정재현·서정신 (1999). 직관의 방법과 논증의 방법. 『철학연구』, 47, 95-128.

조관연 (2009). 극영화 〈팔도강산〉(1967) 속의 조국근대화 담론과 로컬리티. 『인문콘텐츠』, 14, 263-283.

조관희 (1998). 인문학 연구에서의 '글쓰기' 문제. 『중국어문학논집』, 10, 181-205.

조동일 (1993). 『우리 학문의 길』 서울: 지식산업사.

조영둘 (2009). 지방대 무용과 여교수의 생애사. 『한국스포츠리서치』, 20, No.1, 39-50.

조혜정 (1994). 『탈식민지 시대 지식인의 글읽기와 삶읽기 2: 각자 선 자리에서』 서울: 또 하나의 문화.

전규찬·송준영 (1994). 『TV프로그램의 지역이미지 분석연구』. 서울: 한국방송개발원.

주형일 (2003). 사진매체의 수용을 통해 본 19세기 말 한국사회의 시각문화에 대한 연구. 『한국언론학보』, 47(6), 354-379.

주형일 (2007). 왜 나는 스파이더맨을 좋아하는가. 『언론과 사회』, 15(3), 2-36.

주형일 (2008a). 직관의 사회학, 나의 사회학 그리고 현상학적 방법. 『커뮤니케이션 이론』, 4(1), 77-113.
주형일 (2008b). 직관적 앎의 기호학적 적용의 문제: 외국인을 위한 한국 홍보포스터의 도상해석학적 해석. 『인문연구』, 55, 503-538.
주형일 (2010). 지방대에 대한 타자화 담론의 주관적 수용의 문제. 『미디어, 젠더&문화』, 13, 75-113.
주형일 (2011a). 문화연구와 글쓰기, 하나의 모색. 『언론과 사회』, 19(4), 134-161.
주형일 (2011b). 지방민의 삶에 대한 이해: 공간과 장소로서의 지방. 한국방송학회 엮음. 『한국 사회 미디어와 소수자 문화 정치』. 커뮤니케이션북스. 111-143.
주형일 (2012). 『랑시에르의 무지한 스승 읽기』. 세창미디어.
천정환 (2002). '학문적'으로 살며 글쓰기-문턱에서 바라본. 『사회비평』, 34, 61-76.
최민재 (2004). 영상텍스트 수용자의 환상적 동일시에 관한 연구: 영화 〈친구〉에 대한 수용자 분석을 중심으로. 『한국언론학보』, 48(3), 222-248.
최인진(2000). 『한국사진사. 1631~1945』. 서울: 눈빛.
최정무 (2001). 한국의 민족주의와 성(차)별 구조. 일레인 김, 최정무 편저. 『위험한 여성: 젠더와 한국의 민족주의』. 서울: 삼인. 23-51.
최 협 외 (2004). 『한국의 소수자, 실태와 전망』. 서울: 한울.
하수정 (2002). 포스트식민주의와 페미니즘. 『문예미학』, 9, 333-351.
한국교육개발원 (2004). 『교육정책포럼』, 통권88호.
한국교육개발원 (2003). 『교육개발』, 통권141호.
한덕웅·최훈석 (2006). 한국 사회문제의 변화: 지난 10년간 세 시점의 비교. 『사회문제』, 12(1), 103-128.
한성열 (2003). 자기고양 편파와 심리적 적응의 관계에 대한 비교문화 연구. 『한국심리학회지: 사회문제』, 9(2), 79-99.

함동주 (2006). 러일전쟁 이후 일본의 한국식민론과 식민주의적 문명론. 『동양사학연구』, 94, 177-203.

함한희 (2000). 구술사와 문화연구. 『한국문화인류학』, 33(1), 3-25.

홍석준 (2004a). '지방대'에서 바라본 서울중심주의. 『당대비평』, 27, 125-143.

홍석준 (2004b). 한국사회의 중앙 지방 구도와 지역정체성. 『동향과 전망』, 62, 13-47.

Adams, T. E. & Jones, S. H. (2011). Telling Stories: Reflexivity, Queer Theory, and Autoethnography. *Cultural Studies ↔ Critical Methodologies,* 11(2), 108-116.

Atkinson, P. (1997). Narrative turn or blind alley? *Qualitative Health Research, 7,* 325-345.

Atkinson, P. A., Coffey, A. & Delamont. S. (1999). Ethnography: Post, past and present. *Journal of Contemporary Ethnography,* 28(5), 460-471.

Barkway, P. (2001). Michael Crotty and nursing phenomenology: criticism or critique?. *Nursing Inquiry.* 8(3). 191-195

Barthes, R. (1957). *Mythologies.* Paris: Editions du Seuil.

Barthes, R. (1980). *La chambre claire,* Paris: Cahiers du cinéma / Gallimard / Editions du Seuil.

Barthes, R. (1984). La mort de l'auteur. in *Le bruissement de la langue.* Paris: Editions du Seuil. 61-67.

Becker, H. S. (1958/1970). Problems of inference and proof in participant observation. In Becker, H. S. (ed. 1970). *Sociological work: Method and substance.* Chicago: Aldine. (Reprinted from American Sociological Review, 23, 652-660, 1958).

Berry, K. (2006). Implicated Audience Member Seeks Understanding: Reexamining the "Gift" of Autoethnography. *International*

*Journal of Qualiative Methods.* 5(3). Article 9. Retrieved June 7, 2007, from http://www.ualberta.ca/~iiqm/backissues/5_3/HTML/berry.htm.

Bhabha, H. K. (1994). *The Location of Culture.* New York: Routledge. 나병철 옮김 (2002). 『문화의 위치: 탈식민주의 문화이론』. 서울: 소명출판.

Bochner, A. P. (2001). Narrative's virtues. *Qualitative Inquiry,* 7 (2), 131-157.

Bongco, M. (2000). *Reading Comics: Language, Culture, and the Concept of the Superhero in Comic Books.* New York: Garland Publishing.

Bourdieu, P. (1979) *La Distinction. Critique sociale du jugement.* Paris: Minuit.

Bourdieu, P. (1990). *The logic of practice.* Stanford, CA: Stanford University Press.

Brown, J. A. (2001). *Black Superheroes, Milestone Comics, and Their Fans.* Jackon: University Press of Mississippi.

Callero P. L. (2003). The Sociology of the Self. *Annual Review of Sociology.* 29. 115~133

Church, K. (1996). *Forbidden narratives: critical autobiography as social science.* London: Routledge.

Coffey, P (1999). *The ethnographic self.* London: Sage Publications.

DeVault, M. (1997). Personal writing in social science: issues of production and interpretation In Hertz, R. (ed.) *Reflexivity and Voice,* Thousand Oaks, California: Sage Publications. 216-228.

Denzin, N. K. (1989). *Interpretive Biography,* Newbury Park: Sage Publications.

Denzin, N. K. and Lincoln, Y. S. (eds. 1994). *Handbook of*

*qualitative research.* Thousand Oaks, CA: Sage.

Denzin, N. K. and Lincoln, Y. S. (3rd eds. 2005). *Handbook of qualitative research.* Thousand Oaks, CA: Sage.

Denzin, N. K. (2006). Analytic Autoethnography, or DéVu all Over Again. *Journal of Contemporary Ethnography,* 35(4), 419-428.

Dworkin, A. G. & R. J. Dworkin (1999). *The Minority Report: An Introduction to Racial, Ethic, and Gender Relations.* Harcourt Brace College Publishers.

Eco, U. (1972). The Myth of Superman. Rpt. in Davis, R. C. (ed. 1986). *Contemporary Literary Criticism: Modern ism Through Poststructuralism.* New York: Longman. 330-344.

Ellingson, L. L., & Ellis, C. (2008). Autoethnography as constructionist project. In Holstein, J. A. & Gubrium, J. F. (eds.), *Handbook of constructionist research.* New York: Guilford Press. 445-466.

Ellis, C. (1997). Evocative autoethnography: Writing emotionally about our lives. In W. G. Tierney & Y. S. Lincoln (eds.), *Representation and the text.* New York: State University of New York Press. 115-139.

Ellis, C & Bochner, A. P. (2000). Autoethnography, personal narrative, reflexivity in Denzin, N. K. & Lincoln, Y. S. (ed.). *Handbook of Qualitative Research.* Thousand Oaks, CA: Sage. 733-768.

Ellis, C. (2002). Being real: moving inward toward social change. *Qualitative Studies in Education,* 15(4), 399- 406.

Ellis, C. (2004). *The ethnographic I: A methodological novel about autoethnography.* New York: Altamira Press.

Ellis, C. & Bochner, A. P. (2006). Analyzing Analytic Autoethnography: An Autopsy. *Journal of Contemporary Ethnography,* 35(4), 429-449.

Fanon, F. (1952). *Peau noire, masques blancs.* Paris: Editions du Seuil. 이석호 역(1998). 『검은 피부, 하얀 가면: 포스트콜로니얼리즘 시대의 책읽기』. 인간사랑

Fensham, P.J. & Marton, F. (1992). What has happened to intuition in science education?. *Research in Science Education.* 22. 114-122

Fields, A.F. (2001). *Study of Intuition in Decision-Making Using Organizational Engineering Methodology.* Ann Arbor: A Bell & Howell Company

Fingeroth, D. (2004). *Superman on the Couch: What Superheroes Really Tell Us about Ourselves and Our Society.* New York: Continuum.

Fischbein, E. (1987). *Intuition in science and mathematics: An educational approach.* Dordrecht: Reidel.

Fischer, M. J. (1986). Ethnicity and the Post-Modern Arts of Memory. Clifford, J. & Marcus G. E. (ed.). Writing Culture: *The Poetic and Politics of Ethnography.* Los Angeles: University of California Press. 194-233.

Foley, D. E (2002). Critical ethnography: the reflexive turn. *Qualitative Studies in Education,* 15(5), 469-490.

Foucault, M. (1966). *Les Mots et les Choses: Une Archéologie des Sciences Humaines.* Paris: Gallimard.

Foucault, M. (1969). *L'archéologie du savoir.* Paris: Editions Gallimard.

Foucault, M. (1975). *Surveiller et Punir, Naissance de la prison.* Paris: Gallimard. 오생근 역 (2003). 『감시와 처벌』. 나남신서.

Friedman, N. L. (1990). Autobiographical Sociology. *American Sociologist,* 21(1), 60-66.

Garrett, D. & Hodkinson, P. (1999). Can there be criteria for selecting research criteria? A hermeneutical analysis of an inescapable dilemma. *Qualitative Inquiry,* 4, 515-539.

Gordon, I. (2001). Nostalgia, Myth, and Ideology: Visions of Superman at the End of the "American Century". McAllister, M. P. Sewell, E. H. Jr. & Gordon, I. (ed.). *Comics & Ideology.* New York: Peter Lang Publishing. 177-193.

Gresh, L. H. & Weinberg, R. E. (2002). *The Sciences of Superheroes.* New Jersey: John Wiley & Sons.

Habermas, J. (1968). Technik und Wissenschaft als Ideologie. Frankfurt am Main: Suhrkamp Verlag. Ladmiral, J. R. (1973). *La technique et la science comme "idéologie".* Paris: Editions Gallimard.

Harvey, D. (1989). *The condition of Postmodernity.* Oxford: Blackwell. 구동회, 박영민 역(1994). 『포스트모더니티의 조건』. 파주: 한울.

Hasenmueller, Ch. (1978). Panofsky, Iconography, and Semiotics. *The Journal of Aesthetics and Art Criticism,* 36(3), p.289-301.

Hayano, D. (1979). Auto-ethnography: Paradigms, problems and prospects. *Human Organization,* 38(1), 99-104.

Hegel, G.W.F. (1971). *Philosophy of Mind. Being part three of the 'Encyclopaedia of the philosophical sciences'*(1830). London: Oxford University Press.

Holt, N. L. (2003). Representation, Legitimation and Autoethnography: An Autoethnographic Writing story. *International Journal of*

*Qualiative Methods.* 2(1). Article 2, Retrieved June 8, 2007, from http://www.ualberta.ca/~iiqm/backissues/2_1/html/holt.html.

Husserl, E. (1950). *Idées directrices pour une phénoménologie.* Paris: Gallimard. trans. by Ricoeur, P.

Islam, N. (1983). Phenomenology, Sociology and Phenomenological Sociology. *Sociological Bulletin.* 32(2), 134-152.

Jones, S. H. (2002). The Way We Were, Are, and Might Be: Torch Singing As Autoethnography. In Bochner, A. & Ellis, C. (eds.), *Ethnographically speaking: Autoethnography, literature, and aesthetics.* New York: AltaMira. 44-56.

Jung, C.G. (1971). *Psychological Types.* London: Routledge & Kegan Paul. (Collected Works of C.G. Jung, Vol. 6)

Kawamura Minato (2001). 妓生:「もの言う花」の文化誌. 유재순 옮김 (2002).『기생: 말하는 꽃』. 서울: 소담출판사.

Lefebvre, H. (2000). *La production de l'espace.* Paris: Anthropos. 양영란 역(2011).『공간의 생산』. 서울: 에코리브르.

Lindolf, Th. R. (1995). *Qualitative communication research methods.* Thousand Oaks: Sage Publications.

Lionnet, F. (1989). *Autobiographical Voices: Race, Gender, Self-Portraiture.* Ithaca: Cornell University Press.

Mahoney, C. Ch. (1997). *A Content Analysis of Family Relationships in Six Superhero Comic Book Series (Batman, Spider-Man, X-Men, Wolverine, Punisher).* MA Thesis. Michigan State University

Marcus, G. & Fisher, M. (1986). *Anthropology as cultural critique.* Chicago: University of Chicago Press.

Marcus, G. (1994). What comes (just) after "post"? The case of ethnography. in Y. Lincoln & N. Denzin (eds.).

*Handbook of qualitative research.* Thousand Oaks: Sage Publications. 563-574.

Marsh, J. (2000). 'But I want to fly too!': girls and superhero play in the infant classroom. *Gender and Education.* 12(2). 209-220.

Mondello, S. (1976). Spider-Man: Superhero in the Liberal Tradition. *The Journal of Popular Culture.* 10(1). 232-238.

Moxey, K. (1995). Perspective, Panofsky, and the Philosophy of History. in *New Literary History.* 26(4), p.775-786.

Mykhalovskiy, E. (1996). Reconsidering Table Talk: Critical Thoughts on the Relationship Between Sociology, Autobiography and Self-Indulgence. *Qualitative Sociology,* 19(1), 131-151.

Paley, J. (2005). Phenomenology as rhetoric. *Nursing Inquiry.* 12(2), 106-116

Paley, J. (1997). Husserl, phenomenology and nursing. *Journal of Advanced Nursing.* 26(1), 187-193

Palumbo, D. (1983). The Marvel Comics Group's Spider-Man is an Existentialist Super-Hero; or "Life Has No Meaning Without My Latest Marvels!". *The Journal of Popular Culture.* 17(2), 67-82.

Panofsky, E. (1939). *Studies in Iconology: Humanistic Themes in the Art of the Renaissance,* New York: Westview Press. 이한순 옮김 (2001). 『도상해석학 연구』. 서울: 시공사

Panofsky, E. (1964). Problem der Beschreibung und Inhaltsdeutung von Werken der bildenden Kunst", in Kaemmerling, E. (1994). *Ikonographie und Ikonologie. Theorien, Entwicklung, Probleme.* Köln: Dumont Buchverlag.

조형예술 작품의 기술과 내용 해석. 이한순 외 옮김 (1997). 『도상학과 도상해석학. 이론-전개-문제점』. 서울: 사계절. 112-136.

Panofsky, E. (1971). *Meaning in the Visual Art,* New York: Penguin Books.

Peirce, Ch.S. (1991). *Peirce on signs.* Chapel Hill: The University of North Carolina Press

Pelias, R. J. (2002). For Father and Son: An Ethnodrama with No Catharsis. In Bochner, A. & Ellis, C. (eds.), *Ethnographically speaking: Autoethnography, literature, and aesthetics.* New York: AltaMira. 35-43.

Polkinghorne, D. (1983). *Methodology for the Human Sciences: Systems of Inquiry.* New York: State University of New York. 김승현 외 (2001). 『사회과학방법론』. 서울: 일신사.

Potter, W. J. (1996). *An Analysis of Thinking and Research about Qualitative Methods.* New Jersey: Lawrence Erlbaum Associates.

Pratt, M. L. (1992). *Imperial eyes: Travel Writing and Transculturation.* London & New York: Routledge.

Pustz, M. J. (1999). *Comic Book Culture: Fanboys and True Believers.* Jackson: University Press of Mississippi.

Rapport, F. & Wainwright, P. (2006). Phenomenology as a paradigm of movement. Nursing Inquiry. 13(3), 228-236

Reed-Danahay, D. E. (ed. 1997). *Auto/Ethnography: rewriting the self and the social.* Oxford and New York: Berg.

Reynolds, R. (1992). *Super Heroes: A Modern Mythology.* Jackson: University Press of Mossissippi.

Richardson, L. (1994). Writing. A Method of Inquiry. in Denzin, N. K. and Lincoln, Y. S. (eds.). *Handbook of qualitative research.* Thousand Oaks, CA: Sage. 516-529.

Richardson, L. (2000). Evaluating ethnography. *Qualitative Inquiry,* 6(2), 253-255.

Richardson, L. (2000). New writing practices in qualitative research. *Sociology of Sport Journal.* 17(1). 5-20.

Richardson L. & St. Pierre, E. A. (2005). Writing: A Method of Inquiry. in Denzin, N. K. & Lincoln, Y. S. (Ed.). *The SAGE handbook of qualitative research.* Thousand Oaks: Sage Publications. 959-978.

Richardson, N. (2004). The Gospel According to Spider-Man. *The Journal of Popular Culture.* 37(4). 694-703.

Ricoeur, P. (2002). Entre la mémoire et l'histoire. *Tr@nsit online,* N. 22/2002. http://www.iwm.at/index.php?option=com_content&task=view&id=283&Itemid=461

Robinson, L. S. (2004). *Wonder Women: Feminisms and Superheroes.* New York: Routledge.

Said, E. W. (1978). *Orientalism.* 박홍규 옮김 (1999). 『오리엔탈리즘』. 서울: 교보문고.

Singer, M. (2002). "Black Skins" and White Masks: Comic Books and the Secret of Race. *African American Review.* 36(1). 107-119.

Sparkes, A. C. (2000). Autoethnography and narratives of self: Reflections on criteria in action. *Sociology of Sport Journal,* 17, 21-41.

Sparkes, A. C. (2002). Autoethnography: Self-indulgence or something more? in Bochner, A. & Ellis, C. (eds.), *Ethnographically speaking: Autoethnography, literature, and aesthetics.* New York: AltaMira. 209-232.

Spry, T. (2001). Performing Autoethnography: An Embodied

Methodological Praxis. *Qualitative Inquiry,* 7(6), 706-732.

Steranko, J. (1970). *The Steranko History of Comics Vol.1.* Reading, PA: Supergraphics.

Tierney, W. G. (2002). Get real: representing reality. *Qualitative Studies in Education,* 15(4), 385-398.

Tuan, Y-F. (1979). *Space and Place. The Perspective of Experience.* Minneapolis: University of Minnesota Press.

Tyler, S. A. (1986). Post-Modern Ethnography: From Document of the Occult to Occult Document. in Clifford, J. & Marcus G. E. (ed.). *Writing Culture: The Poetic and Politics of Ethnography.* Los Angeles: University of California Press. 122-140.

Vaughan, F.E. (1979). *Awakening intuition.* New York: Anchor Books

Wall, S. (2006). An Autoethnography on Learning about Autoethnography. *International Journal of Qualiative Methods.* 5(2). Article 9. Retrieved June 8, 2007, from http://www.ualberta.ca/~iiqm/backissues/5_2/html/wall.htm

Wierzbicki, A.P. & Nakamori, Y. (2006). *Creative Space: Models of Creative Processes for the Knowledge Civilization.* New York: Springer

Wirth, L. (1945). The problem of minority groups, in Linton, R. (eds.), *The science of Man in the World Crisis,* New York, Columbia University Press, 347-372.

Yegdich, T. (1999). On the phenomenology of empathy in nursing: empathy or sympathy?. *Journal of Advanced Nursing.* 30(1), 83-93